DE KE

Duitsland

In de serie **De Leukste Hotelletjes** zijn de volgende delen verschenen:

Italië
Spanje
Engeland & Ierland
Frankrijk

Ook bij Uitgeverij Mingus verschenen:

Londen: een nieuwe dimensie
Parijs: een nieuwe dimensie

DE KEUS VAN KENNERS

DE LEUKSTE HOTELLETJES SERIE

Duitsland

MINGUS

UITGEVERIJ MINGUS-BAARN

Uitgeverij Mingus BV, Baarn
Verspreiding voor België: Standaard Uitgeverij, Antwerpen

Conceived, designed and produced by Duncan Petersen
Edited by Fox + Partners, The Old Forge,
Norton St. Philip, Bath BA3 6LW, England

Redactie Chris Gill
Redactie-assistentie Julia Letts, Amanda Crook,
Nicola Cunningham
Hoofdinspecteurs Philip Baldwin, Joanna Baldwin, Nick Palmer
Art director Mel Petersen

Typografie omslag: Chaim Mesika *BNO*
Gezet door systemText, De Wijk
Gedrukt en gebonden door G. Canale & C. SpA, Turin, Italië

CIP-GEGEVENS KONINKLIJKE BIBLIOTHEEK, DEN HAAG

Duitsland

Duitsland / onder red. van [en samengest. door] Chris Gill ; [vert. uit het Engels door Gerard Grasman]. - Baarn : Mingus. - Ill. - (De leukste hotelletjes serie)
Vert. van: Charming small hotels : Germany. - London : Papermac, 1992. Met index.
ISBN 90-6564-172-6
NUGI 471
Trefw.: hotels ; Duitsland ; adresboeken.

Inhoud

Introductie

Deze gids van Duitse hotels vormt een deel van een serie waarin ook Italië, Spanje, Groot-Brittanië en Frankrijk worden behandeld. Het uitgangspunt van De leukste hotelletjes wijkt af van andere gidsen. De bedoeling is om te voldoen aan wat, naar onze overtuiging, de ware vereisten van de huidige reizigers zijn; belangen die in andere gidsen hoogstens toevallig aan de orde komen.

Het basisbeginsel blijkt al meteen uit de titel: wij hebben ernaar gestreefd alleen die hotels op te nemen die een bepaalde charme bezitten en klein genoeg zijn om werkelijk persoonlijke service te kunnen bieden, meestal door de eigenaar zelf. In Duitsland, waar succes schijnbaar altijd groei tot gevolg moet hebben, was het niet eenvoudig om tot een selectie te komen - meer hierover later. Uiteindelijk hebben de door ons aanbevolen hotels meestal minder dan 40 kamers, slechts een aantal heeft meer dan 60 kamers.

Ook in andere opzichten zijn deze gidsen anders. Er wordt voor alles gebruik gemaakt van woorden; er komt geen enkel symbool in voor. De schrijvers hebben iets te vertellen; het zijn geen bureaucraten die allang geen onderscheid kunnen maken tussen prijzenswaardig en middelmatig. Het samenstellende team is klein en zeer ervaren in het schrijven over en het beoordelen van hotels; alle belangrijke details worden weergegeven. Hoewel wij een vaste lijn handhaven, hebben wij gebruik gemaakt van ons door het publiek toegezonden rapporten en wij zouden er graag meer ontvangen (zie het volgende hoofdstuk: Het inzenden van rapporten). Bij alle items, hoe kort ook, hebben wij getracht een duidelijke en definitieve indruk te geven hoe het is om op deze plaats te verblijven.

Deze punten zullen van waarde blijken te zijn zodra u deze gids gaat gebruiken. Andere voordelen springen meteen in het oog: de gids omvat kleurenfoto's van een groot deel van de gelegenheden, over het algemeen de meest aantrekkelijke; de items zijn in duidelijke aardrijkskundige groeperingen weergegeven en voor ieder item wordt het soort accommodatie vermeld (bijvoorbeeld: dorpsherberg, hotel in de stad, enzovoort.)

Meer kleurenfoto's
Met *De leukste hotelletjes - Duitsland* hebben wij enige verbeteringen aangebracht die in het geval van herdrukken in de andere delen van de serie ook aangebracht zullen worden. Wij hebben het aantal hotels met een omschrijving en foto van een hele pagina verhoogd. Verder is er een nieuwe - beknopte - omschrijving geïntroduceerd met een lengte van een kwart pagina. Deze benadering geeft ons de mogelijkheid hotels die om een of andere reden geen uitgebreide vermelding rechtvaardigen toch aan u voor te stellen. Het aantal hotels dat nu beschreven wordt in deze gids is door deze nieuwe benadering gestegen tot circa 370.

Introductie

Verbeterde kaarten

De kaarten voorin de gids zijn sterk verbeterd door de opname van plaatsnamen en paginaverwijzingen voor elk hotel. Het vinden van een hotel in een bepaalde omgeving is nu nog envoudiger.

Duitse hotels, groot en klein

Kleine hotels hebben altijd een speciale aantrekkingskrachtg ehad omdat zij de reiziger persoonlijker kunnen verwelkomen en meer aandacht kunen bieden. Grotere hotels zijn noodgedwongen vaak star en onpersoonlijk. Maar in Duitsland heeft de reiziger die op zoek is naar hotelletjes met onderscheidende kwaliteiten een probleem dat in andere landen zijn intrede nog niet zo sterk gedaan heeft. De succesvolle Duitse hôtelier wil zijn (of haar) hotel zien groeien. Dus terwijl er voldoende gevestigde en door families geleide hotels zijn die comfortabel en aantrekkelijk zijn, zijn zij vaak nogal groot en onpersoonlijk. Tijdens het reizen in Duitsland is het ons echter ook opgevallen dat er honderden kleine hotels zijn die erg eenvoudig zijn gebleven. Hotels die waarschijnlijk klein gebleven zijn omdat hun uitbaters niet in staat waren om voldoende klandizie aan te trekken om uitbreiding mogelijk te maken.

Ondanks deze problemen zijn wij erin geslaagd ongeveer 370 adressen te vinden die naar onze mening een plezierige bijdrage zullen leveren aan uw verblijf in Duitsland. De beschrijvingen van deze hotels worden aangevuld met beknopte opmerkingen over tientallen andere hotels die uw aandacht waard zijn maar net niet goed genoeg waren om uitgebreid besproken te worden.

Ons ideale hotel heeft een rustige, mooie ligging; het gebouw zelf kan fraai of historisch zijn, of een heel speciaal karakter hebben. De kamers zijn ruim, maar niet zó dat men ze te statig of intimiderend zou vinden. De decoratie en inrichting zijn harmonieus, comfortabel en onberispelijk onderhouden en er staat antiek dat gebruikt - en niet alleen bewonderd - mag worden. De eigenaars en hun personeel zijn toegewijd, attent en gevoelig voor het welzijn van hun gasten: vriendelijk en verwelkomend, zonder opdringerig te zijn. En tenslotte, maar even belangrijk: het eten - hetzij eenvoudig of ambitieus - is vers, interessant en met zorg bereid.

Natuurlijk bereikt niet ieder van de genoemde hotels op al deze punten de hoogste sporten van de ladder. Het is echter verbazingwekkend hoeveel hotels in de meeste opzichten zeer respectabele resultaten bereiken.

Hoe u een hotel moet vinden

In deze gids zijn de vermeldingen gerangschikt in geografische groepen. Eerst wordt Duitsland verdeeld in vijf streken. We beginnen met Noord-Duitsland en gaan zuidwaarts via West-, Midden-, Oost- en ten slotte Zuid-Duitsland. Elke streek bevat een of meerdere Deelstaten - de staten die samen Duitsland vormen. In deze gids zijn de vermelde hotels samengevoegd in delen die meestal corresponderen met deze staten. Dus in Noord-Duitsland, bijvoorbeeld, zijn er secties over Sleeswijk-Holstein, Hamburg en Niedersachsen.

Slechts tweemaal wordt hierop een uitzondering gemaakt. Midden Duitsland bestaat uit slechts één staat, namelijk Hessen. De zuidelijke staat Bayern (Beieren) is verdeeld in een zuidelijke- en een noordelijke sectie omdat de staat zo groot is en omdat er buitengewoon veel vermeldingen zijn.

De streek die wij Oost-Duitsland noemen komt overeen met de voormalige DDR. Dit deel bevat erg weinig vermeldingen, daarom is het niet verder opgedeeld. De vermeldingen die er zijn, zijn hoofdzakelijk in Berlijn gelegen. In volgende drukken hopen wij meer Oostduitse hotels te kunnen vermelden. Oost-Duitsland heeft de reiziger veel te bieden, en als de economie aantrekt zullen er ongetwijfeld meer en betere hotels komen.

Elke sectie wordt als volgt ingedeeld:

- eerst een inleidend stukje met een overzicht van de hotels in die omgeving. Hierin opgenomen vindt u beknopte beschrijvingen van hotels die uw aandacht waard zijn maar net niet goed genoeg waren om uitgebreid besproken te worden.

- vervolgens komen de belangrijkste, paginalange, vermeldingen voor die staat. Deze vermeldingen zijn alfabetisch gerangschikt.

- ten slotte volgen de kortere vermeldingen van een kwart pagina. Ook deze vermeldingen zijn alfabetisch gerangschikt.

Hoe u een vermelding moet vinden
Om een hotel in een bepaalde gebied te vinden kijkt u gewoon naar de koppen van de pagina's tot u die landstreek vindt, of u gebruikt de kaartjes na deze introductie om de juiste pagina te vinden. Om een specifiek hotel te vinden, of een hotel in een specifieke plaats, gebruikt u de indexen achterin het boek.

Hoe u een vermelding moet interpreteren
Boven elke vermelding bevindt zich een gekleurde balk met

de naam van het dorp of stad waar de gelegenheid gesitueerd is, samen met een omschrijving van het karakter.

Informatierubriek
Deze volgt voor ieder hotel een standaardindeling die weinig uitleg behoeft, maar niettemin: onder **Tel** geven wij het telefoonnummer met het kengetal dat in Duitsland gebruikt wordt. Als u vanuit Nederland of België belt laat u de 0 weg. Wij geven u ook de **Fax**nummers.

Onder **Locatie** geven wij de ligging van het hotel en de mogelijkheden wat betreft parkeren; bovendien geven wij aanwijzingen hoe u het hotel kunt vinden.

Onder **Eten en drinken** vermelden wij de beschikbare maaltijden.

De basis**prijzen** worden - zoals gebruikelijk in Duitsland - per kamer gegeven en niet per persoon. Wij geven de prijzen die u kunt verwachten te moeten betalen, vanaf de prijs voor de goedkoopste 1-p kamer buiten het seizoen tot de prijs voor een 2-p kamer in het hoogseizoen.

Als de prijs voor een kamer inclusief ontbijt is vermelden wij dit; anders - als de ruimte dat toestaat - noemen wij de prijs voor het ontbijt afzonderlijk. Dan geven wij de prijzen van andere maaltijden. Als er geen mogelijkheid is voor alleen logies of logies met ontbijt, geven wij óf de prijs voor half pension (HP: dus logies + ontbijt + diner) óf voor volledig pension (VP: dus logies + alle maaltijden).

In de prijzen zijn btw en service inbegrepen. Voor zover mogelijk hebben wij de prijzen voor 1992 genoemd, maar in sommige gevallen waren deze nog niet bekend toen de gids werd voorbereid. Denk er dus aan dat de eigenaren van het ene jaar op het andere hun prijzen kunnen verhogen. Vraag bij het maken van de reservering naar de huidige prijzen.

Onder **Kamers** vatten wij het aantal en de stijl van de slaapkamers samen. Onder faciliteiten in de slaapkamers zijn alleen diverse apparaten vermeld en geen zaken als bloemen, fruit, (gratis) toiletartikelen en welkomstdrankjes.

Onder **Faciliteiten** verstaan wij de openbare ruimten en de mogelijkheden voor sport en andere activiteiten buiten, die direct voorhanden zijn. Faciliteiten in de directe omgeving van het hotel maar er niet mee verbonden (zoals bijvoorbeeld een golfterrein in de omgeving) worden niet genoemd. Soms komen deze zaken voor bij het kopje **In de buurt:** een selectie interessante dingen om in de nabijheid te zien of te doen.

Introductie

We gebruiken de volgende afkortingen voor **Credit Cards**:

AE	American Express
DC	Diners Club
MC	Master Card (Eurocard)
V	Visa

Als laatste gegevens van de Informatierubriek vermelden wij gewoonlijk de naam van de **Eigenaar(es)**, maar als het hotel door een manager geleid wordt vermelden wij zijn of haar naam.

Woordenlijst:
Sommige Duitse uitdrukkingen die gebruikt worden in de vermeldingen en hotelnamen verdienen misschien wat uitleg:

Burg	Zie *Schloß*
Kachelofen	Tegeltjesoven, van oudsher houtgestookt, meestal groot genoeg om een kamer te verwarmen. Nog steeds vaak aangetroffen in traditioneel cafés en eetzalen.
Kur	Letterlijk: kuur, zonder echter noodzakelijk ziek te zijn
Rösti	Landelijk Zwitsers gerecht gemaakt van gebakken aardappel. Bevat erg veel cholesterol.
Schloß	Kasteel, hoeft niet militair te zijn van oorsprong.
See	Meer
Stube	Letterlijk: kamer. Meestal wordt een met hout betimmerde ruimte bedoeld waar men - eenvoudig - kan eten en drinken.
Wasserburg	'Waterkasteel', meestal een kasteel met slotgracht.

Het inzenden van rapporten

Wij zouden het op prijs stellen indien u ons uw ervaringen wilt mededelen in kleine hotels en herbergen, hetzij goed of slecht, en wel of niet opgenomen in deze gids. Naast hotels in Duitsland zijn wij tevens geïnteresseerd in die in Groot-Brittannië en Ierland, Italië, Frankrijk, Spanje, Portugal, Oostenrijk, Zwitserland en andere landen van Europa en ook in de Verenigde Staten.

Zend uw rapporten s.v.p. aan:
Chris Gill,
Editor,
Charming Small Hotel Guides
The Old Forge,
Norton St Philip,
Bath, BA3 6LW
England

Checklist
Gebruik s.v.p. een apart vel papier voor ieder rapport en vermeld uw naam, adres en telefoonnummer op elk rapport.
Wij zouden het bijzonder plezierig vinden om getypte rapporten te ontvangen, ingedeeld in de volgende punten:

Naam van de gelegenheid
Stad of dorp waar deze zich bevindt, of anders dichtstbijzijnde stad of dorp
Volledig adres, met postcode
Telefoonnummer
Tijd en duur van uw bezoek
Het huis en de ligging
De publieke ruimtes
De slaapkamers en badkamers
Het comfort (stoelen, bedden, verwarming, licht, warm water)
Bijzonderheden over onderhoud en verzorging
De sfeer, de wijze van ontvangst en de service
Het eten
Kreeg u wel of niet 'waar voor uw geld'?

Indien u ons uw rapport(en) verstrekt, nemen wij aan dat u er geen bezwaar tegen hebt gratis mede te werken aan de publikatie hiervan, hetzij letterlijk, of in door ons geredigeerde versie.

Kaarten van locaties

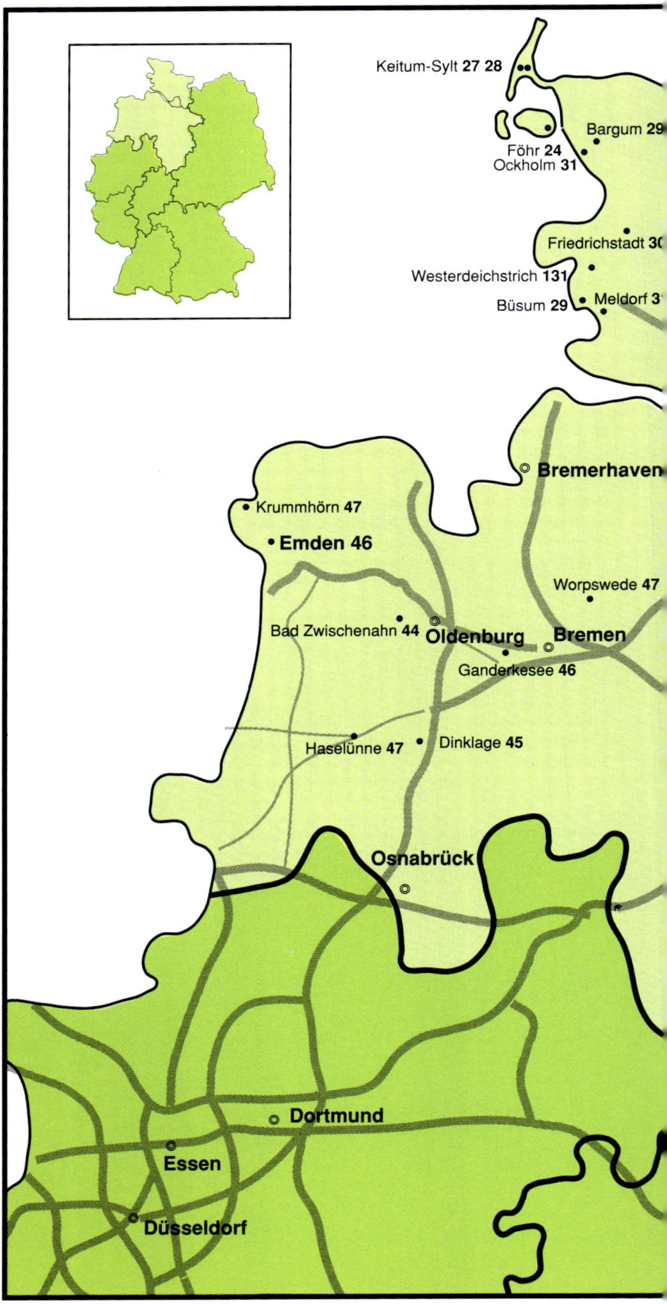

Kaarten van locaties

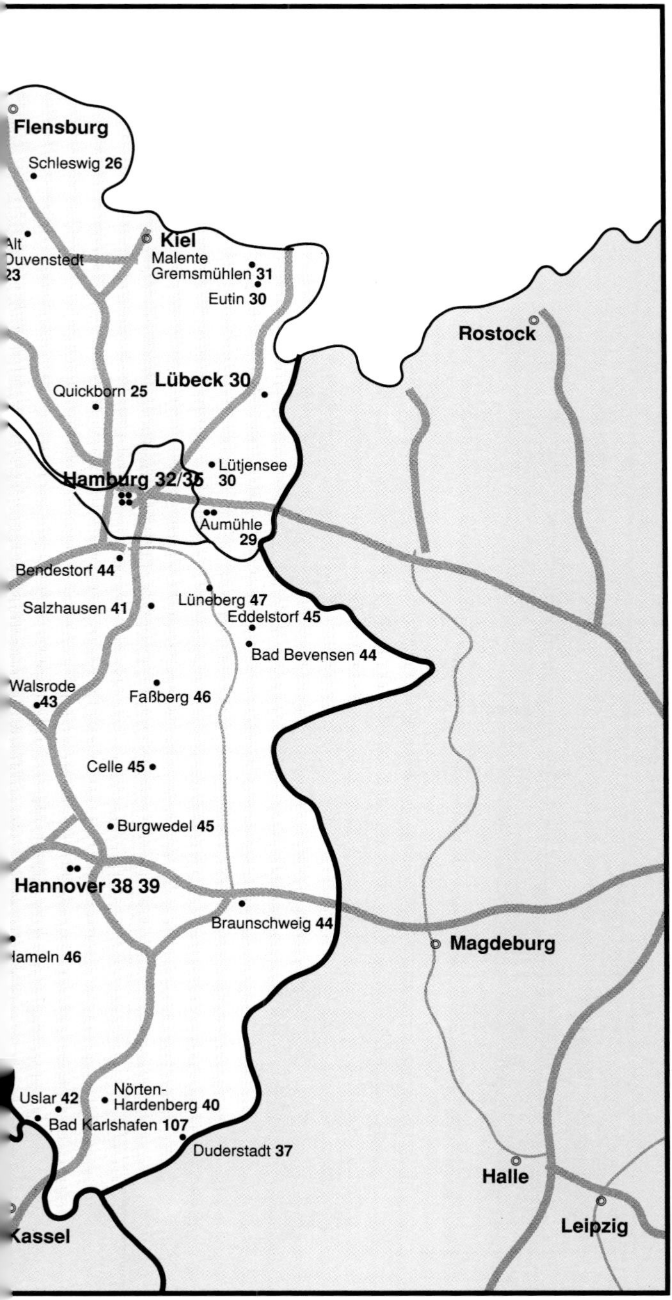

Kaarten van locaties

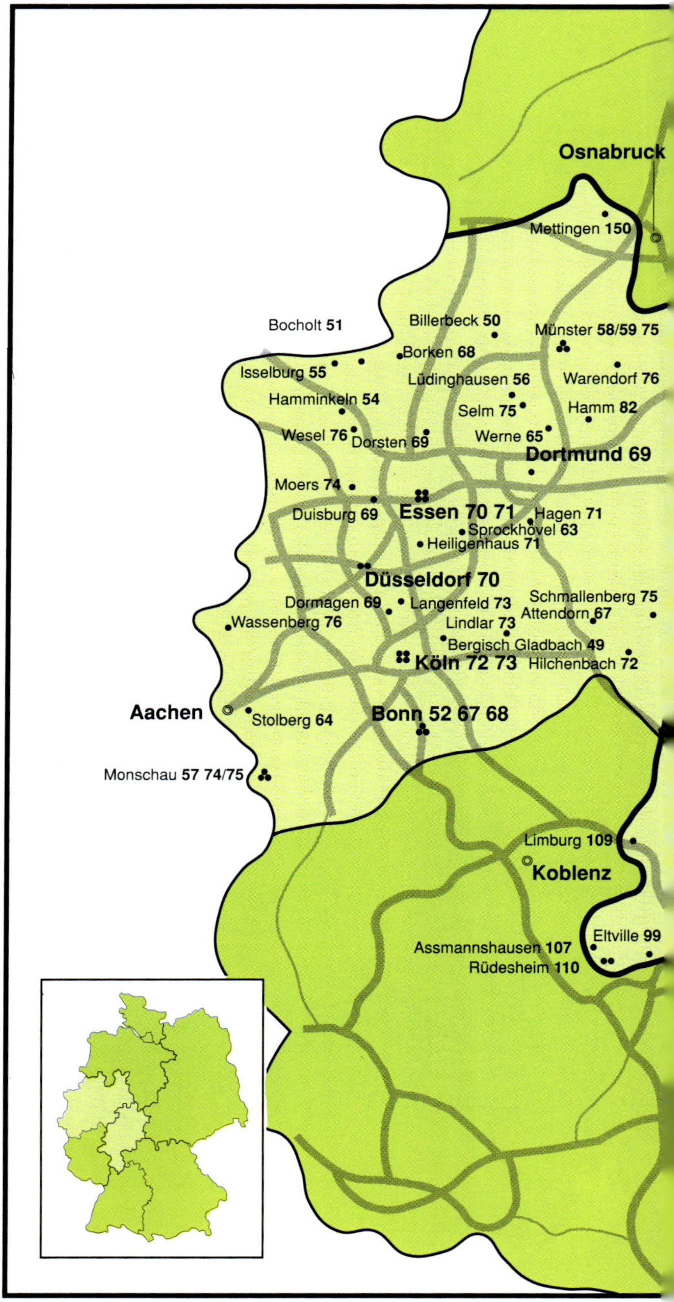

Kaarten van locaties

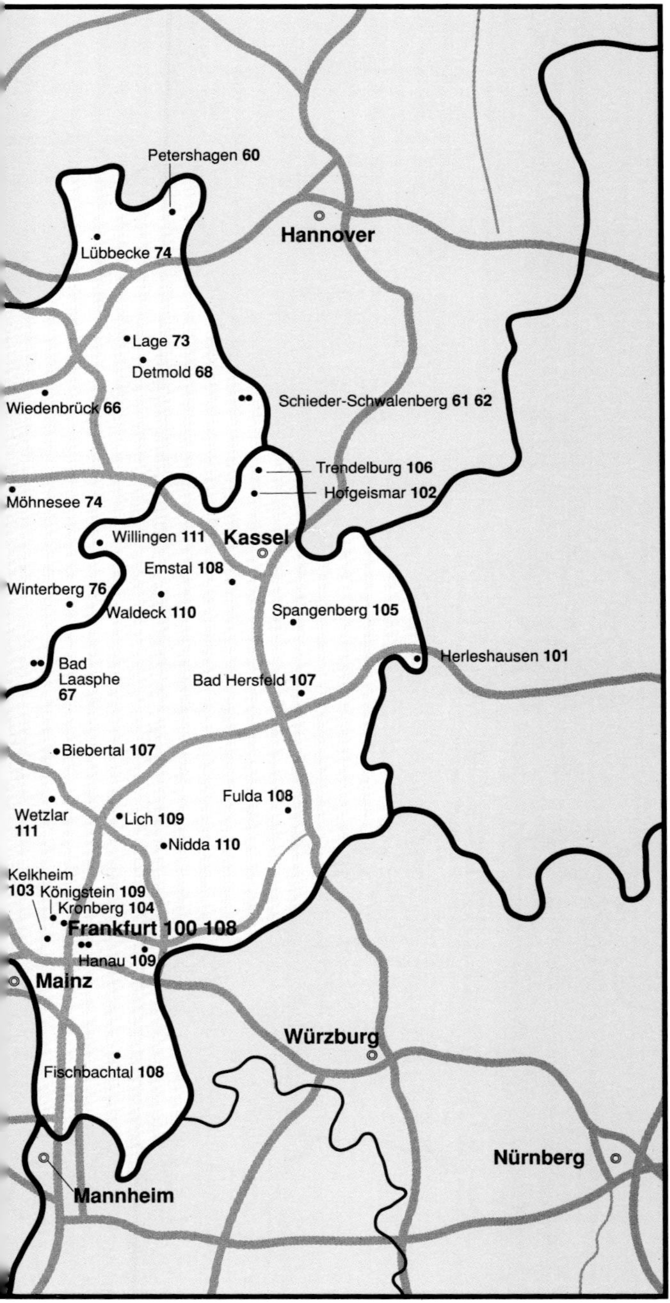

Kaarten van locaties

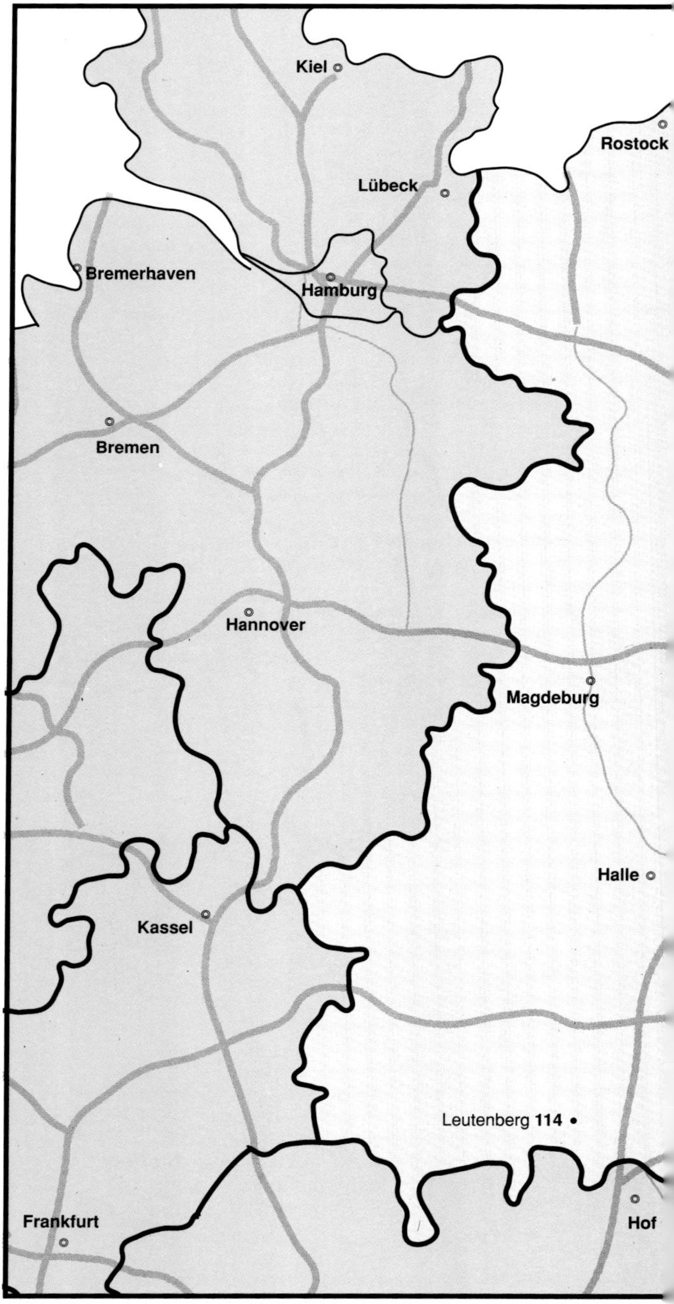

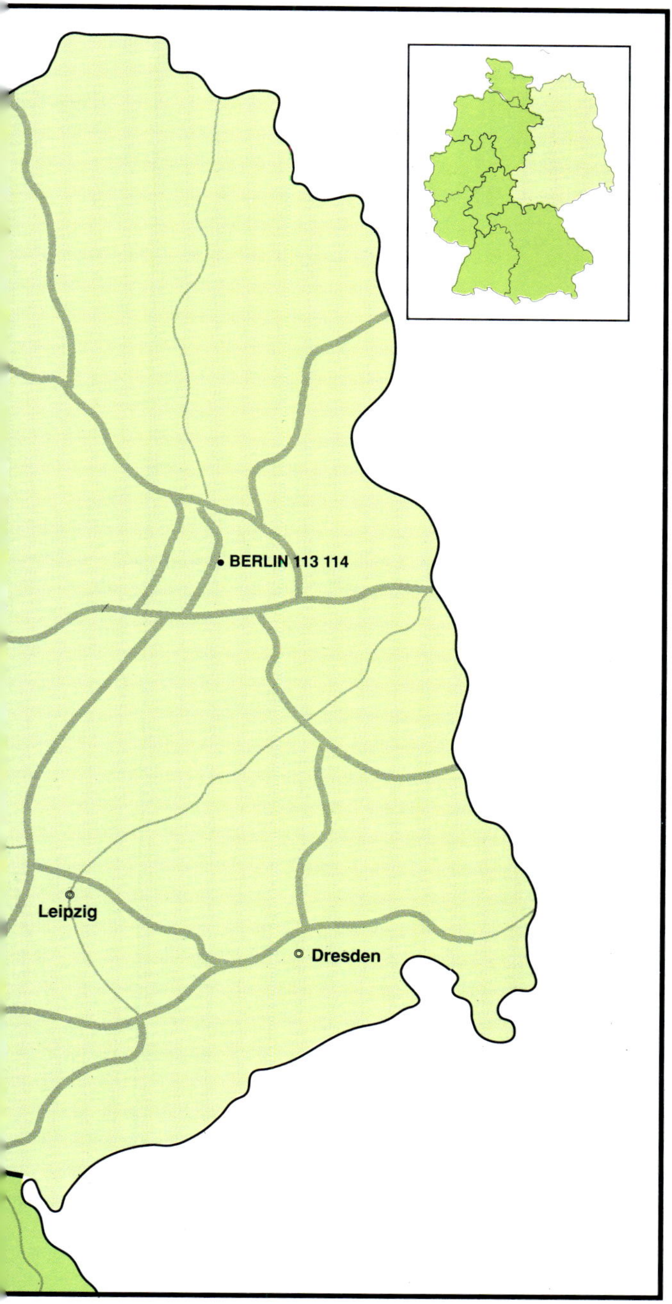
BERLIN 113 114
Leipzig
Dresden

Köln
Aachen
Bonn
Dahlem 53 68
Koblenz 86 94
Darscheid 93
Braubach 93
Daun 81
Cochem 79 80
Beilstein 92
Dudeldorf 93
Bernkastel 78 92
Horbruch 84
Wasserliesch 95
Trier 90 95
Tholey 96
Saarlouis 97
Wallerfangen 91
Saarbrücken
Heitersheim 147
Badenweiler 119 140
Binzen 140
Weil 155 156
Lörrach 149

Kaarten van locaties

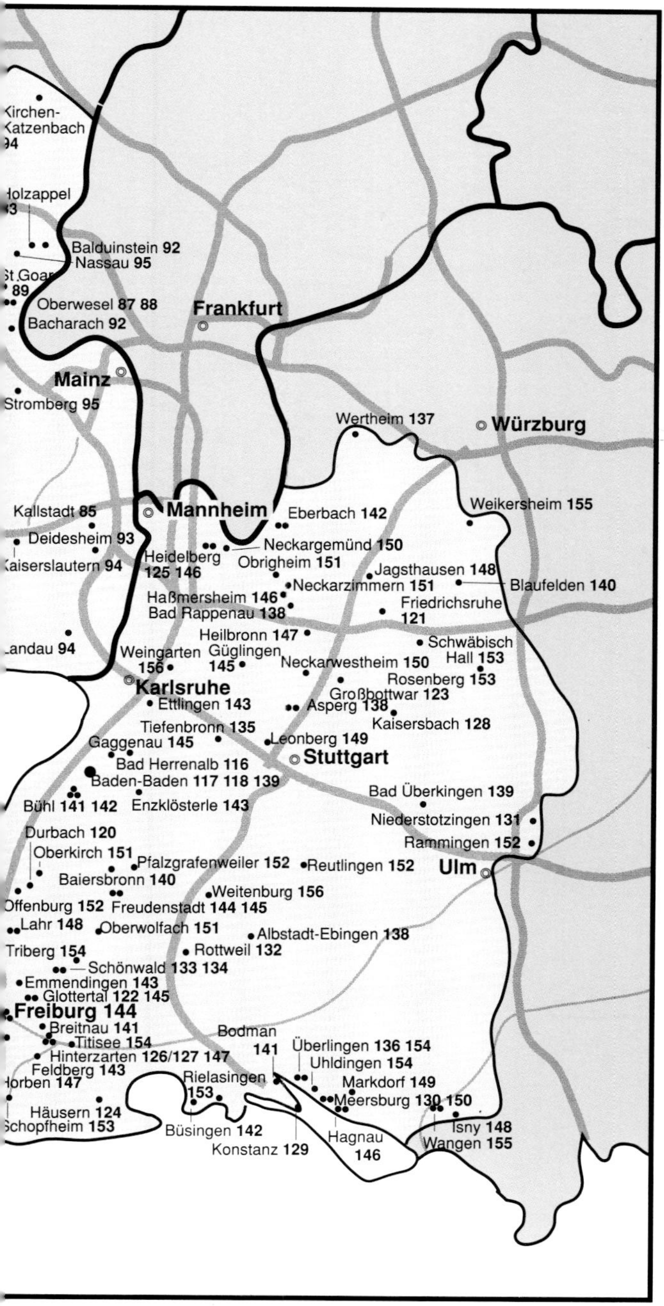

Kaarten van locaties

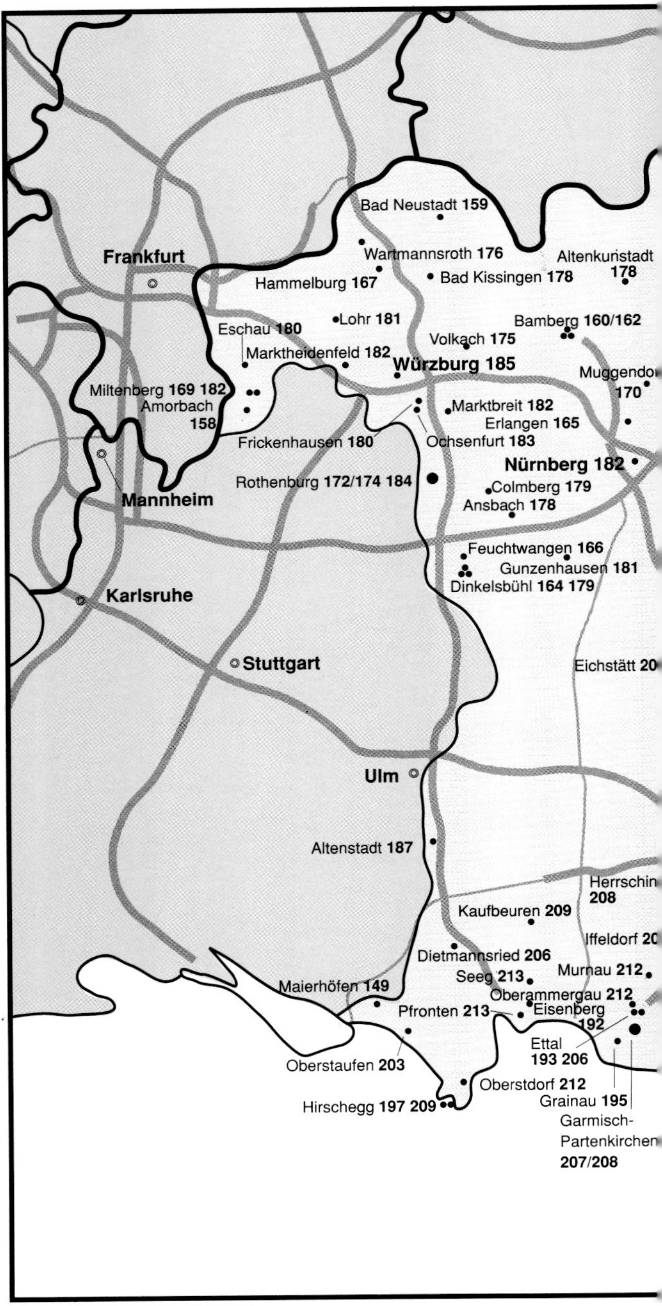

Kaarten van locaties

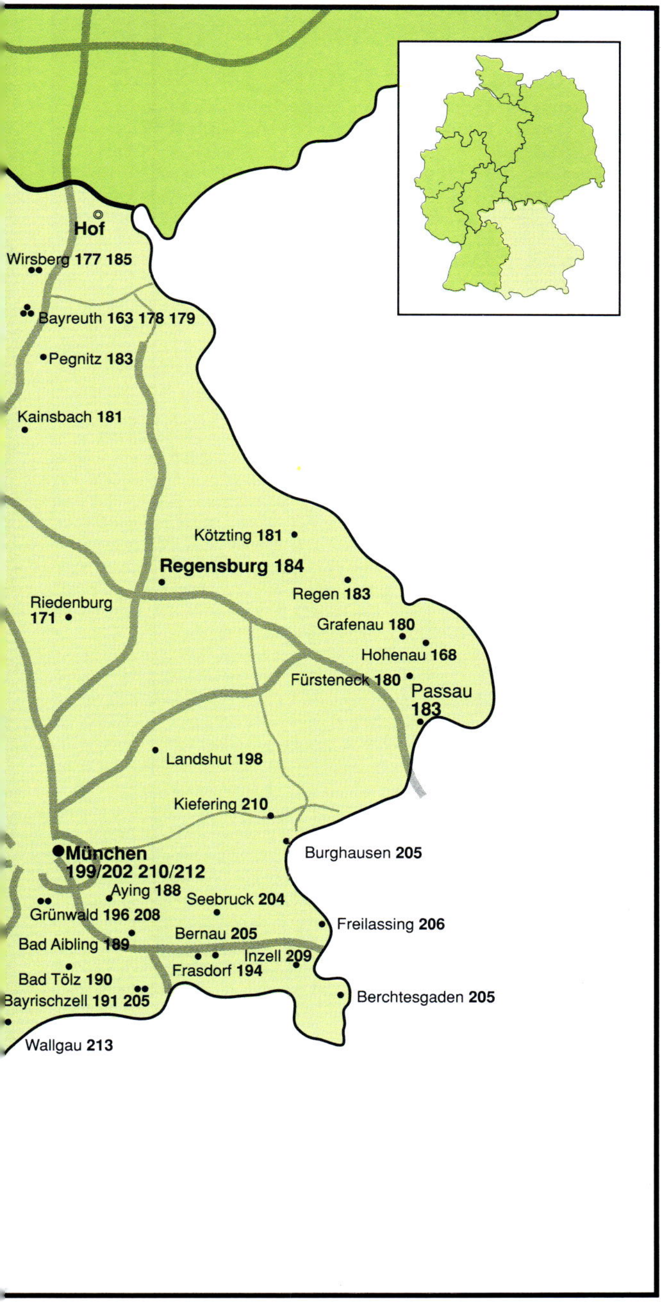

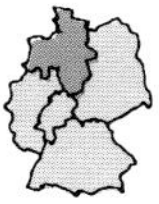

Streekintroductie

Hotels in Sleeswijk-Holstein

De noordelijkste deelstaat van de Bondsrepubliek Duitsland, ten noorden van de rivier de Elbe, vormt een landengte die Denemarken met het Europese continent verbindt en in het westen wordt geflankeerd door de Noord-, en in het oosten door de Oostzee.

De hoofdstad Kiel is een grotendeels moderne stad aan de toegang van de drukbevaren zeestraat die de Noord- met de Oostzee verbindt. Tot de acceptabele hotels in deze stad behoren het Kieler Kaufmann (tel. [0431] 85011; 47 kamers), een elegant en modern hotel naast een chique club, en het Wiking (tel. [0431] 673051, fax 673054; 42 kamers), een modern hotel in het centrum van de stad dat u waarlijk gargantuaanse, zij het weinig subtiele maaltijden voorzet. Buiten het centrum en rustiger gelegen zijn het Birke (tel. [0431] 524011, fax 529128; 64 kamers) en Zur Waffenschmiede (tel. [0431] 362874, fax 363994; 12 kamers op een aangename locatie).

De stad Schleswig (Sleeswijk) heeft veel meer van haar verleden bewaard en ligt op het snijpunt van de voornaamste wegen van noord naar zuid en van oost naar west. Naast het Waldhotel bij Schloß Gottorf, beschreven op blz. 72, kunnen we u hier een gerieflijk en uitnodigend hotel met een zeevaart-ambiance aanbevelen, het Strandhalle (tel. [04621] 22021, fax 28933; 28 kamers). Lübeck, in de middeleeuwen het handelscentrum van noordelijk Europa, is een nog interessantere stad, met een fraai oud centrum, omgeven door grachten. De Kaiserhof is met zijn 70 kamers te groot voor een volledige beschrijving in deze gids, maar u vindt er de sfeer van een voornaam herenhuis, en comfort dat aan hoge maatstaven voldoet (tel. [0451] 791011, fax 795083).

We beschrijven diverse hotels op de vakantie-eilanden voor de zanderige westkust, waarvan het eiland Sylt wel het bekendst is. Tot de andere hotels waarover u graag geïnformeerd wilt zijn, behoren: Stadt Hamburg, een traditioneel en gerieflijk hotel in Westerland, een grotere en voorname badplaats op Sylt (tel. [04651] 8580, fax 858220; 85 kamers); en het Oömrang Wiarthûs, een schilderachtig hotelletje met een 'vissersbar' in Norddorf op het eiland Amrum (tel. [04682] 836; 12 kamers). Het elegante restaurant (1 Michelin-ster) van Jörg Müller is eveneens in Westerland gevestigd en heeft drie logeerkamers.

Tot de overige mogelijkheden in deze deelstaat behoren twee hotels in Lütjenburg ten oosten van Kiel: Brüchmann am Markt, een eenvoudig, traditioneel hotel aan het kleine marktplein van de stad (tel. [04381] 7001, fax 6035; 28 kamers); en het Ole Liese, een elegant ingericht, maar bescheiden oud hotelletje in Panker, enkele kilometers noordelijker.

Deze bladzijde dient ter introductie van de hotels en geeft u in beknopte vorm aanbevelingen voor goede hotels die hier om de een of andere reden niet uitvoerig worden besproken. De uitgebreidere beschrijvingen van de hotels beginnen op de volgende bladzijde. Negeert u echter niet de beknopte beschrijvingen die op blz. 29 beginnen: het zijn stuk voor stuk kleine hotels waar wij graag zelf willen logeren.

Sleeswijk-Holstein

Hotel aan het meer, Alt Duvenstedt

Töpferhaus

Das Töpferhaus ('Pottenbakkershuis') ligt tussen Flensburg en Hamburg, op slechts 10 minuten rijden van de *Autobahn*. De vredige ligging aan de Bestersee kan de toevallige gast gemakkelijk tot een langduriger verblijf verlokken. Dit is het ideaal van manager Peter-Dirk Howold, die het hotel na een ingrijpende renovering in 1990 heeft heropend.

Voordien had Herr Howald de leiding van het zeer gereputeerde restaurant; hij heeft de keukentraditie voortgezet – die van een zeer exclusief en uitermate chique gourmet-restaurant met slechts zes tafels. Het restaurant en de overige openbare ruimten zijn in de 'landhuisstijl' ingericht: eenvoudige wit gepleisterde muren harmoniëren met de houten plafondbalken en het degelijke houten meubilair. Brede ramen bieden uitzicht op door een tuinarchitect ontworpen tuinen en het terras, met het meer op de achtergrond. De luchtige ambience wordt onderstreept met verse bloemen.

De kamers doen nog erg nieuw aan, maar ze zijn plezierig ingericht met wandkasten en tafels; de badkamers zijn afgewerkt met marmer. Iedere kamer heeft een eigen balkon of terrasje.

In de buurt Rendsburg (5 km) – oud stadje, Romeins viaduct; Ostsee (30 km).

2371 Alt Duvenstedt
Am Bistensee
Tel (04338) 402
Fax 551
Locatie aan de rand van de Bistensee, 5 km ten noorden van Rendsburg (aangegeven op de E45); op eigen grond ruime parkeerplaats
Eten en drinken ontbijt, lunch, diner
Prijzen DM 100-220; ontbijt DM 15, maaltijden DM 55-98

Kamers 10 2-p (8 met bad, 2 met douche) en 11 1-p met douche. Alle kamers met centrale verwarming, telefoon, radio en TV **Faciliteiten** vergaderzaal/feestzaal, 2 eetgelegenheden, foyer, terras, tennisbaan, sauna en solarium, rijwielen **Credit cards** AE, DC, MC, V **Kinderen** welkom **Gehandicapten** onaangepast **Huisdieren** niet **Gesloten** nooit **Talen** Engels **Manager** P.D. Howold

Sleeswijk-Holstein

Landelijk hotel-restaurant, eiland Föhr

Landhaus Altes Pastorat

Föhr is een van de grotere waddeneilanden (12 bij 9 km) aan de noordwestpunt van Duitsland. Het is hier veel rustiger dan op het bekendere eiland Sylt. De meeste logiesaccomodatie ligt rond het haventje van de veerboot, Wyk, maar Das Alte Pastorat is wat verder rijden waard.

De El-Dessouki's doen datgene wat zoveel echtparen in badplaatsen doen: uit liefhebberij hun grote huis exploiteren als een klein hotel. Hij is manager van grotere hotels geweest, voordat hij hierheen kwam om zijn autodidactische kookkunst in praktijk te brengen. De resultaten zijn indrukwekkend: ambitieuze en met veel fantasie opgemaakte diners van zes gangen. De tuin – die veel van de nodige groenten levert – is Ingrids domein.

Het huis is een langwerpig pand van rode baksteen uit de 17e en 18e eeuw dat, met uitzondering van de gedeelten achter de drie etages hoge gevels, helemaal gelijksvloers is gebouwd. De zolder biedt plaats aan een paar van de gerieflijkste kamers, waarvan de kapellen in het rieten dak uitzicht bieden op de groene, aan bloemen rijke tuin. Binnen vinden we ook veel bloemen, naast oude en moderne kunst, antiek en boeken. Kortom, een heerlijk plekje.

In de buurt vogelreservaat, voet- en fietspaden.

2270 Insel Föhr
Süderende
Tel (04683) 226
Locatie in oud Oostfries dorp op waddeneiland; parkeerplaats op eigen grond
Eten en drinken ontbijt, diner
DB&B VP (Volpension?)Prijzen VP DM 225-250 per persoon
Kamers 3 2-p met douche), 2 1-p met bad. Alle kamers met centrale verwarming, telefoon, haardroger en TV
Faciliteiten ontbijtkamer, zitkamer, bibliotheek; rijwielen
Credit cards niet
Kinderen niet welkom
Gehandicapten ongeschikt
Huisdieren niet
Gesloten okt.-Pasen
Talen Engels, Arabisch
Eigenaar Hussen en Ingrid El-Dessouki

Sleeswijk-Holstein

Landelijk hotel, Quickborn

Jagdhaus Waldfrieden

Hamburg is slechts een half uurtje rijden ver, maar u bent hier in een andere wereld: deze 100 jaar oude villa, door een scheepsmagnaat in de traditionele jachthuisstijl gebouwd, met steile puntdaken en een torentje, ligt in een fraai parkje, waarvan de hoge bomen het grootste deel van het verkeerslawaai van de B4 dempen. De omgeving alleen al maakt dit hotel aantrekkelijk, maar Siegmund heeft ervaring opgedaan in grote hotels en zorgt dat zijn kleine maar groeiende etablissement in alle oprichten *up to date* is.

De weinige kamers in het oorspronkelijke huis zijn gerieflijk, op een wat ouderwetse maar niet echt sfeervolle manier. Wij gaven de voorkeur aan de resterende kamers in een in 1990 gerealiseerde uitbreiding: ze zijn niet opvallend modern en hebben bijzonder fraaie badkamers. Er zijn diverse zitgelegenheden en ruimten waar u zich kunt ontspannen, zoals de fascinerende 'eetkamer met minstreelgalerij', met een kleine vleugel en jachttrofeeën. U kunt echter ook in de nieuwe serre tafelen (waar u ook ontbijt), of bij mooi weer in de tuin. De keuken is vrij ambitieus en de bediening bijzonder hulpvaardig.

In de buurt wandelroutes; Hamburg (23 km).

2085 Quickborn
Kieler-Straße (B4)
Tel (04106) 3771
Fax 69196
Locatie 3 km ten noorden van stadje, iets opzij van de hoofdweg; op groot eigen terrein met parkeergelegenheid
Eten en drinken ontbijt, lunch, diner
Prijzen kamers DM 100-195 met ontbijt; maaltijden DM 48-60

Kamers 18 2-p en 8 1-p, alle met bad. Alle kamers met centrale verwarming, telefoon, minibar, haardroger, radio en TV **Faciliteiten** ontbijtzaal, eetzalen, zitkamer, zwembad, terrassen **Credit cards** AE, DC, MC, V **Kinderen** welkom **Gehandicapten** goed toegankelijk **Huisdieren** toegelaten **Gesloten** nooit **Talen** Engels, Frans **Eig.** Siegmund Balerle

Sleeswijk-Holstein

Landelijk hotel, Sleeswijk

Waldhotel am Schloß Gottorf

Nee, niet het zoveelste oude kasteel, maar een tamelijk modern pand op het landgoed van een kasteel: Schloß Gottdorf is een van de bezienswaardigheden van de streek en herbergt het Kunsthistorisches Museum van Sleeswijk-Holstein en het Prehistorisches Museum. Een van de manieren om het Waldhotel te bereiken: u rijdt over de slotgracht en om het kasteel heen, waarna u opnieuw de slotgracht oversteekt. De voornaamste attractie van het hotel is dat het in een heuvelachtig decor is gelegen, in een rustige omgeving.

Het Waldhotel is een doelbewust gebouwde 'reïncarnatie' van een ouder pand uit 1910, die in een andere omgeving nauwelijks zou opvallen, behalve misschien als beleggingsmogelijkheid. De kamers zijn in verschillende stijlen ingericht: sommige zijn tamelijk ouderswets en saai, andere lichter en moderner. Helaas hebben die kamers niet altijd het mooiste uitzicht op het kasteel. De eetzaal op de begane grond is ruim en heeft grote ramen.

De Röselers begroeten vaste gasten als oude vrienden en bieden een bescheiden accommodatie tegen redelijke prijzen.

In de buurt Kunsthistorisches Museum, Prehistorisches Museum, Renaissancekapel, Nydam Schiff, altaarstuk in kathedraal.

2380 Schleswig,
Stampfmühle 1
Tel (04621) 23288
Locatie in bebost heuvelpark rond een oud kasteel ten oosten van de stad, met tuinen, garages en ruim parkeerterrein
Eten en drinken ontbijt, lunch, diner, snacks
Prijzen kamers met ontbijt DM 68-120 (kinderbed DM 16); maaltijden 20-50
Kamers 7 2-p, 1 1-p en 1 gezinskamer, alle met bad. Alle kamers met centrale verwarming, telefoon, radio en minibaar, T.V. op verzoek
Faciliteiten eetzaal, café, vergaderzaal, terras whirlpool, zonneterras **Credit cards** AE, MC **Kinderen** welkom **Gehandicapten** slecht toegankelijk **Huisdieren** toegelaten (DM 5 per nacht) **Gesloten** nooit **Talen** Duits **Eig.** Ute Röseler

Sleeswijk-Holstein

Landelijk hotelletje, eiland Sylt

Benen-Diken-Hof

'Een eiland op een eiland', aldus de reclameleus van dit deftige vakantiehotel. Dit is wellicht een tikje misleidend, maar de Benen-Diken-Hof is ongetwijfeld een van de exclusievere hotels op Sylt – en het ziet ernaar uit óók, met zijn statige oprijlaan en omheinde park.

Het hotel is in een groep met rietgedekte, witgesausde huizen gevestigd; het oorspronkelijke huis stamt uit 1841, maar de in de jaren tachtig gebouwde uitbreiding is er nauwelijks van te onderscheiden. Het interieur is een geslaagde mengeling van moderne stijlmeubelen, voortreffelijke reprodukties en authentiek antiek. De kleurenschema's zijn ingetogen, zodat statige klokken en kleurrijke bloemstukken heel voordelig uitkomen. Aan de muren werk van plaatselijke kunstenaars – en in de kleine Kapitänszimmer, waar wordt gebridged of geschaakt, zeegezichten (fresco's).

Claas Johannsen – boer, voordat hij hotelier werd – zorgt voor een ontspannen sfeer. Hoewel hij officieel alleen ontbijt aanbiedt, kunt u in de avonduren uit een kleine selectie gerechten kiezen. In de buurt vindt u enkele goede restaurants.

In de buurt nudistenstranden, vogelwachtaccomodatie; de Rode Klippen van Westerland (5 km), een badplaats met casino.

2280 Keitum-Sylt, Süderstraße
Tel (04651) 31035
Fax 31038
Locatie in dorp in oostelijk deel van Sylt; eigen grond met parkeergelegenheid
Eten en drinken ontbijt
Prijzen DM 175-410; ontbijt DM 20
Kamers 21 2-p met bad, 6 met douche en 10 gezinskamers met bad. Alle kamers met centrale verwarming, telefoon, radio en TV, haardroger
Faciliteiten ontbijtzaal, bar, bridgekamer, overdekt zwembad, sauna, solarium, whirlpool, zonneterras
Credit cards AE, DC, MC, V
Kinderen gedoogd **Gehandicapten** goed toegankelijk
Huisdieren niet **Gesloten** nooit **Talen** Engels, Frans, Deens **Eig.** Claus Johannsen

Sleeswijk-Holstein

Landelijk hotel, eiland Sylt

Seiler Hof

Op Sylt zijn zelfs de campings gewoonlijk volgeboekt, zodat het niet verrassend is dat veel vaste gasten al een jaar van tevoren reserveren. Jammer genoeg konden we daardoor geen kijkje nemen in de kamers, maar als we op de rest van de inrichting mogen afgaan, hoeft u zich daar geen zorgen over te maken. Sommige kamers kunnen als appartement worden gereserveerd.

De Seiler Hof is een laaggebouwd sneeuwwit pand in de typische Oostfriese stijl, met door stijlen verdeelde ruiten onder het overstekende rieten dak – zodat het harmonieert met de rest van het dorp Keitum. Het werd in 1761 voor de voorouders van Inken Johannsen gebouwd – een bescheiden, gemoedelijke dame, wier broer eigenaar is van de grotere Benen-Diken-Hof (zie vorige blz.). Het hotelletje is smaakvol ingericht, in een mengeling van rustiek en rustig modern. De eetzaal heeft een plavuizenvloer en de muren zijn afgewerkt met Hollandse tegels.

In de middaguren kan de gast voor de avondmaaltijd uit twee menu's kiezen. Als de gezonde huiselijke kookkunst u niet bevalt, zijn er in en rondom het dorp genoeg andere mogelijkheden.

In de buurt nudistenstranden, vogelwachtaccomodatie; de Rode Klippen van Westerland (5 km), een badplaats met casino.

2280 Keitum-Sylt Ost, Gurstig 7
Tel (04651) 31064
Fax 35370
Locatie in hartje dorp op Sylt; met tuin en parkeerterrein
Eten en drinken ontbijt, diner
Prijzen K&O DM 125-360; maaltijden DM 25-40
Kamers 10 2-p (5 met bad, 5 met douche) en 1 1-p met douche. Alle kamers met centrale verwarming, telefoon, haardroger, radio en TV
Faciliteiten ontbijtzaal, sauna, stoombad, fitness-lokaal, whirlpool
Credit cards niet
Kinderen welkom
Gehandicapten onaangepast
Huisdieren niet
Gesloten alleen restaurant op zo.
Talen Deens
Eigenaar Inken Johannsen

Sleeswijk-Holstein

Verbouwde molen, Aumühle

Fürst Bismarck Mühle

Een prinses von Bismarck heeft deze molen verbouwd tot hotel – en zo komt het dat Jochen Dölger een hele collectie Bismarck-memorabilia en meubelen uit die tijd heeft 'geërfd'.

■ 2055 Aumühle, Mühlenweg 3, **Tel** (04104) 2028, **Fax** 1200, **Eten en drinken** ontbijt, lunch, diner, **Prijzen** kamers DM 55-110; ontbijt DM 15, maaltijden vanaf DM 60, **Kamers** 6, alle met bad of douche. Alle kamers met centrale verwarming, TV en telefoon, **Creditcards** AE, DC, MC, V, **Gesloten** alleen restaurant: wo. **Talen** Engels, Frans

Hotelletje aan het meer, Aumühle

Hotel Waldesruh am See

Een 18e-eeuws jachthuis op een idyllisch plekje, hetgeen de pompeuze decoratie van het interieur compenseert. In de openbare ruimte domineren donkerrode en donkergroene tinten.

■ 2055 Aumühle, Am Mühlenteich 2 **Tel** (02104) 3046, **Fax** 2073, **Eten en drinken** ontbijt, lunch, diner, snacks, **Prijzen** DM 80-170 met ontbijt; maaltijden vanaf DM 50, **Kamers** 15, alle met bad of douche. Alle kamers met centrale verwarming, TV, telefoon en minibar, **Creditcards** AE, DC, MC, V **Gesloten** di. **Talen** Engels, Frans

Hotel-restaurant, Bargum

Andresen's Gasthof

De kamers komen hier op het tweede plan: dè reden voor een bezoek zijn de gastronomische heerlijkheden van de jonge chef-kok, Torsten Ambrosius. Vriendelijke bediening, prettige sfeer.

■ 2225 Bargum, An der Bundesstraße 5 **Tel** (04672) 1098 **Maaltijden** ontbijt, diner, **Prijzen** K&O DM 145 maaltijden DM 80-145 **Kamers** 5, alle met bad of douche, centrale verwarming, telefoon, TV en haardroger, **Creditcards** DC, MC, V **Gesloten** ma. en di. **Talen** Engels

Landelijk hotelletje, Büsum-Deichhausen

Dohrn's Rosenhof

De Dohrn-Beckers zijn even trots op hun hotel (al 50 jaar in de familie) als op hun prachtige rozentuin eromheen. Het accent ligt meer op gerief dan op stijl. Tot de accomodatie behoren een sauna en schoonheidssalon. Rustige ligging bij zeekust.

■ 2242 Büsum-Deichhausen, To Würth 12 **Tel** (04834) 2054 **Fax** 6767 **Maaltijden** ontbijt, lunch, diner, snacks **Prijzen** kamers met ontbijt DM 49-170; lunch DM 12-30, diner DM 20-40 **Kamers** 23, alle met bad of douche, centrale verwarming, radio, TV en minibar **Creditcards** niet **Gesloten** nov.-Pasen **Talen** Engels

Sleeswijk-Holstein

Hotel aan meeroever, Eutin

Voss Haus

Het uitzicht vanaf het terras op de tuinen en het meer erachter maken veel van het gebrek aan stijl en sfeer in dit hotel goed. De decoratie zal niet ieders smaak zijn, maar de kamers zijn ruim.
■ 2420 Eutin, Vossplatz 6 **Tel** (04521) 1797 **Maaltijden** ontbijt, lunch, diner **Prijzen** kamers met ontbijt DM 80-160 (kinderen beneden de 6 half geld; maaltijden DM 32-60 **Kamers** 15, alle met bad of douche, centrale verwarming, telefoon, haardroger, radio en TV en minibar **Creditcards** AE, DC, MC, V **Gesloten** nooit **Talen** Engels, Frans

Hotelletje in de stad, Friedrichstad

Holländische Stube

Aantrekkelijke groep aan gracht gelegen huizen. De zit- en eetkamer zijn eenvoudig maar gezellig, met enig antiek. De slaapkamers hebben wat meer stijl.
■ 2254 Friedrichstadt, Am Mittelburgwall 24-26 **Tel** (04881) **Fax** (04881) 7126 **Maaltijden** ontbijt, lunch, diner **Prijzen** kamers DM 55-110 **Kamers** 8, alle met douche, cv, tel., haardroger, TV, radio **Creditcards** AE, DC, MC, V **Gesl.** nooit **Talen** Engels, Deens

Hotelletje in de stad, Lübeck

Schwarzwaldstuben

Heel weinig hotels in Lübeck behoren tot de categorie van klein en charmant en de Schwarzwaldstuben is in die categorie het beste. De inrichting is nogal saai, maar het hotel ligt centraal.
■ 2400 Lübeck, Koberg 12-15 **Tel** (0451) 77715 **Fax** 705414 **Maaltijden** ontbijt, lunch, diner, snacks **Prijzen** kamers DM 60-145; ontbijt DM 12,50, **maaltijden** DM 11,50-32,50 **Kamers** 21, alle met douche, centrale verwarming, telefoon, haardroger; in sommige kamers radio en minibar **Creditcards** niet **Gesloten** nooit **Talen** Engels, Deens

Hotelletje aan het meer, Lütjensee bij Trittau

Fischerklause

Dit deels met riet gedekte hotelletje is gelegen aan de oever van de Lütjensee. Vanuit de ramen van de eetzaal of vanaf het terras aan de meerzijde kunt u van het mooie uitzicht genieten.
■ 2073 Lütjensee bei Trittau Am See 1 **Tel** (04154) 7106 **Fax** 7165 **Eten en drinken** ontbijt, lunch, diner **Prijzen** DM 75-150 met ontbijt; maaltijden vanaf DM 28 **Kamers** 15, alle met centrale verwarming, TV en telefoon **Creditcards** DC, MC **Gesloten** jan., di. **Talen** alleen Duits

Sleeswijk-Holstein

Landelijk hotelletje, Malente Gremsmühlen

Weisser Hof

De familie Heusser-Schmieder omschrijft haar hotel graag als een *Gartenhotel*: het lage, zwart-witte pand ligt te midden van groene gazons en vijvers. De kamers zijn ruim en gerieflijk.
■ 2427 Malente Gremsmühlen Voßstraße 45 **Tel** (04523) 3962 **Fax** 6899 **Eten en drinken** ontbijt, lunch, diner **Prijzen** VP vanaf DM 100; maaltijden DM 45-50 **Kamers** 20, alle met bad of douche. Alle kamers met centrale verwarming, radio, TV, telefoon en minibar **Creditcards** niet geaccepteerd **Gesloten** di.; nov.-dec. **Talen** Engels

Restaurant met kamers, Meldorf

Hotel Dithmarscher Bucht

Een keurige villa met witte tegels en muren, die echter meer te bieden heeft dan het oog meteen kan ontdekken – zoals een elegante inrichting en speelgoed en poppen.
■ 2223 Meldorf Helgolandstraße 2 **Tel** (04832) 7123 **Eten en drinken** ontbijt, lunch, diner **Prijzen** DM 60-100 met ontbijt; maaltijden vanaf DM 35 **Kamers** 9, alle met bad of douche. Alle kamers met centrale verwarming en radio **Creditcards** niet geaccepteerd **Gesloten** jan.-feb.; ma. **Talen** Engels

Landelijk hotelletje, Ockholm-Bongsiel

Gaststätte Bongsiel

Een stoer, typisch Oostfries huis van rode baksteen op de oever van een traagstromende rivier, gelegen in een vlak open landschap op slechts enkele kilometers van de grens met Denemarken.
■ 2255 Ockholm-Bongsiel Bongsiel **Tel** (04674) 1445 **Eten en drinken** ontbijt, lunch, diner **Prijzen** DM 40-70 met ontbijt; maaltijden vanaf DM 20 **Kamers** 12, alle met douche en centrale verwarming **Creditcards** niet geaccepteerd **Gesloten** half jan.-eind feb.; di. **Talen** alleen Duits

Verbouwde molenboerderij, Westerdeichstrich

Der Mühlenhof

De omgeving van Büsum wordt 's zomers door toeristen overstroomd en het degelijke hotelletje van moeder en zoon Meyer is vaak volgeboekt. De kamers zijn eenvoudig ingericht; de grote attractie is het molen-restaurant ernaast.
■ 2242 WesterdeichstrichBüsum, Dorfstraße 22 **Tel** (04834) 2886 **Maaltijden** ontbijt, lunch, diner **Prijzen** kamers DM 85-135; met ontbijt 165; maaltijden DM 18,50-38 **Kamers** 15, alle met douche, centrale verwarming, telefoon en radio **Creditcards** AE **Gesloten** nooit **Talen** Engels

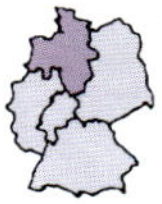

Hamburg

Streekintroductie

Hotels in Hamburg

Hamburg aan de Elbe is Duitslands grootste zeehaven en de – op Berlijn na – grootste stad van het land; bovendien is Hamburg een van de twee stadstaten die tot de Bondsrepubliek behoren. De stad werd aanvankelijk groot als lid van de bond van Hanze-steden die in de middeleeuwen een monopolie op de handel via de Noordzee en de Oostzee bezat, maar ontwikkelde zich later tot een bloeiende handels- en industriestad.

Toch telt Hamburg enkele rustige en gerieflijke kleinere hotels, waarvan we de beste op de volgende bladzijden beschrijven. Als deze zijn volgeboekt, kunnen we u nog drie andere centraal gelegen hotels aanbevelen: het Aussen Alster (tel. [040] 241557, fax 2803231; 27 kamers) is een 19e-eeuws herenhuis met een modern interieur; het ligt centraal, maar is desondanks een rustige gelegenheid en vanuit sommige kamers hebt u uitzicht op het Alstermeer; alleen zult u hier moeilijk een parkeerplaats vinden. Eveneens centraal en bij het Alstermeer ligt Hotel Prem, dat over een eigen parkeergelegenheid beschikt (tel. [040] 245454, fax 2803851; 52 kamers). De Oostenrijkste kunstverzamelaar Rudolf Prem verbouwde enkele herenhuizen tot dit elegante hotel; het is dan ook niet verbazingwekkend dat het smaakvol is ingericht met veel antiek; het bijbehorende restaurant, *La Mer*, serveert interessante gerechten. Onze laatste aanbeveling is het Wedina (tel. [040] 243011; 23 kamers), een eenvoudig, stil en vriendelijk hotelletje aan de oever van het Alstermeer, met een eigen tuin en een onoverdekt zwembad; dat het geen eigen restaurant heeft, is in Hamburg beslist geen probleem.

Buiten het centrum zijn er meer mogelijkheden. Zo heeft Haus Lindtner in Harburg 20 kamers en een aardige tuin (tel. [040] 7908081, fax 790 9952); het Mellingburger Schleuse in Sasel is een vredig gelegen, 250 jaar oude boerderij (tel. [040] 6024001, fax. 60227912; 34 kamers).

Hotel in de stad, Hamburg-Pöselhof

Garden Hotel

Dit hotel maakt deel uit van een groep van drie kleine hotels, die samen over meer dan 70 kamers beschikken en veel door mediavertegenwoordigers worden gefrequenteerd.

■ 2000 Hamburg 13 Magdalenenstraße 60 **Tel** (040) 414040 **Fax** 4140421 **Eten en drinken** ontbijt, snacks **Prijzen** DM 200-380; ontbijt DM 20 **Kamers** 17, alle met bad of douche, centrale verwarming, air-conditioning, telefoon, radio, TV, haardroger en minibar **Creditcards** AE, DC, MC, V **Gesloten** met de Kerst **Talen** Engels, Frans, Spaans

Deze bladzijde dient ter introductie van de hotels en andere pluspunten van de stadstaat Hamburg en geeft u in beknopte vorm aanbevelingen voor goede hotels die hier om de een of andere reden niet uitvoerig worden besproken. De uitgebreidere beschrijvingen van de hotels waarvoor wij de meeste waardering kunnen opbrengen, beginnen op de volgende bladzijde.

Hamburg

Hotelletje in de stad, Hamburg

Hotel Abtei

De Abtei is een van die zeldzame stadshotels die lekker centraal zijn gelegen, maar toch rust bieden en een eigen karakter hebben. Het hotel ligt in een stille, deftige woonwijk waar de straat door oude kastanjes worden geflankeerd (de vroegere oprijlaan naar de abdij). De chique winkels van Hamburg liggen op loopafstand, de Aussenalster, waar u bootjes kunt huren, is vrijwel om de hoek en per auto is het maar 15 minuten rijden naar het vliegveld.

Dit elegante, in 1888 verrezen gebouw werd in 1978 door de huidige eigenaars, Petra en Fritz Lay, verbouwd tot hotel, maar het heeft nog steeds een onvervalst huiselijke sfeer. De hoge kamers zijn ingericht met fraai Engels antiek en zijn warm gestoffeerd. In de imposante marmeren badkamers doet de ingebouwde stereo-installatie wat overdreven aan, maar de inrichting heeft verder niets overdadigs.

In de knusse, groene tuin kan zowel worden ontbeten als thee gedronken, en de Lays hebben kort geleden een eetzaal geopend om diners te kunnen serveren. De keuken heeft Franse en Italiaanse accenten. (Roken wordt niet op prijs gesteld.)

In de buurt Kunsthalle, botanische tuinen, haven, TV-toren met uitzichtpunt.

2000 Hamburg 13, Abteistraße 14
Tel (040) 442905
Locatie aan rustige straat met eenrichtingverkeer, even ten westen van Aussenalster ten noorden van stadscentrum; met tuin, 2 garages en beperkte parkeergelegenheid
Eten en drinken ontbijt, diner, snacks
Prijzen DM 250-500 met ontbijt, maaltijden DM 60-120
Kamers 13 2-p met douche. Alle kamers met centrale verwarming, radio, telefoon, TV, minibar en haardroger
Faciliteiten eetzaal, salon, bar
Credit cards DC, MC, V
Kinderen gedoogd
Gehandicapten ongeschikt
Huisdieren niet toegestaan
Gesloten nooit
Talen Engels, Frans, Italiaans
Eigenaar Fritz Lay

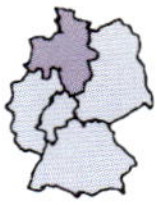

Hamburg

Hotel aan de rivier, Hamburg

Strandhotel Blankanese

Het vroegere vissersdorp Blankanese is nu een chique woonwijk van Hamburg. De grote villa's zijn op een steile helling gebouwd, en de smalle straten slingeren zich omlaag naar het estuarium van de Elbe, die hier meer dan anderhalve kilometer breed is. Het blinkend-witte art-nouveauhuis van Strandhotel Blankanese biedt uitzicht op de rivier. Het is begin deze eeuw als hotel gebouwd en veel oorspronkelijke stijlkenmerken zijn bewaard gebleven – kroonlijsten, gestucte plafonds, glas-in-loodramen.

De locatie is een belangrijke factor voor de aantrekkingskracht van dit hotelletje en de kamers met uitzicht op de rivier genieten de voorkeur van iedere gast. De beste – ruim en van harmonieuze proporties – zijn ingericht met antiek meubilair (bedoeld om te gebruiken, niet alleen om te bewonderen) en moderne kunst. Dat laatste is een hobby van de eigenares, en de bewijzen ervan zijn overal te zien: zo wordt de lichte ontbijtkamer door plaatselijke kunstenaars als galerie benut.

De maaltijden zijn redelijk en worden in de eetkamer opgediend, hoewel er langs de Elbe aan restaurants geen gebrek is.

In de buurt watersport, golfbaan, manege, Wedel (5 km) – admiraalzeilen (Willkomm-Höft).

2000 Hamburg 55, Strandweg 13
Tel (040) 861344
Fax 864936
Locatie aan Elbe-oever in chique buitenwijk, 15 km ten oosten van stadscentrum; met tuin en parkeergelegenheid
Eten en drinken ontbijt, lunch, diner
Prijzen kamer DM 118-250; ontbijt DM 18, maaltijden DM 25-49,50
Kamers 15 2-p (14 met douche, 1 met bad). Alle kamers met centrale verwarming, radio, telefoon, TV, minibar en haardroger
Faciliteiten ontbijtkamer-kunstgalerie, terras, privéstrand, sauna **Credit cards** AE, DC, MC, V **Kinderen** welkom **Gehandicapten** ongeschikt **Huisdieren** toegestaan **Gesloten** nooit **Talen** Engels, Frans **Eig.** Helge Walter

Hamburg

Villa in de stad, Hamburg

Hotel Hanseatic

De twee jaar die Wolfgang Schüler in Londense hotels heeft gewerkt, moeten diepe indruk op hem hebben gemaakt, te oordelen naar het elegante hotel dat hij in 1979 heeft geopend. In iedere kamer staat een karaf sherry en de meeste kamers zijn ingericht met Engels antiek. Bij het ontbijt kan de gast kiezen uit vijftien soorten thee, geserveerd in een zilveren theepot, en met toost en eigengemaakte jams.

Het patriciërshuis met zijn witte voorgevel staat nabij de Alstersee, in een voorname woonwijk van Hamburg. Het hotel heeft de ambiance van een exclusieve club: er is geen aanduiing 'Hotel', en de meeste gasten hebben het adres van anderen vernomen. De gasten lezen aan de ontbijttafel graag de krant, of maken in de voorname salon een praatje. De kamers zijn smetteloos schoon. Kortom, dit villahotel verenigt de voordelen van een privé-huis met het comfort van een groot hotel.

Het is slechts tien minuten rijden naar het stadscentrum; in de zomer kan de gast naar de nabij gelegen steiger van het Alsterveer lopen om een rondvaart te maken.

In de buurt Rondvaart door de havens, museum voor schone kunsten.

2000 Hamburg 60, Sierichstraße 150
Tel (040) 485772, 485773
Locatie aan hoofdstraat in buitenwijk, 10 minuten van centrum en ten noordoosten van Aussenalster; met garages
Eten en drinken ontbijt
Prijzen kamer DM 180-400, ontbijt DM 25
Kamers 13 2-p met bad. Alle kamers met centrale verwarming, radio, telefoon, TV, minibar en haardroger
Faciliteiten ontbijtzaal, salon met bar, sauna
Credit cards niet geaccepteerd
Kinderen welkom
Gehandicapten ongeschikt
Huisdieren toegestaan
Gesloten nooit
Talen Engels, Frans
Eigenaar Wolfgang Schüler

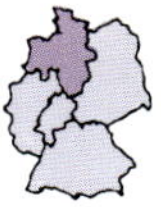

Niedersachsen

Streekintroductie

Hotels in Niedersachsen

De 'grote noordvlakte' van Niedersachsen is niet direct een toeristische trekpleister, maar toch is deze landstreek gevarieerder dan u misschien zoudt verwachten.

De belangrijkste zeehaven is Bremen, maar die stad ligt niet in Niedersachsen; net als Hamburg is Bremen een zelfstandige stadstaat. In de noordelijke buitenwijk vindt u echter het Landhaus Louisenthal, een buitenhuis in klassieke stijl dat huiselijk is ingericht (tel. [0421] 232076, fax 237616; 60 kamers). Niet ver hier vandaan kunnen we u nog enkele andere hotels aanbevelen: het Hof Hoyerwege (tel. [04222] 2071, fax 5306) is een gerieflijk hotel met 20 kamers. Verder westelijk, in de badplaats Bad Zwischenahn, ligt het Seehotel Fährhaus, met 54 kamers, van waaruit u een schitterend uitzicht hebt over het meer (tel. [04403] 698000, fax 698398). De Oostfriese waddeneilanden voor de kust hebben mooie, winderige stranden en lenen zich uitstekend voor het observeren van vogels: we bevelen u het Strandeck aan, gelegen op het verkeersvrije eiland Langeoog – een zeer gerieflijk hotel met een uitstekende keuken (tel. [04972] 755, fax 6277; 42 kamers).

De grootste stad in de deelstaat Niedersachsen is Hannover; voor de door ons uitvoerig beschreven hotels in de stad is het Alpha-Tirol in het centrum een goed alternatief (tel. [0511] 131066; fax 341535; 15 kamers), net als Landhaus Köhne am See (tel. [05131] 91085, fax 8367; 26 kamers) aan de rand van de stad. Oostelijker, in Wolfsburg, vindt u het Ludwig am Park, een hotel met 38 kamers bij het stadspark, dat op een uitstekend restaurant kan bogen (tel. [05362] 2070, fax 5362814).

De Lüneburger Heide was vroeger een uitgestrekt veengebied, maar dit wordt met de verbetering van de onvruchtbare grond steeds verder teruggedrongen. In de stad Lüneburg logeert u uitstekend in Zum Heidkrug, een restaurant-met-kamers in een verrukkelijk gotisch pand tel. [04131] 31249; 7 kamers), of anders in het Stumpf, een eenvoudig hotelletje in de buitenwijk (tel. [04134] 215). Zuidelijker ligt het mooie, oude stadje Celle, dat zich niet alleen onderscheidt door de fraaie gebouwen, maar ook dank zij de bijzonder elegante Fürstenhof, een hotel dat tot de Relais & Château-keten behoort en gevestigd is in een schitterend paleis (tel. [05141] 2010, fax 201120; 75 kamers).

We hebben geen uitvoerige beschrijvingen van hotels in Osnabrück opgenomen. Als u daar wilt overnachten, kunt u het elegante Residenz proberen (tel. [0541] 586358; 22 kamers), het historisch Walhalla (Tel. [0541] 27206) 22 kamers of het Waldhotel Felsenkeller, een hotel met 30 kamers in Bad Iburg, 16 km ten zuiden van Osnabrück (tel. [05403] 825).

Deze bladzijde dient ter introductie van de hotels van de deelstaat Niedersachsen en geeft u aanbevelingen voor goede hotels die hier niet uitvoerig worden besproken. De beschrijvingen van de hotels waarvoor wij de meeste waardering kunnen opbrengen, beginnen op de volgende bladzijde. Negeert u echter niet de beknopte beschrijvingen die op blz. 44 beginnen: het zijn stuk voor stuk kleine hotels waar wij graag zelf willen logeren.

Niedersachsen

Hotel in stad, Duderstadt

Zum Löwen

Alles wat dit oude huis nog aan historisch karakter over had, werd bij de in 1988 doorgevoerde renovatie uitgewist, zodat het modern ogende Hotel zum Löwen vatbaar is voor de kritische opmerking dat het karakter mist. Vooral de kamers worden slechts van het predikaat 'alledaags' gered door de ingetogen toepassing van Laura Ashley-bloemdessins; het meubilair komt uit de fabriek.

De fabriek in kwestie geniet echter een goede naam en produceert degelijke, gerieflijke en goed ogende meubelen. In dit hotel is aan alles te zien dat er veel aandacht is besteed aan details. U zult misschien niet opgetogen raken van wat de binnenhuisarchitect heeft geprobeerd te bereiken, maar de uitvoering is perfect. Dit geldt vooral voor de openbare ruimten: de met lambrizeringen afgewerkte 'gourmet'-eetzaal, de houten bar en het café met glazen dak en een plavuizenterras.

Niet de minste attractie van het hotel is de voortreffelijke keuken – creatief, vakbekwaam en smakelijk. In de bar zijn snacks verkrijgbaar.

In de buurt oud stadhuis, vakwerkhuizen, St Cyriakuskirche.

3408 Duderstadt
Marktstraße 30
Tel (05527) 3072
Fax 72630
Locatie aan hoofdstraat van stadje, 32 km ten oosten van Göttingen; met openbare parkeerplaatsen in de buurt
Eten en drinken ontbijt, lunch diner, snacks
Prijzen K&O DM 110-260; maaltijden DM 40-110
Kamers 28 2-p (24 met bad, 4 met douche), 8 1-p, met douche. Alle kamers met centrale verwarming, telefoon, radio en TV, haardroger en minibar **Faciliteiten** ontbijtzaalcafé, eetzaal, vergaderzaal, bar, speelkamer voor kinderen, terras, overdekt zwembad, sauna **Credit cards** AE, DC, MC, V **Kinderen** heel welkom **Gehandicapten** gemakkelijk toegankelijk; rolstoel beschikbaar **Huisdieren** ja **Gesl.** 1-12 jan. **Talen** Eng., Fr.

Niedersachsen

Villa in de stad, Hannover

Landhaus Amman

Ondanks de naam is dit hotelletje uitstekend gesitueerd, ten opzichte van zowel het centrum als het grote beurscomplex van Hannover. Vanzelfsprekend trekt het zakelijke clientèle aan – mits zij op een royale onkostenvergoeding kunnen rekenen.

Echter, ook zij die op eigen kosten reizen, zullen toegeven dat de geslaagde combinatie van de ambience van een elegant buitenhuis met een situering in de stad en een uitstekende bediening de prijzen van Helmut Ammann beslist rechtvaardigt, niet op de laatste plaats vanwege de voortreffelijke keuken. Die staat onder Herr Ammanns persoonlijke toezicht, en hij weet wat hij doet – zoals zijn Michelin-ster getuigt. Duidelijk herkenbare smaken en een moderne stijl van opdienen (kruiden uit eigen tuin). Ook de wijnkelder dient serieus te worden genomen, met een assortiment van meer dan 500 goede wijnen. De eetzaal is elegant ingericht met een stoffering in zachte tinten en ruim geplaatste en fraai met linnen en porselein gedekte tafels – maar u kunt bij mooi weer ook buiten tafelen, op het knusse terras dat uitzicht biedt op de tuin en de bossen erachter. Ook de kamers – de beste zijn zeer ruim zijn smaakvol ingericht, met koele tinten en donkere meubelen.

In de buurt Herrenhausen Garten, Niedersachsisches Museum.

3000 Hannover,
Hildesheimer-Straße 185
Tel (0511) 830818
Fax 8347749
Locatie aan bosrand in zuiden van de stad bij Südschnellweg; met tuin; ruime parkeerplaats
Eten en drinken ontbijt, lunch diner
Prijzen K&O DM 230-360 maaltijden DM 80-150
Kamers 12 2-p en 2 suites, alle met bad. Alle kamers met air-conditioning, centrale verwarming, telefoon, radio en TV, minibar en haardroger
Faciliteiten eetzaal, bar
Credit cards AE, DC, V
Kinderen heel welkom
Gehandicapten begane grond goed toegankelijk
Huisdieren toegelaten
Gesloten nooit
Talen Engels, Frans, Zweeds
Eigenaar Helmut Ammann

Niedersachsen

Villa in buitenwijk, Hannover

Georgenhof

Net als Landhaus Amman, aan de andere kant van de stad, heeft de Georgenhof een van de meest gereputeerde restaurants van Hannover. In restaurant Stern zwaait Heinrich Stern zelf de pollepel, en zijn vrouw Renate en zoon Michael zorgen voor de bediening. De gerechten zijn prijzig en worden op eigentijdse manier geserveerd, maar de keuken is in feite tamelijk eenvoudig.

De inrichting is evenzeer een attractie als de spijskaart. Zoals mag worden verwacht, zijn de eetzalen onberispelijk: perfect gedekte tafels (met artistieke bloemdecoratie) en stijlvolle moderne stoelen in een welhaast sober interieur, met vlakke muren, een donker balkenplafond en een minimum aan ornamenten. Voor het restaurant ligt een aanlokkelijk terras met gedekte tafels, waar u uitzicht hebt op een vijver met rietkraag en een verlicht fontein.

De kamers zijn even rustig als de eetzalen: de nadruk ligt op comfort, maar met voldoende aandacht voor details – zoals harmonieus ingelijste prenten aan de muren – , zodat ze boven de middelmaat uitsteken. Michael Stern en zijn personeel zijn vriendelijk en hulpvaardig.

In de buurt Herrenhausen Garten, Berggarten, Kestner Museum

3000 Hannover 1, Herrenhäuser Kirchweg 20
Tel (0511) 702244
Fax 708559
Locatie in noordoostelijke buitenwijk van de stad, niet ver van de Herrenhausen Garten; op eigen grond met parkeerterrein
Eten en drinken ontbijt, lunch, diner, snacks
Prijzen K&O DM 140-300 (kinderen tot 6 jr.) in kamer ouders DM 40; maaltijden DM 40-98
Kamers 5 2-p, 8 1-p, 1 gezinskamer, alle met bad. Alle kamers met centrale verwarming, telefoon, TV, haardroger, minibar; de meeste met radio **Faciliteiten** restaurant, vergaderzaal; terras **Credit cards** AE, DC, V **Kinderen** zeer welkom **Gehandicapten** onaangepast **Huisdieren** gedoogd **Gesloten** nooit **Talen** Engels **Eigenaars** familie Stern

Niedersachsen

Landelijk hotel, Nörten-Hardenberg

Burghotel Hardenberg

De naam doet vermoeden dat dit hotel tot de categorie schilderachtige *Schloßhotels* behoort, maar helaas – de romantische burchtruïne op de heuveltop vormt slechts het achtergronddecor.

Voor de rest heeft Burghotel Hardenberg weinig nieuwe teleurstellingen in petto. Het keurig onderhouden wit-zwarte vakwerkpand van drie etages omsluit drie zijden van een binnenplaats en is al sinds omstreeks 1700 als herberghotel in gebruik. Tegenwoordig vormt het een bevredigende combinatie van modern gerief en een traditionele atmosfeer. Dat moesten we tenminste aannemen: omdat Herr Steinhäuser er niet was, kon het hulpvaardige personeel ons niet rondleiden.

Het hoofdrestaurant van het hotel, een tamelijk sober ingerichte ruimte met de typische *Landhaus*-ambience, geniet vanwege zijn ambitieuze, fantasierijke keuken een goede reputatie, terwijl het afzonderlijke restaurant Burgmühle – met een zonnige serre – meer geneigd is zich tot traditionele streekgerechten te beperken.

In de buurt kasteelruïne, Northeim (10 km) en Einbeck (20 km) – houten huizen.

3412 Nörten-Hardenberg
Im Hinterhaus 11a
Tel (05503) 1047
Fax 1650
Locatie in bebost landschap aan dorpsrand, 11 km ten noorden van Göttingen; met tuin, garages en ruim parkeerterrein
Eten en drinken ontbijt, lunch diner, snacks
Prijzen K&O DM 115-240; maaltijden DM 16-128
Kamers 49 2-p (28 met bad, 21 met douche) en 7 1-p (4 met bad, 3 met douche). Alle kamers met centrale verwarming, telefoon, radio en TV
Faciliteiten eetzalen, bar, serre, vergaderzaal, terras, golfbaan, solarium en sauna
Credit cards DC, MC, V
Kinderen welkom **Gehandicapten** goed toegankelijk, rolstoelen aanwezig **Huisdieren** alleen op de kamer **Gesl.** nooit **Talen** Engels, Frans, Spaans **Eig.** J. Steinhäuser

Niedersachsen

Landelijk hotel, Salzhausen

Josthof

Hier hebben we een zeldzaamheid. In Duitsland is er geen gebrek aan hotelletjes in oude panden, noch aan hotels die al 350 jaar bestaan of hotels die al 35 jaar 'in de familie' zijn. Er zijn er echter maar heel weinig die nog zo oorspronkelijk zijn als de Josthof, die met zijn lage rieten dak en deels houten, deels uit rode baksteen opgetrokken muren kenmerkend is voor de streek.

De naam 'Josthof' verwijst naar de oorspronkelijke functie van het pand: hier werd vroeger belasting afgedragen. Toch is het pand allesbehalve 'streng': van binnen is het intiem en gezellig, met zijn zware zolderingbalken, rode plavuizen en kolossale antieke meubelen.

De kamers, verdeeld over het hoofdgebouw en een al even oude dependance, stellen enigszins teleur; bij hun streven naar genoeg comfort hebben de eigenaars de factor 'charme' wat verwaarloosd. De beste kamers zijn echter opmerkelijk ruim.

Dit is een omgeving voor ontspannende wandelingen, waarna de eetlust kan worden gestild in de rustieke eetzaal in het hart van het hotel, voorzien van een imposante betegelde haard.

In de buurt Lüneburger Heide (natuurgebied); Lüneburg (20 km).

2125 Salzhausen, Am Lindenberg 1
Tel (04172) 292
Fax 6225
Locatie achter kerk aan de rand van stadje op de Lüneburger Heide, 45 km ten zuidoosten van Hamburg, met tuin en ruim parkeerterrein
Eten en drinken ontbijt, lunch, diner, snacks
Prijzen K&O DM 95-195; maaltijden DM 25-75
Kamers 16 2-p en 2 1-p, alle met bad. Alle kamers met centrale verwarming, telefoon, radio en TV, haardroger, minibar **Faciliteiten** eetzaal, *Stube*, terras **Credit cards** AE, DC, MC, V **Kinderen** welkom **Gehandicapten** goed toegankelijk, enkele kamers op begane grond **Huisdieren** toegelaten **Gesl.** beg. jan. **Talen** Engels **Eigenaar** Jörg Hansen

Hotel in de stad, Uslar

Menzhausen

Uslar is een oude stad, aan drie zijden ingesloten door het natuurreservaat Solling-Vogler. Het Menzhausen is het voornaamste hotel-restaurant in het stadje. Het oorspronkelijke pand stamt uit de 16e eeuw en ziet ernaar uit ook, met zijn kleurrijk verfraaide, vakwerk-voorgevel. In de 30 jaar dat het in handen van de familie Körber is, werd het ingrijpend verbouwd en uitgebreid – kort geleden door de toevoeging van een nieuw gedeelte aan de overkant van de met kasseien geplaveide straat, dat via een voetgangersbrug met het oude pand is verbonden.

Dit nieuwe gedeelte, grotendeels ontworpen door Herr Körber zelf, werd in 1991 geopend en is een opmerkelijke herinterpretatie van de traditionele stijl die 'Weser-Renaissance' wordt genoemd. Het omvat kleine ontspanningsruimten en gerieflijke, ruime kamers met doordacht ontworpen lakmeubelen en luxe badkamers. De kamers in het oude gedeelte hebben niet al te veel charme. Daarentegen heeft de eetzaal een knus balkenplafond.

Herr Körber is een wijnkenner, die zijn kelder niet alleen voor opslag gebruikt, maar ook als proeflokaal. De streekkeuken legt het accent op wildgerechten. In de bar worden snacks geserveerd.

In de buurt wandelpaden, boottochtjes over de Weser (10 km).

3418 Uslar,
Lange Straße 12
Tel (05571) 2051
Fax 5820
Locatie in voetgangerszone van de oude stadskern, 35 km ten noordwesten van Göttingen; met tuin, garages en parkeerplaats
Eten en drinken ontbijt, lunch, diner
Prijzen K&O DM 90-285; maaltijden DM 20-70
Kamers 28 2-p (24 met bad, 4 met douche), 9 1-p met douche en 3 gezinskamers met bad. Alle kamers met centrale verwarming, telefoon, TV, minibar; sommige met haardroger **Faciliteiten** eetzaal, bad, wijnkelder, vergaderzaal, terras, overdekt zwembad, sauna **Credit cards** AE, DC, MC, V **Kinderen** welkom **Gehandicapten** lift, enkele kamers op begane grond **Huisdieren** opgevoede honden **Gesl.** nooit

Niedersachsen

Landelijk hotel, Walsrode

Landhaus Walsrode

Walsrode ligt slechts enkele kilometers van de *Autobahnen* door Noord-Duitsland en is een uitstekende pleisterplaats. Aan het eind van een lange autorit voert de door bomen geflankeerde oprijlaan de vermoeide reiziger naar een vredige omgeving en een persoonlijk welkom van de eigenaresse, Lieselotte Wolff.

Deze 400 jaar oude voormalige boerderij met een rood pannendak ligt in een uitgestrekt park aan een bosrand. Hoewel Frau Wolff het inwendige heeft gerenoveerd tot een elegant hotelletje, waarin goede smaak de boventoon voert, is het huiselijke karakter bewaard gebleven. De kamers zijn ruim en rustig ingericht met overwegend modern meubilair, maar in iedere kamer staat een met zorg gekozen antiek meubelstuk.

In principe kunt u hier alleen ontbijten, maar het is eventueel mogelijk een koude maaltijd te bestellen. 's Avonds moedigt Frau Wolff de gasten aan zich te verzamelen bij de open haard in de grote zitkamer, waar drankjes uit een grote kast worden geserveerd – of in kleinere groepjes in de conversatiekamer of de kaartkamer. Voor eenzelviger types is er de leeskamer met volle boekenplanken, tijdschriften en kranten.

In de buurt park met tropische vogels (3 km) en wandelpark.

3030 Walsrode
Oskar-Wolff-Straße 1 **Tel** (05161) 8053
Fax 2352
Locatie in hart van stadje, 61 km ten noorden van Hannover en 10 km ten westen van de E45; met groot eigen terrein, garages en ruime parkeerplaats
Eten en drinken ontbijt, snacks **Prijzen** K&O DM 70-220 **Kamers** 11 2-p (6 met bad, 5 met douche), 6 1-p (2 met bad, 3 met douche) en 2 gezinskamers met bad. Alle kamers met centrale verwarming, telefoon en TV **Faciliteiten** ontbijtzaal, foyer, zitkamer, vergaderzaal, bibliotheek, verwarmd zwembad **Credit cards** AE, MC, V **Kinderen** heel welkom **Gehandicapten** kamer op begane grond **Huisdieren** geen grote honden in ontbijtzaal **Gesloten** 15 dec-15 jan **Eig.** Frau Wolff

Niedersachsen

Landelijk hotel, Bad Bevensen

Grünings Landhaus

Dit gerieflijke hotel, dat tot voor kort Landhaus Marina heette, is rustig gelegen en wordt met zorg geleid door Lothar Grüning zelf. De kamers zijn wat saai en vol, maar de keuken is ambitieus.
■ 3118 Bad Bevensen Haberkamp 2 **Tel** (05821) 3006 **Fax** 43332 **Eten en drinken** ontbijt, lunch, diner **Prijzen** DM 85-164 met ontbijt, maaltijden DM 22-29 **Kamers** 25, alle met bad, centrale verwarming, telefoon, radio en minibar **Creditcards** niet geaccepteerd **Gesloten** 1-17 dec., 6-31 jan. **Talen** Engels

Hotelletje in een buitenwijk, Bad Zwischenahn

Hotel Am Kurgarten

Een weelderig-elegant ingericht en rijk gedecoreerd modern hotel dat van alle gemakken is voorzien. De openbare ruimten zijn een uitbundige mengeling van stijlen en dessins; gelukkig zijn de kamers zelf rustiger en met meer smaak ingericht.
■ 2903 Bad Zwischenahn Unter den Eichen 30 **Tel** (04403) 59011 **Fax** 59620 **Eten en drinken** ontbijt **Prijzen** DM 90-260; ontbijt DM 15 **Kamers** 19, alle met bad of douche. Alle kamers met centrale verwarming, TV, telefoon, haardroger en radio **Creditcards** AE, MC **Gesloten** nooit **Talen** Engels

Landelijk hotelletje, Bendestorf

Landhaus Meinsbur

De langwerpige rieten daken van dit keurig onderhouden pand van vakwerk en rode baksteen overdekken gerieflijke kamers die u het gevoel geven op zolder te slapen.
■ 2106 Bendestorf, Gartenstraße 2 **Tel** (04183) 6088 **Fax** 6087 **Maaltijden** ontbijt, lunch, diner **Prijzen** K&O DM 125-280; maaltijden DM 30-40 **Kamers** 17, alle met bad of douche, centrale verwarming, telefoon, haardroger, radio en TV en minibar **Creditcards** DC, MC, V **Gesloten** nooit **Talen** Engels

Hotelletje in de stad, Braunschweig

Ritter St. Georg

Het oudste vakwerkhuis in deze stad – met fraai beschilderde plafonds in de bar en het restaurant – is zeer gerieflijk.
■ 3300 Braunschweig Alte Knochenhauerstraße 12-13 **Tel** (0531) 13039 **Fax** 13038 **Eten en drinken** ontbijt, lunch, diner, snacks **Prijzen** DM 135-300; ontbijt DM 15, maaltijden DM 55 **Kamers** 22, alle met bad of douche. Alle kamers met centrale verwarming, radio, TV, telefoon, minibar en haardroger **Creditcards** AE, DC, MC, V **Gesloten** alleen restaurant: febr., ma. **Talen** Engels, mondje Frans

Niedersachsen

Dorpshotelletje, Burgwedel

Marktkieker

Een van buiten bedrieglijk oud ogend vakwerkpand, dat van binnen is voorzien van alle moderne gemakken (een 'groen' verwarmingssysteem incluis). Veel charme is echter bewaard gebleven.
■ 3006 Burgwedel 1 Am Markt 7, Großburgwedel **Tel** (05139) 7093 **Eten en drinken** ontbijt, lunch, diner **Prijzen** DM 78-146 met ontbijt; maaltijden DM 10-30 **Kamers** 12, alle met bad of douche. Alle kamers met centrale verwarming, airconditioning, TV, telefoon en radio **Creditcards** AE **Gesloten** 22 dec.-5 jan.; alleen restaurant: op ma. **Talen** Engels, Frans

Hotel in de buitenwijk, Celle

Caroline Mathilde

Deze stijlvol ontworpen villa ligt op een vredige locatie aan de groene rand van Celle. De tinten blauw en grijs zijn goed gekozen voor de koele, schone kamers.
■ 3100 Celle Bremer Weg 37 **Tel** (05141) 32023 **Fax** 32026 **Eten en drinken** ontbijt **Prijzen** DM 80-170 met ontbijt **Kamers** 28, alle met bad of douche. Alle kamers met centrale verwarming, TV, telefoon en radio **Creditcards** AE, DC, MC, V **Gesloten** Kerst-nieuwjaar **Talen** Engels, Frans

Landelijk hotel, Dinklage

Burghotel Dinklage

'Landelijk' klinkt misschien wat al te weids – Dinklage is een stadje. Het Burghotel ligt echter in de bossen.
■ 2843 Dinklage Burgallee 1 **Tel** (04443) 8970 **Fax** 897444 **Eten en drinken** ontbijt, lunch, diner **Prijzen** DM 140-185 met ontbijt; maaltijden vanaf DM 30 **Kamers** 54, alle met bad of douche. Alle kamers met centrale verwarming, radio, TV, telefoon en minibar; sommige met haardroger **Creditcards** AE, DC, MC, V **Gesloten** nooit **Talen** Engels, Frans, mondje Spaans

Hotel-Landhuis, Eddelstorf

Hansens Hof

Een oud landgoed, smaakvol ingericht met een chic modern en meer klassiek meubilair. Het geheel ademt sterk de sfeer van de ruitersport
■ 3118 Eddelstorf, Alte Dorfstr 2 **Tel** (05807) 1255 **Fax** (05807) 1304 **Eten en drinken** ontbijt, lunch, diner, snacks **Prijzen** K&O DM50-160; diner DM18-45 **Kamers** 23, alle met bad of douche, CV, tel., TV, radio; enkele kamers hebben minibar **Credit cards** AE, DC, MC **Gesloten** nooit **Talen** Engels

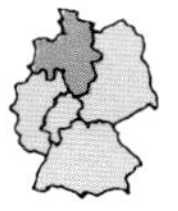

Niedersachsen

Hotelletje in de stad, Emden

Heerens Hotel

Geen opmerkelijk mooie stad, maar wel een aardig hotelletje aan de periferie van het door grachten omgeven centrum – een geel-witte villa met stijlvol-moderne meubelen.
■ 2970 Emden Friedrich Ebert Straße 67 **Tel** (04921) 23740 **Fax** 23158 **Eten en drinken** ontbijt, lunch, diner **Prijzen** DM 85-175 met ontbijt; maaltijden DM 45 **Kamers** 21, alle met bad of douche. Alle kamers met centrale verwarming, radio, TV, telefoon en haardroger **Creditcards** DC, MC, V **Gesloten** alleen restaurant: op zo. (avond) **Talen** Engels, Zweeds

Dorpshotelletje, Faßberg-Müden

Niemeyer's Posthotel

Deze voormalige pleisterplaats voor postkoetsen is nu een familiehotel dat met zijn ordentelijke, gerieflijke accommodatie veel gasten aantrekt. Het is omgeven door een siertuin waarachter zich het natuurreservaat de Südheide uitstrekt.
■ 3105 Faßberg-Müden Hauptstraße 7 **Tel** (05053) 1077 **Fax** 248 **Eten en drinken** ontbijt, lunch, diner en snacks **Prijzen** DM 85-170 met ontbijt, maaltijden vanaf DM 68 **Kamers** 36, alle met centrale verwarming, telefoon, haardroger, radio, TV en minibar **Creditcards** MC, V **Gesloten** nooit **Talen** Engels

Landelijk hotelletje, Ganderkesee-Bookholzberg

Waldgasthof Hasbruch

De kamers van dit hotel in de bossen mogen dan misschien eenvormig zijn, maar dit wordt gecompenseerd door het rustieke karakter van de bar- en eetruimten, die mooie lambrizeringen hebben.
■ 2875 Ganderkesee 2-Bookholzberg Hedenkampstraße 20 **Tel** (04223) 363 **Eten en drinken** ontbijt, lunch, diner, snacks **Prijzen** DM 60-100 met ontbijt; maaltijden vanaf DM 50 **Kamers** 12, alle met douche. Alle kamers met centrale verwarming, TV, telefoon en radio **Creditcards** AE, DC, MC Gesloten nooit **Talen** Engels

Hotel in de stad, Hameln

Krone

Wie het geluk heeft een kamer in het oude deel van dit vakwerkpand in het hart van Hameln te krijgen, geniet van een geslaagde mix van gerief en karakter.
■ 3250 Hameln, Osterstraße 30 **Tel** (05151) 7411 **Fax** 7415 **Maaltijden** ontbijt, lunch, diner, snacks **Prijzen** kamers DM 140-180 **Kamers** 36, alle met bad of douche, centrale verwarming, telefoon, TV en minibar, sommige met haardroger **Creditcards** AE, DC, MC, V **Gesloten** nooit **Talen** Engels, Frans

Niedersachsen

Hotelletje in de stad, Haselünne

Burghotel

Een historisch buitenhuis van baksteen, dat een 160 jaar oud bed tot zijn schatten rekent, hoewel niet alle kamers op zulke bijzondere meubelen kunnen bogen.

■ 4473 Haselünne Steintorstraße 7 **Tel** (05961) 1544 **Eten en drinken** ontbijt **Prijzen** DM 65-120 met ontbijt **Kamers** 17, alle met bad of douche. Alle kamers met centrale verwarming, TV, telefoon, minibar, haardroger en radio **Creditcards** AE, DC, MC, V **Gesloten** nooit **Talen** Engels

Landelijk hotelletje, Krummhörn-Greetsiel

Witthus

Met al die kanalen en windmolens om u heen zoudt u zich in dit hotel in Nederland kunnen wanen. Het is hotel, tearoom, café en kunstgalerie in één. Aan alles is echter grote zorg besteed.

■ 2974 Krummhörn 3 Kattrepel 7-9 **Tel** (04926) 540 **Fax** 1471 **Eten en drinken** ontbijt, lunch, diner, snacks **Prijzen** DM 85-195 met ontbijt; maaltijden vanaf DM 20 **Kamers** 14, alle met douche. Alle kamers met centrale verwarming, TV, telefoon, radio en haardroger **Creditcards** MC, V **Gesloten** 25 nov.-25 dec. **Talen** Engels, Nederlands

Hotel in de stad, Lüneburg

Zum Heidkrug

Lüneburg, in de middeleeuwen vermaard om zijn zoutwinning, telt veel mooie oude bakstenen gebouwen zoals dit pand, maar de familie Just heeft Zum Heidkrug keurig gerenoveerd.

■ 2120 Lüneburg Am Berge 5 **Tel** (04131) 31249 **Fax** 37688 **Eten en drinken** ontbijt, lunch, diner **Prijzen** DM 85-145 met ontbijt **Kamers** 7, alle met bad of douche, centrale verwarming, telefoon, radio en TV **Creditcards** AE, DC, MC, V **Gesloten** nooit **Talen** Engels

Hotelletje in de stad, Worpswede

Eichenhof

Je gelooft je eigen ogen niet, bij het zien van dit lage, langgerekte witte gebouw in het centrum van de stad. Volgroeide bomen, een weiland en vijvers schermen het af van het drukke stadsleven, en Marita Monsees zorgt met gemoedelijke charme voor haar gasten.

■ 2862 Worpswede Ostendorfer Straße 13 **Tel** (04792) 2627 **Eten en drinken** ontbijt **Prijzen** DM 96-166 met ontbijt **Kamers** 18, alle met bad of douche. Alle kamers met centrale verwarming, radio, TV, telefoon, minibar en haardroger **Creditcards** AE, DC, MC, V **Gesloten** half dec.-eind jan. **Talen** Engels

Nordrhein-Westfalen

Streekintroductie

Hotels in Nordrhein-Westfalen

Dit is het industriële hart van het moderne Duitsland

Keulen is de aantrekkelijkste stad uit een groep grotere industriesteden in het hart van deze streek. Naast de vier hotels die we uitvoerig beschrijven, zoudt u de volgende adressen in het achterhoofd kunnen houden: Landhaus Gut Keuchhof (tel. [02234] 76033; 43 kamers); St.-Maternus, een aardig restaurant-met-kamers (tel. [0221] 393633, fax 393245; 10 kamers); en Spiegel (tel. [02203] 61046, fax 695653; 19 kamers), een hotelletje nabij de luchthaven.

Veel minder interessant is Düsseldorf, de modebewuste hoofdstad van de deelstaat aan de rand van het Roergebied, die een fraai winkelcentrum heeft. Als onze twee voornaamste aanbevelingen zijn volgeboekt, kunt u het proberen bij het Rheinterrasse (tel. [0211] 711070, fax 7110770; 42 kamers); het Haus am Zoo (tel. [0221] 626333, fax 626536; 22 kamers); of het Haus Niederrhein (tel. [02150] 2839; 12 kamers). Ze liggen geen van alle centraal, maar ze zijn vrij klein en hebben enig karakter. Bonn is de onopvallende, naar verhouding kleine hoofdstad van het voormalige West-Duitsland. Toch is de stad beslist een bezoek waard, en we kunnen u de Schaumburger Hof (tel. [0228] 364095; 34 kamers) aanbevelen, als een goed alternatief voor de drie hotels in Bonn die we uitvoeriger beschrijven.

Ten noorden van de Rijn en op enige afstand van de grotere steden ligt de Westfaalse vlakte, bezaaid met kastelen, landgoederen en boerderijen. Het Schmelting in Reken (tel. [02864] 311; 23 kamers) of het Ratshotel Rudolph in Ahaus (tel. [02561] 2051, fax 2055) zijn goede pleisterplaatsen; nog noordelijker kunnen we u het Schloßhotel Surenburg in Hörstel aanbevelen; dit is niet, zoals de naam doet vermoeden, een verbouwd kasteel, maar een modern en aardig hotel met 23 kamers op het landgoed rondom een oud kasteel (tel. [05454] 7092, fax 7251). In Harsewinkel, ongeveer halverwege tussen de door ons aanbevolen pleisterplaatsen Warendorf en Wiedenbrück, ligt het Poppenborg, een chique, ambitieus restaurant met 18 zeer redelijk geprijsde kamers (tel. [05247-2241).

Verdere mogelijkheden in het bergachtige Sauerland: ten oosten van de rivier de Ruhr liggen in Schmallenberg het Landhotel Gasthof Schütte (tel. [02975] 820, fax 82522), een oud en mooi landelijk hotel met 75 kamers (te groot om uitvoerig in deze gids te worden beschreven), en het Hubertus (tel. [02972] 5077, fax 1731; 24 kamers); in Lennestadt vindt u Haus Hilmeke (tel. [02723] 8171; 27 kamers). Bij het zuidelijker gelegen Siegen ligt in Freudenberg het Alten Flecken, een fraai gemoderniseerd vakwerkpand (tel. [02734] 8041, fax 1277; 25 kamers).

Deze bladzijde dient ter introductie van de hotels van de deelstaat Nordrhein-Westfalen en geeft u aanbevelingen voor goede hotels die niet uitvoerig worden besproken. De uitgebreidere beschrijvingen van de hotels beginnen op de volgende bladzijde. Negeert u echter niet de beknopte beschrijvingen die op blz. 67 beginnen: het zijn stuk voor stuk kleine hotels waar wij graag zelf willen logeren.

Nordrhein-Westfalen

Landelijke hotel, Bergisch-Gladbach

Waldhotel Mangold

Dit is bij uitstek een 'familiehotel', in de zin dat het al bijna 70 jaar door dezelfde familie wordt gedreven. De vader van de huidige hotelier bouwde in 1927 een kleine herberg op deze plek, aan de rand van de bossen in het vredige Milchborntal. Hans Mangold is hier geboren, nam het hotel na de dood van zijn vader over.

Aan de buitenkant ziet het gebouw er niet per se aantrekkelijk uit, maar het is rustig gelegen. De receptie en de zitkamer in het oudste deel van het pand hebben een balkenplafond en degelijke eiken meubelen, met een open haard en een trap met fraai houtsnijwerk. Het vaak uitgebreide restaurant bezit veel opmerkelijke kenmerken: een ingangspoort met houtsnijwerk, in opdracht vervaardigde glas-in-loodramen en een bijzonder plafond, afgewerkt met, met de hand vervaardigd koperbeslag. De zeven kamers in het hoofdgebouw zijn in 1991 gerenoveerd – orthopedische bedden en moderne badkamers zorgen voor extra luxe. De overige kamers in een dependance doen dan wat gedateerd aan, maar ze worden onberispelijk schoongehouden en zijn beslist gerieflijk. Dit is een aantrekkelijk alternatief voor de hotels in het centrum van Keulen, op 12 km afstand.

In de buurt wandelroutes in de bossen, golfbaan.

5060 Bergisch-Gladbach 1
Im Milchborntal
Tel (02204) 54011
Fax 54500
Locatie in bosrijke voorstad tussen Bergisch-Gladbach en Bensberg, 17 km ten oosten van hartje Keulen; op eigen grond met voldoende parkeerruimte **Eten en drinken** ontbijt, diner, snacks **Prijzen** K&O DM 120-270; maaltijden DM 50-80 **Kamers** 18 2-p en 3 1-p met bad. Alle kamers met centrale verwarming, telefoon, en TV; de meeste met haardroger en minibar **Faciliteiten** eetzaal, *Stube*, vergaderzaal, bar **Credit cards** MC, V **Kinderen** welkom **Gehandicapten** enkele kamers op begane grond **Huisdieren** niet toegestaan **Gesloten** alleen restaurant: 4 weken jul.-aug. **Eigenaar** H. Mangold

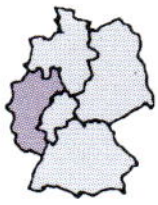

Nordrhein-Westfalen

Hotel in de stad, Billerbeck

Domschenke

Billerbeck is een van de vele stadjes die niet in reisgidsen worden vermeld, maar een rustige, oude stadskern hebben, die bovendien een voetgangerszone is. De naam Domschenke is een goed gekozen: vanuit de voordeur loopt u recht de kathedraal in, waarvan de tweelingtorens de omgeving in een straal van kilometers beheersen.

Het pand stamt uit de 17e eeuw, maar is de afgelopen jaren sterk gerenoveerd en uitgebreid, zelfs in die mate dat het nu een beetje de indruk wekt een nabootsing te zijn. De bar is echter een duidelijke uitzondering, vooral dank zij de oude balkenzoldering. Ook de eetzaal met balkenplafond is rustiek en gezellig. De kamers zijn eerder gerieflijk dan karakteristiek, maar met een ingetogen decoratie en nieuw meubilair in traditionele stijl; hier en daar vindt u verrassingen, zoals een bedstee met een tweepersoonsbed.

Het hotel is al 130 jaar eigendom van de opvallend hulpvaardige familie Groll; de jonge keukenstaf wordt aangevoerd door de bekwame zoon van de Grolls, Frank, die eigentijdse gerechten aan de Westfaalse specialiteiten heeft toegevoegd.

In de buurt Schloß Darfeld (10 km); Berfelder Bruch (10).

4425 Billerbeck, Markt 6
Tel (02543) 4424
Fax 4128
Locatie tegenover kathedraal in voetgangerszone (oude kern) van het stadje, 32 km ten oosten van Münster; met garages en eigen parkeerterrein
Eten en drinken ontbijt, lunch, diner
Prijzen K&O DM 68-130; maaltijden DM 15-48

Kamers 16 2-p, 4 1-p en 1 suite, alle met bad. Alle kamers met centrale verwarming, telefoon, TV, en de meeste met radio **Faciliteiten** eetzaal, *Stube*, restaurant, televisiekamer **Credit cards** AE, DC, MC, V **Kinderen** welkom **Gehandicapten** onaangepast **Huisdieren** gedoogd **Gesl.** nooit **Talen** Engels, Frans **Eig.** J. Groll

Nordrhein-Westfalen

Landelijk hotel, Bocholt-Barlo

Schloß Diepenbrock

Als u de door bomen geflankeerde landweg volgt, is de klassieke gele voorgevel met de beide torens van het kasteel het eerste wat u van Schloß Diepenbrock te zien krijgt. Daarom is het beslist een teleurstelling te ontdekken dat het restaurant en ook de meeste kamers deel uitmaken van een modern gebouw dat uitzicht biedt op het meer. Op de eerste etage van het door een slotgracht omgeven kasteel zijn vier mooie kamers voor hotelgasten gelegen, maar omdat de jonker er nog altijd zelf woont, worden deze gewoonlijk alleen na vooraf gemaakte afspraken verhuurd.

Voor wie beslist binnen de slotgracht wil slapen, is er altijd de Turmzimmer, een ronde suite met dikke muren en kleine ramen op de begane grond in een van de kasteeltorens. De moderne kamers in de dependance zijn gerieflijk en bieden een mooi uitzicht op het landgoed en het meer, maar ze missen karakter. Het restaurant mag zich in een uitstekende reputatie verheugen en is rustiek ingericht, met houten lambrizeringen en een tegelvloer.

Van het jonge hotelpersoneel kunt u een vriendelijk welkom verwachten.

In de buurt Stadhuis; Xanten (20 km) – archeologisch park, St. Viktorkathedral.

4290 Bocholt
Schloßallee 5
Tel (02871) 3545
Fax 39607
Locatie 15 km ten noordoosten van de A3 tussen Arnhem en Essen, en 5 km ten noorden van Bocholt; uitgestrekt landgoed met ruime parkeergelegenheid **Eten en drinken** ontbijt, lunch, diner, snacks
Prijzen DM 120-250; ontbijt DM 15, maaltijden DM 47-89 **Kamers** 18 2-p, 3 1-p en 2 suites, alle met bad. Alle kamers met centrale verwarming, telefoon, radio en TV en minibar **Faciliteiten** eetzaal, zitkamer, ontbijtzaal, café, vergaderzaal, terrassen; vissen, golfen en paardrijden
Credit cards DC, MC, V
Kinderen heel welkom **Gehand.** kamers beg. grond
Huisdieren niet toegest.
Eig. Freiherr W. von Graes

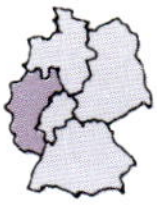

Nordrhein-Westfalen

Verbouwde kasteelstallen, Bonn

Schloßhotel Kommende Ramersdorf

Das Kommende Ramersdorf is een sprookjesachtig chateau, compleet met tinnen, torentjes en transen. Het hotel zelf is echter gevestigd in de verbouwde stallen rondom een kleine binnenplaats. Dit is echter geen teleurstelling: het leverde een klein hotel van charmante afmetingen op, met een rustig persoonlijk karakter.

Het slot ligt in een fraai landgoed bovenaan een steile helling, maar helaas niet volledig geïsoleerd van verkeerslawaai. Het hoofdgebouw is nu een museum en huisvest de indrukwekkende collectie gerestaureerd antiek van Herr Bartel. De harmonieus en gerieflijk ingerichte kamers liggen aan gangen met balkenplafonds op de eerste etage; beneden vindt u een knusse bar met krukken en oud-Engelse zithoeken. Het restaurant is toegankelijk via een immense koetsdeur, maar het interieur is zeer elegant: marmeren vloer, vergulde ornamenten, stoelen met hoge rugleuningen. Het personeel bestaat uit Italianen en het restaurant geniet de reputatie een van de beste Italiaanse eetgelegenheden in Duitsland te zijn.

In de buurt Beethovenhaus, 12e-eeuwse kloosterkerk, Rheinland Museum.

5300 Bonn 3
Oberkasseler-Straße 10
Tel (0228) 440734
Fax 444400
Locatie in voorstad Beuel aan oostzijde van de Rijn (afslag Niederholt op de A59); op eigen grond ruime parkeerplaats
Eten en drinken ontbijt, lunch, diner
Prijzen K&O DM 85-170; maaltijden DM 28-48, kindermenu DM 20 **Kamers** 10 2-p, 8 1-p, alle met bad. Alle kamers met centrale verwarming, telefoon, radio en TV
Faciliteiten ontbijtzaal, bar, televisiekamer, Italiaans restaurant en terras **Credit cards** AE, MC, V **Kinderen** heel welkom **Gehandicapten** onaangepast **Huisdieren** toegelaten **Gesl.** nooit **Talen** Engels, Frans, Ital. **Eig.** Barbara Bartel

Nordrhein-Westfalen

Verbouwd kasteel, Dahlem-Kronenburg

Schloßhotel Das Burghaus

De serene rust in de met kasseien geplaveide straatjes van dit idyllisch-middeleeuwse dorp Kronenburg is bewaard gebleven, dank zij de geïsoleerde ligging in de nog onbedorven Eifel. Das Burghaus is eigenlijk geen kasteel, maar werd in 1776 als aristocratische residentie gebouwd. Voor de strenge voorgevel met zijn zware witte muren en een dak van grijze leisteen strekt zich een binnenhof uit; aan de achterzijde ligt een smal terras, waarna de bodem steil daalt en een schitterend vergezicht openbaart.

De grote hal geeft voor de overige openbare ruimten de toon aan – versleten stenen vloer, donkere zolderingbalken en massieve antieke meubelen. De maaltijden worden zowel in de hoge maar huiselijke eetzaal van de baronie als in de oude keuken. De kamers zijn minder indrukwekkend, met hun hutspot van ouderwetse meubelen en een soms wat haveloze stoffering. De Hofers, die dit hotel nu 15 jaar leiden (het is al 150 jaar in de familie), geven grif toe dat er ruimte is voor verbetering. Deze tekortkomingen worden echter meer dan goedgemaakt door de fraaie situering en het ontspannen en vriendelijke welkom.

In de buurt 'Eifelroute'; Zingsheim (10 km) – grotten; Gerolstein (15 km) – wildpark en Acheologisches Museum.

5377 Dahlem-Kronenburg
Burgbering 1-4
Tel (06557) 265
Locatie aan eind van smalle hoofdstraatje in dorp op de heuveltop; met tuin en ruime parkeergelegenheid
Eten en drinken ontbijt, lunch, diner
Prijzen K&O DM 55-150; maaltijden DM 30-50
Kamers 8 2-p (2 met bad, 6 met douche), 3 1-p met douche, en 2 gezinskamer met bad. Alle kamers met centrale verwarming, telefoon, radio en TV **Faciliteiten** zitkamer, *Stube*, eetzaal, speelkamer voor de kinderen, terras **Credit cards** DC, MC, V **Kinderen** heel welkom **Gehandicapten** ongeschikt **Huisdieren** toegelaten (DM 6 per nacht) **Gesloten** di. **Talen** Engels, Frans **Eigenaar** E.D. Hofer

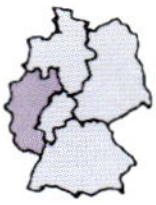

Nordrhein-Westfalen

Landelijk hotel, Hamminkeln-Marienthal

Haus Elmer

Zowel de gebouwen die deel uitmaken van Haus Elmer als de band die de familie Elmer ermee heeft, hebben een geschiedenis van vele decennia, zoals Karl-Heinz Elmers brochures toelichten. Eerlijk gezegd wekt dit hotel echter niet de indruk op een hoge ouderdom te kunnen bogen: er is van karakter weinig te bespeuren.

Waarom we dan toch Haus Elmer in onze gids hebben opgenomen? Tja, charme zegt niet alles, en dit is een hotel dat in ieder opzicht voortreffelijk wordt geleid. De keuken is meer dan bevredigend, reden waarom het restaurant zich in grote populariteit mag verheugen. Het hotel heeft enkele traditioneel-verwelkomende zitgelegenheden te bieden. De kamers compenseren hun gebrek aan karakter met gerief (de beste zijn die welke recentelijk in een van de oudere gebouwen zijn ingericht, waar de balkenplafonds heel goed met opmerkelijk modern meubilair harmoniëren). Achter het degelijke bakstenen gebouw ligt een bloementuin.

Deze streek, niet ver van de grens met Nederland, leent zich prima voor het maken van fietstochten, en het hotel beschikt over genoeg fietsen om de liefhebbers niet teleur te stelen.

In de buurt fietspaden, golfbaan, Xanten (10 km) – resten van een Romeinse nederzetting, archeologisch park.

4236 Hamminkeln-Marienthal
An der Klosterkirche 12
Tel (02856) 2041
Fax 2061
Locatie in dorpje, 15 km ten noorden van Wesel; met tuin en ruime parkeergelegenheid
Eten en drinken ontbijt, lunch, diner, snacks
Prijzen K&O DM 90-200; maaltijden DM 30-70
Kamers 25 2-p en 6 1-p, alle met bad. Alle kamers met centrale verwarming, telefoon en TV
Faciliteiten eetzaal, terras, bar, zitgelegenheid, solarium, bowlingbaan, rijwielen
Credit cards DC, MC, V
Kinderen welkom
Gehandicapten enkele kamers op begane grond
Huisdieren alleen in openbare ruimten
Gesloten nooit **Eig.** Karl-Heinz Elmer

Nordrhein-Westfalen

Verbouwd kasteel, Isselburg

Wasserburg Anholt

De Wasserburg Anholt is een van de imposantste van alle *Wasserburgen* in het noorden van Duitsland: een indrukwekkend, tamelijk streng bouwwerk van rode baksteen met tinnen en transen. Het kasteel is open voor het publiek.

Niet bepaald een hotel met een eigen karakter: u zult eerder teleurgesteld zijn over het gebrek aan stijl en ouderdom, dan onder de indruk raken van een overmaat aan élégance en voornaamheid – vooral in de slaapkamers, die hooguit redelijk comfortabel kunnen worden genoemd, zij het met enkele uitzonderingen, zoals de romantische bruidskamer in de toren.

De openbare ruimten zijn ieder op hun eigen manier aantrekkelijk ingericht, vooral het café op de begane grond. Op de eerste etage vindt u de elegante eetzaal met zijn donkere houten lambrizering, en naast de receptie een verwelkomende salon met vurehouten meubilair en uitzicht op de slotgracht. In de oude stallen is een houten bar ingericht, waar snacks worden geserveerd; de gerechten die u in het restaurant krijgt opgediend, zijn eigentijds en even verfijnd als het fraaie decor.

In de buurt Schweitzer Park (?), Sankt Pankratiuskirche, Werther Windmühle

4294 Isselburg, Kleverstraße 2
Tel (02874) 2044
Fax 4035
Locatie in landschap ten westen van Bocholt, met garages en ruim parkeerterrein
Eten en drinken ontbijt, lunch, diner, snacks
Prijzen K&O DM 140-350; maaltijden DM 37-85
Kamers 21 2-p (12 met bad, 9 met douche), 6 1-p (2 met bad, 4 met douche) en 6 gezinskamer (3 met bad, 3 met douche). Alle kamers met centrale verwarming, telefoon, radio en TV; de meeste met haardroger en minibar
Faciliteiten eetzaal, ontbijtzaal/café, bar, salon, terras, siertuinen, golfbaan, rijwielen
Credit cards DC, MC, V
Kinderen welkom **Gehandicapten** 1 kamer op begane grond; lift **Huisdieren** alleen in slaapk. **Gesl.** 2-15 jan.

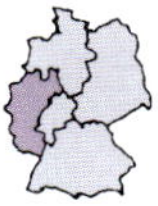

Nordrhein-Westfalen

Hotel-restaurant in de stad, Lüdinghausen

Westfalenhof

Lüdinghausen is een onopvallend stadje tussen het Ruhrgebied en Münster, in een streek die vooral bekend is om haar *Wasserburgen* – door slotgrachten omgeven kastelen en residenties. Net als veel andere Duitse stadjes heeft het een oude kern met enige charme, en hier vinden we de Westfalenhof – naar Duitse maatstaven een zeer klein etablissement met slechts zeven kamers en behalve de bar geen zitgelegenheid. Vandaar dat we het tot de rubriek 'restaurants met kamers' of 'hotel-restaurants' rekenen.

Het is een bescheiden gelegenheid met eenvoudig meubilair en betegelde vloeren, maar het hotelletje wordt met veel trots door de vierde generatie Borgmanns geleid. Het pand is een hoog herenhuis uit het einde van de 19e eeuw, met een met beeldhouwwerk verfraaide gevel; het interieur moet het hebben van de balkenplafonds en andere oude kenmerken. Het knusse terras is overschaduwd en biedt uitzicht op het oude pand ernaast. De kamers variëren van aantrekkelijk ouderwets tot licht en modern.

De keuken serveert smakelijke traditionele gerechten, voornamelijk *vom Grill und aus der Pfanne*, alsmede speciale kindermenu's.

In de buurt kasteel Vischering; Münster (25 km) – Mühlemuseum.

4710 Lüdinghausen
Münsterstraße 17
Tel (02591) 3820
Fax 3218
Locatie in oude hart van het stadje, 28 km ten zuidwesten van Münster; met parkeerplaats
Eten en drinken ontbijt, lunch, diner
Prijzen DM 60-110, ontbijt DM 14, maaltijden DM 14-30
Kamers 7 2-p met bad. Alle kamers met centrale verwarming, telefoon, TV en minibar
Faciliteiten eetkamer, bar, terras
Credit cards AE, DC, MC, V **Kinderen** welkom **Gehandicapten** ongeschikt
Huisdieren toegelaten **Gesloten** 10 dagen in jan. en aug.; zo. en ma. tot 18.00 **Eigenaars** Gitta en Werner Borgmann

Nordrhein-Westfalen

Pension in de stad, Monschau

Haus Vecqueray

Onze speurders ontdekten in Duitsland weinig hotelletjes of *Gasthäuse* die nog niet in andere gidsen voorkwamen, maar dit is er toch een: een pension dat net even buiten het toeristencentrum van het schilderachtige Monschau is gelegen. Net als de overige panden die Monschau tot een toeristische trekpleister maken, is het een oud (1716) vakwerkgebouw uit de bloeiperiode van de lakenindustrie in Monschau. De al wat oudere gezusters Vecqueray, die het pension sinds 1977 drijven, zijn twee vriendelijke gastvrouwen die volmaakt met hun knusse gelegenheid harmoniëren.

De kamers, bereikbaar via een smalle wenteltrap, zijn gezellig ingericht, met aardige gordijnen, glanzende meubelen, gepoetst antiek en tapijten op de houten vloeren. Ze bieden uitzicht over de daken van Monschau. Met veel inventiviteit zijn er in de kamers douches geïnstalleerd, maar sommige zijn wat krap.

Veel openbare ruimte is er niet: een kleine zitkamer met open haard opzij van de vestibule. Het stevige ontbijt wordt geserveerd in een huiskamerachtig vertrek met eenvoudige houten stoelen, kleurrijke tapijten op de houten vloer en ouderwets behang.

In de buurt vakwerkhuizen, wandelpaden, langlaufroutes, Belgische grens.

5180 Monschau, Kirschstraße 5
Tel (02472) 3179
Locatie in met kinderkopjes geplaveide straat naast de kerk, 40 km ten zuidwesten van Bonn; openbare parkeerplaatsen dichtbij
Eten en drinken ontbijt
Prijzen HP DM 45-90 (kinderen tot 6 jr. in kamer ouders gratis)
Kamers 10 2-p, 2 1-p, alle met douche en centrale verwarming
Faciliteiten ontbijtkamer, zitkamer
Credit cards DC, MC, V
Kinderen welkom
Gehandicapten onaangepast
Huisdieren toegelaten
Gesloten nooit
Talen Engels
Eigenaar Renate en Gisela Vecqueray

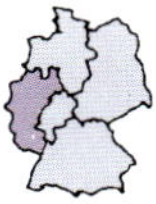

Nordrhein-Westfalen

Verbouwd kasteel, Münster

Schloß Wilkinghege

Deze grootse, door slotgrachten omgeven voormalige aristocratische residentie uit de 18e eeuw is allesbehalve een schoolvoorbeeld van het charmante kleine hotel. Wie de voorname hal betreedt, wordt direct getroffen door de historische ambience. Dineren in de eetzaal – met de afmetingen van een ballroom – met zijn 18e-eeuwse meubilair, zware kroonluchters, tapisserieën, olieverfschilderijen, geeft u het gevoel dat u in een museum zit te eten.

Het staat namelijk bij de poorten van de oude stad Münster, niet ver van de verkeersweg, maar het lawaai is binnen nauwelijks hoorbaar. Voor de klassieke bakstenen voorgevel strekt zich een kleine siertuin met privé-kapel uit; aan de achterzijde kijkt u uit op de slotgracht en het open landschap. De kamers in het hoofdgebouw zijn ruim, met zware gordijnen en kroonluchters, en ingericht met een mengeling van degelijke oude meubelen en recentere meubels van koper en glas. In de verbouwde stallen en het Fasanenhaus hebben de kamers meer moderne gemakken, en sommige zijn in een elegante moderne stijl ingericht. Het hoofdrestaurant is in de gewelfde kelders ondergebracht en wordt zacht verlicht met kaarsen en paraffinelampen.

In de buurt kathedraal, musea, stadsmuren, kerken, pretpark.

4400 Münster
Steinfurterstraße 374
Tel (0251) 213045
Fax 212898
Locatie in noordwestelijke buitenwijk bij oude stadspoorten; met tuin en parkeergelegenheid
Eten en drinken ontbijt, lunch, diner, snacks
Prijzen K&O DM 145-390; maaltijden DM 63-95
Kamers 23 2-p (15 met bad, 8 met douche), 11 1-p (5 met bad, 6 met douche) en 5 suites met bad. Alle kamers met telefoon, centrale verwarming, minibar en radio en TV **Faciliteiten** salon, 3 eetzalen, 1 vergaderzaal, terras, tennisbanen, golfbaan **Credit cards** AE, DC, MC, V **Kinderen** toegelaten **Gehandicapten** onaangepast **Huisdieren** alleen in slaapk. (DM 5 per nacht) **Gesloten** nooit **Talen** Engels, Frans **Eig.** L. Winnecken

Nordrhein-Westfalen

Landelijk hotel, Münster-Handorf

Hof zur Linde

Dit hotel ontleent zijn naam aan de oude linde naast de voordeur – een van de vele machtige bomen in het omliggende park bij de rivier de Werse. Het is van oorsprong een deels uit baksteen, deels uit vakwerk opgetrokken boerderij; sommige zware balken dateren nog uit 1648.

Otto Lofken – zijn familie drijft het hotel al gedurende meerdere generaties – is een gedreven hotelier, die altijd tijd heeft voor een babbeltje met zijn gasten. Ook is hij een hartstochtelijk liefhebber van de jacht: de muren van de Jagdstube hangen vol jachttrofeeën en -scènes, en het wild op de menukaart zou wel eens uit zijn weitas kunnen komen. Het sfeervolle restaurant, waar de eigengerookte hammen aan de zolderingbalken boven de haard hangen, herbergt een collectie rustieke artefacten. De keuken is echter verre van 'rustiek' – de fraaie schotels worden door ervaren personeel onder het wakend oog van Herr Lofken opgediend.

De kamers verschillen sterk van formaat en zijn ieder in een eigen stijl ingericht, van rustiek tot Chippendale, en van 'Victoriaans' tot opmerkelijk modern.

In de buurt Schatzkammer, Prinzipalmarkt, Kunstmuseum, kasteel.

4400 Münster-Handorf
Handorfer Werseufer 1
Tel (0251) 325002
Fax 328208
Locatie in dorpje, 7 km ten oosten van Münster; op eigen grond ruime parkeerplaats
Eten en drinken ontbijt, lunch, diner, snacks
Prijzen K&O DM 125-200; maaltijden DM 30-80
Kamers 27 2-p (8 met bad, 19 met douche), 5 1-p (1 met bad, 3 met douche, 1 met bassin) en 2 gezinskamers. Alle kamers met centrale verwarming, telefoon, radio en TV en minibar **Faciliteiten** eetzalen, bar, serre, terrassen **Credit cards** AE, DC, MC, V **Kinderen** heel welkom **Gehandicapten** enkele kamers op begane grond **Huisdieren** nee **Gesloten** 24-26 dec.; rest. alleen 24 dec. **Eig.** Otto Lofken

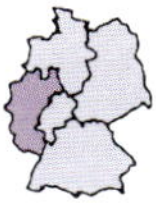

Nordrhein-Westfalen

Verbouwd kasteel, Petershagen

Schloß Petershagen

Dit kasteel aan de rivier stamt uit de 14e eeuw, is al sinds de eeuwwisseling in bezit van de familie Hestermann en wordt door hen sinds 25 jaar als hotel-restaurant geëxploiteerd.

Ondanks zijn grimmige verleden is Petershagen nu zo vriendelijk als een kasteel maar kan zijn, met zijn zachtgetinte steen, rode pannendaken en pittoreske luiken. Het interieur is voornaam en toch gezellig. Het luxe ingerichte hoofdrestaurant heeft roze als hoofdkleur en is in wezen een overdekt en afgesloten terras, met een fraai uitzicht over de rustig stromende Weser. In de keuken staat een jonge, maar nu al gereputeerde chefkok, die naast zijn streekgerechten ook fantasievolle eigentijdse creaties op tafel brengt. De Sankt Gorgonius Keller is daarentegen middeleeuws, zowel qua inrichting als keuken. De kleine, vredige zitkamer is een donkere, koele ruimte met massief meubilair.

Onze inspecteurs hebben slechts enkele kamers kunnen zien en kregen de indruk dat de beste het eerst werden verhuurd. De kamers die zij zagen, waren teleurstellend – gerieflijk genoeg, maar tamelijk alledaags. De groene omgeving is echter aanlokkelijk en van het lawaai van de nabij gelegen verkeersweg is niets te horen.

In de buurt geboorteplaats van Beethoven, Rheinland Museum.

4953 Petershagen 1, Schloßstraße 5-7
Tel (05707) 346
Fax 2373
Locatie op Weser-oever in weilanden, ruim parkeerterrein op eigen grond **Eten en drinken** ontbijt, lunch, diner **Prijzen** K&O DM 110-220 maaltijden DM 30-70 **Kamers** 7 2-p (6 met bad, 1 met douche); 3 1-p (2 met douche) en 1 gezinskamer met bad. Alle kamers met centrale verwarming, telefoon, TV en haardroger; sommige met minibar **Faciliteiten** zitkamer, serre-eetzaal, terras, tennisbaan, zwembad **Credit cards** DC, MC, V **Kinderen** welkom **Gehandicapten** onaangepast **Huisdieren** alleen rustige honden **Gesloten** eerste 3 weken jan. **Talen** Engels **Eig.** Rosemarie en Klaus Hestermann

Nordrhein-Westfalen

Hotel in de stad, Schieder-Schwalenberg

Schwalenberger Malkasten

Niet iedereen zal gecharmeerd zijn van de bij uitstek commerciële atmosfeer van de 'Verfdoos', met zijn Mickey Mouse-achtige exterieur. Het is geen voorname gelegenheid, maar de Malkasten, die het in feite van tradities moet hebben, wordt vakbekwaam en vriendelijk geleid en de prijzen zijn heel redelijk. De hulpvaardige Herr Kotzenberg zag kans het aantal bezoekers van buitenaf op te voeren zonder de plaatselijke stamgasten van zich te vervreemden.

Het oude gedeelte van het hotel is een vakwerkhuis aan een met kasseien geplaveide straat, geflankeerd door even pittoreske huizen. Bijna alle kamers zijn in dezelfde attractieve stijl ingericht, met nieuw maar tradioneel meubilair. Het is populair bij reisgezelschappen, en de individuele gast wordt ondergebracht in het nieuwere gedeelte, dat verrassend rustig is.

De eetzaal is met onopvallend traditioneel meubilair ingericht, en vanuit de nieuwe uitbreiding heeft u een schitterend uitzicht over het lager gelegen dal. De keuken produceert een ruime keuze aan gerechten en er wordt heel goed gekookt; vooral de kreeftesoep kunnen we warm aanbevelen.

In de buurt Blomberg Palast (5 km); Detmold (20 km) – kasteel.

4938 Schieder-Schwalenberg 2,
Neue Torstraße 1-3
Tel (05284) 5278
Fax 5108
Locatie in hart van oud stadje, 22 km ten oosten van Detmold; met parkeerterrein en terras
Eten en drinken ontbijt, lunch, diner, snacks
Prijzen K&O DM 45-140 maaltijden DM 30-60
Kamers 38 2-p (2 met bad, 36 met douche) en 7 1-p met douche. Alle kamers met centrale verwarming, telefoon en minibar **Faciliteiten** eetzaal, televisiekamer, *Stube*
Credit cards DC, MC, V
Kinderen welkom **Gehandicapten** onaangepast **Huisdieren** alleen in openbare ruimten **Gesloten** jan. en 2 weken mi. dec. **Eig.** Claus-Jürgen Kotzenberg

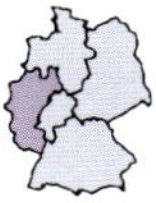

Nordrhein-Westfalen

Verbouwd kasteel, Schieder-Schwalenberg

Burghotel Schwalenberg

Een nachtje in de Schwalenburg is een ervaring op zich – het is een werkelijk oud kasteel met krakende gangvloeren en stoffige hoeken, harnassen, intensief gebruikt antiek en allerlei buitenissige details. De ligging is die welke we bij een burcht mogen verwachten: bovenop een heuveltop en met een fraai uitzicht. Het restaurant – een moderne uitbreiding, maar met een inrichting die met de rest harmonieert – trekt met zijn grote ramen optimaal profijt van dit panorama. Een blik op het uitgebreide menu zegt veel over de achtergronden van de eigenaresse. In 1971 kwam Olga Saul uit Stuttgart hierheen om het hotel van de ondergang te redden. Nu leidt haar zoon de keuken, die zich in Zwabische gerechten specialiseert. Zelf is ze een vrolijke, moederlijke vrouw die haar gasten in een uitbundig zuidelijk dialect verwelkomt.

Het hotel is niet het laatste woord op het gebied van stijl en gerief. De massieve gangen herbergen een heterogene verzameling oude schatten: levensgrote standbeelden van bisschoppen, koppen van wilde zwijnen en olieverfschilderijen aan de muren, en zelfs een kolossale oude sofa met tot op de draad versleten bekleding.

In de buurt Blomberg (5 km) – paleis; Detmold (30 km) – kasteel.

4938 Schieder-Schwalenberg 2
Tel (05284) 5167
Fax 5567
Locatie op beboste heuvel, 30 km ten oosten van Detmold; met tuinen, garages en parkeerplaats
Eten en drinken ontbijt, lunch, diner, snacks
Prijzen K&O DM 90-220; maaltijden DM 15-48 (kinderen halve prijs)
Kamers 17 2-p, 3 1-p, 4 gezinskamers, alle met bad. Alle kamers met centrale verwarming, telefoon, radio en TV en minibar
Faciliteiten eetzaal, café, bar, vergaderzaal
Credit cards DC, MC, V
Kinderen heel welkom
Gehandicapten onaangepast
Huisdieren toegelaten
Gesloten jan.-feb.
Talen Engels, Frans, Italiaans **Eig.** fam. Saul

Nordrhein-Westfalen

Hotel-restaurant, Sprockhövel

Landhaus Leick

Terecht presenteert deze moderne villa zich als een 'groene oase aan de rand van het Ruhrgebied' – het grimmige industriegebied dat even ten noorden van Sprockhövel is gelegen: de grote attractie van dit hotelletje is dat het in een weelderige, parkachtige tuin is gelegen. Zowel de ligging als de prijzen verraden dat de hotelier het vooral van de zakenman met een ruime onkostenvergoeding moet hebben, maar voor de reiziger met een goedgevulde beurs is dit hotelletje te aantrekkelijk om het over het hoofd te zien.

De familie Leick heeft de villa sinds het midden van de jaren zestig in bezit en veranderde haar in een hotel-restaurant. Edith Leick rekent zichzelf tot de voorhoede van de nu gevestigde trend naar een keuken met Franse invloeden in Duitsland, en de ambitieuze kookkunst van Gerd Reber leverde een Michelin-ster op. De eetzaal is licht en elegant ingericht, maar tafelen op het terras met uitzicht op de tuin is nog plezieriger.

Het vertroetelen houdt niet op zodra u van tafel gaat. De kamers zijn allemaal luxueus, maar de stijl van inrichten verschilt.

In de buurt tennisbanen, manege, zwembad, golfbaan, Wuppertal (25 km).

4322 Sprockhövel 1, Bochumer-Straße 67
Tel (02324) 7615
Fax 77120
Locatie in gehucht Niedersprockhövel, 10 km ten zuiden van Bochum; op eigen grond ruim parkeerterrein
Eten en drinken ontbijt, lunch, diner
Prijzen DM 125-250; ontbijt DM 18; maaltijden DM 55-98
Kamers 12 2-p (7 met bad, 5 met douche), 13 1-p (7 met bad, 6 met douche). Alle kamers met centrale verwarming, telefoon, radio en TV en minibar **Faciliteiten** 2 restaurants, terras, sauna en solarium **Credit cards** AE, DC, MC, V **Kinderen** welkom **Gehandicapten** onaangepast **Huisdieren** toegelaten **Gesloten** nooit **Talen** Engels, Frans **Eig.** Edith Leick

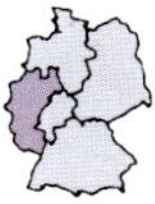

Nordrhein-Westfalen

Hotel in de stad, Stolberg

Altes Brauhaus Burgkeller

Stolberg is een stad met een industriewijk, maar met een met minutieuze zorg herbouwde of gerenoveerde oude kern. Het oudste huis in die kern maakt deel uit van dit hotel, dat uit enkele belendende, met elkaar verbonden percelen bestaat. Ze zijn deels grondig gemoderniseerd, maar hebben veel oude charme behouden, vooral in de Ratstube met zijn fraaie balkenzoldering, gelegen in het oudste deel, die als tweede eetzaal wordt gebruikt. De hoofdeetzaal is tamelijk weelderig gemeubileerd, maar met een saaie decoratie. De Kellerbar is met een smaakvolle mengeling van modern en traditioneel ingericht. Ervoor ligt een rivierterras. Het hotel heeft alleen moderne, zeer gerieflijke suites.

Hoewel de naam Brauhuis (brouwerij) anders doet vermoeden, gaat de interesse van de hotelier vooral uit naar wijn, die hij per doos verkoopt. De keuken is eigentijds en uitstekend.

De Burgkeller en het moderne Parkhotel (10 minuten lopen) worden samen geëxploiteerd; het is van belang precies te zeggen wat u wilt, als u reserveert.

In de buurt de oude stadskern; bossen; Aken (10 km) met de oude kathedraal met kerkschatten.

5190 Stolberg, Klatterstraße 8-12
Tel (02402) 12340
Fax 123480
Locatie in met kinderkopjes geplaveide straat bij de rivier, aan voet van kasteelruïne; met terras en dichtbij openbare parkeerplaats
Eten en drinken ontbijt, diner
Prijzen HP DM 95-225; maaltijden DM 15-60
Kamers 22 2-p (6 met bad, 16 met douche) en 7 1-p (5 met douche, 2 met bassin). Alle kamers met centrale verwarming, telefoon, TV, minibar en (meestal) haardroger
Faciliteiten ontbijtzaal, foyer, kelderbar, eetzaal **Credit cards** AE, DC, MC, V **Kinderen** welkom **Gehandicapten** onaangepast **Huisdieren** na afspraak **Gesloten** half februari **Eig.** Marlis en Klaus Mann

Nordrhein-Westfalen

Hotelletje in de stad, Werne

Baumhove

Dit hoge en schilderachtige, half uit vakwerk opgetrokken pand in het met kinderkopjes geplaveide centrum van het oude stadje Werne zou al 500 jaar in bezit van de familie Baumhove zijn. Een record? Of een sprookje? Doet het er eigenlijk iets toe? Nee: waar het om gaat, is dat het gebouw zelf duidelijk van uitzonderlijke ouderdom is, dat de middeleeuwse ambiance prima bewaard is gebleven en dat de familie Baumhove duidelijk van plan is het zo te houden.

De begane grond wordt voornamelijk in beslag genomen door een grote eetzaal met bar, die in knusse separés is verdeeld. Hij heeft een laag balkenplafond, gemetselde muren en een deels met leisteen, deels met plavuizen afgewerkte vloer, bijpassend rustiek meubilair en al even rustieke decoraties. Een open trap leidt naar een wat pronkerige galerij. In vergelijking hiermee is de ontbijtzaal met zijn linoleumvloer teleurstellend alledaags. De kamers, bereikbaar via tamelijk donkere gangen, zijn overwegend modern en tamelijk stijlvol ingericht.

De keuken is traditioneel, robuust en bescheiden geprijsd.

In de buurt Schloß Cappenberg – wildreservaat; Bockum Hövel – kasteel.

4712 Werne
Markt 2
Tel (02389) 2298
Fax 536223
Locatie aan verkeersvrij marktplein van oud stadje, 12 km ten westen van Hamm; met 3 garages
Eten en drinken ontbijt, lunch, diner
Prijzen DM 40-110 met ontbijt; maaltijden vanaf DM 35; kindermenu
Kamers 10 2-p met douche, 7 1-p (3 met douche). Alle kamers met centrale verwarming en telefoon **Faciliteiten** ontbijtzaal, eetzaal, bar **Creditcards** DC, MC, V **Kinderen** welkom **Gehandicapten** lift aanwezig **Huisdieren** toegestaan **Gesloten** zo. 14.00 uur tot ma. 16.00 uur **Talen** Engels **Eigenaars** familie Baumhove

Nordrhein-Westfalen

Hotelletje in de stad, Wiedenbrück

Ratskeller Wiedenbrück

Het dubbelstadje Rheda-Wiedenbrück ziet er vanaf de E34, de autoweg die het in tweeën deelt, niet direct aanlokkelijk uit, maar het oude stadje Wiedenbrück heeft met kasseien geplaveide straatjes en stegen, en puntdakhuizen met opgesmukte gevels. Een van die panden is de uit 1560 daterende en fraai gerenoveerde Ratskeller – waarvan de kleurrijke 'achtergevel' uitkijkt over de markt. Het hotel is al vijf generaties in bezit van de familie van de rozewangige Herr Surmann en straalt van familiale trots.

De hoofdingang ligt aan de andere kant; dit helft van het hotel is veel nieuwer, maar toch opgetrokken in de traditionele bouwstijl. Niet verwonderlijk is dat de gasten vooral door de oudere gedeelten worden aangelokt, zoals de eetzaal met zijn lage balkenplafond en belendende *Stube*. De moderne ontbijtzaal is echter licht en ook gezellig ingericht. De kamers zijn vrij alledaags, met hun Hessisch behang en neutrale decoratie. Gelukkig voegt het overwegend van lichte houtsoorten vervaardigde meubilair – een mengeling van antiek en kopieën – er wat karakter aan toe. De ontspanningsruimte op de bovenverdieping is doordacht ingericht.

In de buurt kasteel; Weserberg (10 km) – stoomtrein.

4840 Rheda-Wiedenbrück
Marktplatz 11
Tel (05242) 7051
Fax 7256
Locatie in hart van historische stadje, 4 km van de E34; 36 km ten noordwesten van Paderborn; met ruime parkeerplaats
Eten en drinken ontbijt, lunch, diner, snacks
Prijzen K&O DM 95-180; maaltijden DM 25-95; kindermenu's
Kamers 22 2-p (14 met bad, 8 met douche) en 12 1-p met douche. Alle kamers met centrale verwarming, telefoon, TV, haardroger en minibar
Faciliteiten eetzaal, sauna, bar, ontbijtzaal, whirlpool, sauna en dakterras **Credit cards** AE, DC, MC, V **Kinderen** welkom **Gehandicapten** rolstoel aanwezig **Huisdieren** ja **Gesl.** 24-25 dec.
Eig. Josef Surmann

Nordrhein-Westfalen

Verbouwd kasteel, Attendorn

Burghotel Schnellenberg

Een massieve 13e-eeuwse burcht op een bergtop op afgelegen locatie in bosrijke omgeving. Ook het interieur ademt grandeur, maar zonder imposant te zijn. Fraaie eetzalen, knusse kelderbar en romantische kamers, plus een lommerrijke tuin om in te luieren.
■ 5952 Attendorn **Tel** (02722) 6940 **Fax** 69469 **Maaltijden** ontbijt, lunch, diner **Prijzen** kamers K&O DM 120-260 **Kamers** 42, alle met bad, telefoon, radio en TV en minibar **Creditcards** AE, DC, MC, V **Gesloten** Kerst en 1e drie weken jan.

Dorpshotel, Bad Laasphe-Feudingen

Landhotel Doerr

De familie Doerr heeft al meer dan een eeuw aan de verbetering van dit hotel gewerkt, en het Landhotel ziet er dan ook zeer verzorgd uit. Kamers in alle soorten en maten.
■ 5928 Bad Laasphe-Feudingen Sieg-Lahn Straße 8 **Tel** (02754) 3081 **Fax** 3084 **Eten en drinken** ontbijt, lunch, diner **Prijzen** DM 95-170 met ontbijt; maaltijden vanaf DM 25 **Kamers** 37, alle met bad of douche. Alle kamers met centrale verwarming, TV, telefoon en haardroger **Creditcards** DC, MC, V **Gesloten** nooit **Talen** Engels, mondje Nederlands

Landelijk hotel, Bad Laasphe-Glashütte

Jagdhof Glashütte

In de loop van decennia heeft de familie Dornhöfer haar eenvoudige *Gasthaus* uitgebouwd tot een knus hotel. Het zwembad is opmerkelijk – uitgehakt in de rotsen.
■ 5928 Bad Laasphe-Glashütte Glashütter Straße 20 **Tel** (02754) 3990 **Fax** 399222 **Eten en drinken** ontbijt, lunch, diner **Prijzen** DM 170-440 met ontbijt; maaltijden vanaf DM 40 **Kamers** 29, alle met bad of douche. Alle kamers met centrale verwarming, radio, TV, telefoon, minibar en haardroger **Creditcards** AE, DC, MC, V **Gesloten** nooit **Talen** Engels, Frans

Hotel in de stad, Bonn

Kaiser Karl

Dit grijze herenhuis van omstreeks de eeuwwisseling werd verbouwd tot een chique hotel. Een 'trendy' ontbijtzaal in de kelder, een dito terras, verzorgde kamers en luxueuze badkamers.
■ 5300 Bonn, Vorgebirgsstraße 56 **Tel** (0228) 650933 **Fax** 637899 **Maaltijden** ontbijt, lunch, diner, snacks **Prijzen** kamers K&O DM 160-290; maaltijden vanaf DM 20 **Kamers** 42, alle met bad of douche, centrale verwarming, airconditioning, telefoon, haardroger, radio en TV en minibar **Creditcards** AE, DC, MC, V **Gesloten** nooit **Talen** Engels, Frans

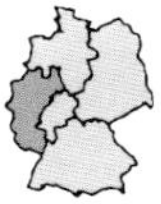

Nordrhein-Westfalen

Hotel in de stad, Bonn

Domicil

Een verfijnd, chique hotel dat wellicht wat charme mist, maar onmiskenbaar stijl bezit – veel glas, chroom en strakke, monochrome kleuren. De kellners dragen rok en strik.

■ 5300 Bonn Thomas-Mann-Straße 24 **Tel** (0228) 729090 **Fax** 691207 **Eten en drinken** ontbijt, lunch, diner, snacks **Prijzen** DM 165-370; ontbijt DM 19, maaltijden vanaf DM 30 **Kamers** 42. Alle kamers met centrale verwarming, radio, TV, telefoon, minibar en haardroger **Creditcards** AE, DC, MC, V **Gesloten** 21 dec.-2 jan. **Talen** Engels, Frans

Dorpshotelletje, Borken/Rhedebrügge

Grüneklee

Verscholen achter een rij meidoornbomen ligt het bescheiden Grüneklee, dat u uitstekend eten voorzet in een plezierige omgeving – een zonnig terras, een bescheiden eetzaaltje en een *Bauernstube*.

■ 4280 Borken 1/Rhedebrügge Rhedebrügger Straße 16 **Tel** (02872) 1818 **Eten en drinken** ontbijt, diner **Prijzen** DM 45-80 met ontbijt; maaltijden vanaf DM 15-30 **Kamers** 5, alle met bad of douche. Alle kamers met centrale verwarming, TV en telefoon **Creditcards** AE, MC **Gesloten** jan., di. **Talen** Engels

Hotel in de stad, Keulen

Atrium

Het chique, door een binnenhuisarchitect ingerichte hotel van Iloona Loock-Löffler staat dicht bij de Rijn, ongeveer 4 km stroomopwaarts van het stadscentrum.

■ 5000 Köln Karlstraße 2-10 **Tel** (0221) 393045 **Fax** 394054 **Eten en drinken** ontbijt, lunch, diner **Prijzen** DM 142-356 met ontbijt; maaltijden vanaf DM 28 **Kamers** 48, alle met douche. Alle kamers met centrale verwarming, radio, TV, telefoon, minibar en haardroger **Creditcards** AE, DC, MC, V **Gesloten** nooit **Talen** Engels, Frans

Hotel in de stad, Keulen

Hotel Viktoria

Op korte afstand van de linker Rijnoever (u hebt vanuit enkele kamers uitzicht op de rivier) en ongeveer anderhalve kilometer stroomafwaarts van de Deutzer Brücke, staat deze *fin de siècle*-villa, die stijlvol en gerieflijk in moderne stijl is ingericht.

■ 5000 Köln Worringer Straße 23 **Tel** (0221) 720476 **Fax** 727067 **Eten en drinken** ontbijt **Prijzen** DM 150-460 met ontbijt **Kamers** 47, alle met bad of douche. Alle kamers met centrale verwarming, radio, TV, telefoon en minibar **Creditcards** AE, DC, MC, V **Gesloten** 1e kerstdag **Talen** Engels, Frans, Italiaans en Spaans

Nordrhein-Westfalen

Dorpshotelletje, Dahlem-Kronenburg

Eifelhaus

De kamers en de eetzaal van het Eifelhaus zijn dan misschien niet om over naar huis te schrijven, maar de schitterende ligging, op een heuvelhelling, maakt veel goed.
■ 5377 Dahlem-Kronenburg, Burgbering 12 **Tel** (06557) 295 **Maaltijden** ontbijt, lunch, diner **Prijzen** K&O DM 33-38; maaltijden DM 15-25 **Kamers** 19, alle met bad of douche en centr.verw. **Creditcards** niet **Gesloten** nov.; ma. **Talen** Engels, Italiaans

Hotelletje in de stad, Detmold

Detmolder Hof

Dit door een manager geleide hotelletje aan de hoofdstraat van Detmold (voetgangerszone) heeft alle gewenste gemakken: grote kamers, smetteloze badkamers, plezierig ingerichte ruimten. Het restaurant geniet een degelijke reputatie.
■ 4930 Detmold, Lange Straße 19 **Tel** (05231) 28244 **Fax** 39527 **Maaltijden** ontbijt, lunch, diner **Prijzen** K&O DM 95-195; maaltijden DM 20-86 **Kamers** 39, alle met bad of douche, centrale verwarming, telefoon, radio en TV en minibar **Creditcards** AE, DC, MC, V **Gesloten** nooit **Talen** Engels, Frans

Hotel in de stad, Dormagen

Hotel Hottche

Een vaak uitgebreid *Gasthaus* waarin echter de uitnodigende, gezellige ambiance bewaard is gebleven, dank zij de lambrizeringen en de lage plafonds in de eetzalen en bars. Het etablissement is vermaard om zijn voortreffelijke keuken.
■ 4047 Dormagen 1 Krefelder Straße 14-18 **Tel** (02106) 41041 **Fax** 10616 **Eten en drinken** ontbijt, lunch, diner **Prijzen** DM 99-250 met ontbijt; maaltijden DM 30-50 **Kamers** 56, alle met bad of douche. Alle kamers met centrale verwarming, TV, telefoon, minibar en radio **Creditcards** AE, DC, MC, V **Gesloten** Kerst en nieuwjaar **Talen** o.a. Engels, Frans

Verbouwd kasteel, Dorsten-Lembeck

Schloßhotel Lembeck

Waarom de toeristen hier graag komen, is direct te zien: dit door een slotgracht omgeven kasteel (en museum) ligt in een uitgestrekt fraai grondgebied.
■ 4270 Dorsten 12-Lembeck **Tel** (02369) 7213 **Fax** 77370 **Maaltijden** ontbijt, lunch, diner **Prijzen** K&O DM 76-158; maaltijden vanaf DM 42 **Kamers** 10, alle met bad of douche, centrale verwarming, telefoon, radio en TV **Creditcards** AE, DC, MC, V **Gesloten** ma, do. en vr. (lunchpauze) **Talen** Engels, Frans

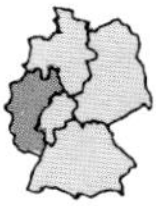

Nordrhein-Westfalen

Hotel in de stad, Dortmund-Barop

Lennhof

Een populair congreshotel met bijbehorende faciliteiten, ver genoeg buiten de stad om nog landelijk te mogen worden genoemd. Het restaurant met galerij is gehuisvest in een vakwerkpand.
■ 4600 Dortmund 50-Barop Menglinghauser Straße 20 **Tel** (0231) 75726 **Fax** 759361 **Eten en drinken** ontbijt, lunch, diner, snacks **Prijzen** DM 120-260 met ontbijt; maaltijden vanaf DM 30 **Kamers** 35, alle met douche. Alle kamers met centrale verwarming, radio, TV, telefoon en minibar **Creditcards** AE, DC, MC, V **Gesloten** nooit **Talen** Engels, Frans

Hotel in de stad, Duisburg

Mühlenberger Hof

Een rustieke oase in het bedrijvige Ruhrgebied. Het restaurant met balkenzoldering is ingericht in de jachthuisstijl, met geweien aan de muren en de vachten van wilde zwijnen op de vloer; de meeste kamers hebben aardig houten meubilair.
■ 4100 Duisburg 14-Rheinhausen Hohenbudberger Straße 88 **Tel** (02135) 4565 **Fax** 4342 **Eten en drinken** ontbijt, lunch, diner **Prijzen** DM 60-150 met ontbijt, maaltijden DM 25-45 **Kamers** 12, alle met douche en centrale verwarming, minibar **Creditcards** MC, V **Gesloten** nooit **Talen** Engels

Hotel in de stad, Düsseldorf

Hotel Fischerhaus

Vredige locatie naast de chique watersportclub. Het ontbreekt Peter en Gisela Nöthels moderne hotel wellicht aan charme, maar het grijs-witte kleurenschema verleent stijl aan de inrichting.
■ 4000 Düsseldorf Bonifatiusstraße 35 **Tel** (0211) 592007 **Fax** 593898 **Eten en drinken** ontbijt, lunch, diner **Prijzen** DM 129-298, ontbijt DM 9,50, maaltijden DM 100 **Kamers** 39, alle met bad, centrale verwarming, telefoon, radio, TV, minibar; sommige kamers met fax **Creditcards** AE, DC, MC, V **Gesloten** alleen restaurant: 3 weken jul-aug., zo. & ma. **Talen** Engels, Frans, Spaans, Portugees

Hotel in de stad, Düsseldorf-Oberkassel

Hotel Hanseat

Een onberispelijk onderhouden herenhuis dat recht tegenover het centrum aan de Rijn is gelegen. De kamers zijn eenvoudig maar met smaak ingericht.
■ 4000 Düsseldorf-Oberkassel Belsenstraße 6 **Tel** (0211) 575069 **Fax** 589662 **Eten en drinken** ontbijt **Prijzen** DM 160-300 met ontbijt **Kamers** 37, alle met douche. Alle kamers met C.V., TV, telefoon, minibar en radio **Creditcards** AE, DC, MC, V **Gesloten** Kerst-nieuwjaar **Talen** Engels, Frans

Nordrhein-Westfalen

Hotel aan de rivier, Essen

Parkhaus Hügel

Dit door Krupp als casino gebouwde patriciërshuis wordt al drie generaties lang door de Immhoffs als hotel gedreven. De openslaande deuren van de voorname eetzalen komen uit op een terras.
■ 4300 Essen 1 Freiherr-vom-Stein Straße 209 **Tel** (0201) 471091 **Fax** 444207 **Eten en drinken** ontbijt, lunch, diner **Prijzen** DM 110-170 met ontbijt; maaltijden vanaf DM 40 **Kamers** 13, alle met douche. Alle kamers met centrale verwarming, TV en telefoon **Creditcards** AE, DC, MC, V **Gesloten** nooit **Talen** Engels

Landelijk hotel, Essen

Sengelmannshof

In het interieur van dit 15e-eeuwse vakwerkpand met moderne uitbreidingen zijn heel wat rustieke plooien gladgestreken – hoewel u in de eetzaal nog wel enkele balken aantreft.
■ 4300 Essen Sengelmannsweg 35 **Tel** (02054) 6068 **Eten en drinken** ontbijt, lunch, diner **Prijzen** DM 100-220 met ontbijt; maaltijden vanaf DM 20 **Kamers** 26, alle met bad of douche. Alle kamers met centrale verwarming, TV, telefoon, minibar en radio **Creditcards** AE, DC, MC, V **Gesloten** 24 dec.-2 jan. **Talen** Engels

Hotel in de stad, Essen-Kettwig

Résidence

De jonge Bühlers vertroetelen hun gasten in dit goed geleide, tamelijk prijzige hotel-restaurant met kleine, stijlvol ingerichte kamers. De smetteloos witte villa ligt even ten zuiden van Essen.
■ 4300 Essen-Kettwig Auf der Forst 1 **Tel** (02054) 8911 **Fax** 82501 **Eten en drinken** ontbijt, diner, snacks **Prijzen** DM 190-400 met ontbijt, maaltijden vanaf DM 150 **Kamers** 18, alle met bad, centrale verwarming, telefoon, TV, radio en minibar **Creditcards** DC, MC, V **Gesloten** 1 week rondom nieuwjaarsdag, 3 weken in de zomer **Talen** Engels en Frans

Verbouwd kasteel, Essen-Kettwig

Schloß Hugenpoet

Een indrukwekkend kasteel met slotgracht dat nu als een grandeur uitstralend hotel fungeert. De kamers zijn ruim en ingericht met antiek meubilair. De keuken kreeg een Michelin-ster.
■ 4300 Essen-Kettwig 18 August-Thyssen-Straße 51 **Tel** (02054) 12040 **Fax** 120450 **Eten en drinken** ontbijt, lunch, diner **Prijzen** DM 195-695 met ontbijt; maaltijden DM 105-135 **Kamers** 19, alle met bad. Alle kamers met centrale verwarming, TV, telefoon, minibar, haardroger en radio **Creditcards** AE, DC, MC, V **Gesloten** 24 dec. **Talen** Engels, Frans

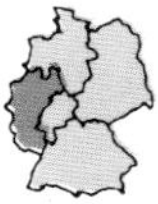

Nordrhein-Westfalen

Hotel in de stad, Hagen 7-Haspe

Hotel Union

Op korte afstand van de *Autobahn* Keulen-Hannover vindt u dit onberispelijk gerestaureerde *art-nouveau*-pand met harmonieus zwart meubilair en ingetogen decoraties.

■ 5800 Hagen 7-Haspe Kölner Straße 25 **Tel** (02331) 49091 **Eten en drinken** ontbijt, lunch, diner **Prijzen** DM 122-198; maaltijden vanaf DM 60 **Kamers** 40, alle met bad of douche. Alle kamers met c.v., TV, telefoon en radio **Creditcards** AE, DC, MC, V **Gesloten** alleen restaurant: op zo.; 1e kerstdag, Driekoningen **Talen** Engels, Frans, mondje Italiaans

Landelijk hotel, Heiligenhaus

Waldhotel

De keuken heeft kort geleden een fikse uitbrander van Gault & Millau moeten incasseren, maar dit hotelletje met steil puntdak bezit meerdere attracties; het is met smaak ingericht.

■ 5628 Heiligenhaus Parkstraße 38 **Tel** (02056) 5970 **Fax** 59760 **Eten en drinken** ontbijt, lunch, diner **Prijzen** DM 130-265; ontbijt DM 17, maaltijden circa DM 42 **Kamers** 32, alle met bad of douche. Alle kamers met centrale verwarming, radio, TV, telefoon en minibar **Creditcards** MC, V **Gesloten** nooit **Talen** Engels, Frans, Italiaans en Spaans

Landelijk hotelletje, Hilchenbach-Vormwald

Siebelnhof

Een onweerstaanbare combinatie: een perfect gerund hotel in traditionele stijl, gelegen in het natuurreservaat Rothaargebirge, en bovendien nog een keuken met een Michelin-ster.

■ 5912 Hilchenbach-Vormwald, Vormwalder Straße 54 **Tel** (02733) 7007 **Fax** 7006 **Eten en drinken** ontbijt, lunch, diner **Prijzen** DM 90-160 met ontbijt; maaltijden DM 55-95 **Kamers** 12, alle kamers met centrale verwarming, radio en telefoon; sommige met TV en minibar **Creditcards** AE, MC, DC. V **Gesloten** 2 weken in de zomer **Talen** Engels

Hotelletje in de stad, Keulen

Alstadt Hotel

Laat u niet afschrikken door het uiterlijk: dit pand uit de jaren zestig in het oude centrum (de kamers aan de achterzijde bieden uitzicht op de St. Martinuskirche) is een prima uitgangspunt om de stad te verkennen. De Olbrichs zijn charmant en gastvrij.

■ 5000 Köln 1, Salzgasse 7 **Tel** (0221) 234187 **Fax** 234189 **Maaltijden** ontbijt **Prijzen** K&O DM 90-160 **Kamers** 28, alle met centrale verwarming, telefoon, TV en minibar **Creditcards** AE, DC, MC, V **Gesloten** half dec.-half jan. **Talen** Engels, Frans, Spaans, Italiaans

Nordrhein-Westfalen

Hotel-restaurant, Keulen

Bitzerhof

Een rustieke, kleine *Weinstube* met een met kinderkopjes geplaveid, door weelderig groen omgeven terras, dat bezoekers uit de omliggende voorstad aantrekt. Restaurant: vegetarische specialiteiten.
■ 5000 Köln 50 Immendorfer Hauptstraße 21 **Tel** (02236) 61921 **Fax** 62987 **Eten en drinken** ontbijt, lunch, diner, snacks **Prijzen** DM 115-150 met ontbijt **Maaltijden** DM 50-95 **Kamers** 3, alle met douche, centrale verwarming, telefoon, haardroger, en radio en TV **Creditcards** MC **Gesloten** nooit **Talen** Engels, Frans, Italiaans

Landelijk hotelletje, Lage Hörste

Haus Berkenkamp

Een bescheiden, verzorgd vakwerkpand met goed onderhouden gazons, geleid door de beminnelijke familie Berkenkamp. De inrichting is comfortabel en informeel.
■ 4937 Lage-Hörste Im Hesskamp 50 **Tel** (05232) 71178 **Eten en drinken** ontbijt, lunch, diner **Prijzen** DM 44-92 met ontbijt; maaltijden DM 18-24 **Kamers** 17, alle met bad of douche en centrale verwarming **Creditcards** niet geaccepteerd **Gesloten** nov. **Talen** Engels

Landelijk hotel, Langenfeld

Lohmanns Hotel Gravenberg

Te midden van het warnet van verkeerswegen tussen Keulen en Düsseldorf ligt Fritz Lohmanns vredige oase.
■ 4018 Langenfeld Elberfelder Straße 45 **Tel** (02173) 23061 **Fax** 22777 **Eten en drinken** ontbijt, lunch, diner; **Maaltijden** ontbijt, lunch, diner **Kamers** 41, alle met bad of douche. Alle kamers met centrale verwarming, radio, TV, telefoon **Talen** alleen Duits

Verbouwd kasteel, Lindlar

Schloß Georghausen

Geen echt kasteel, maar een groot en imposant buiten, omgeven door een parklandschap dat hengelaars en golfliefhebbers aantrekt. In de hal fungeert een voormalig hemelbed als ludieke bar.
■ 5253 Lindlar Georghausen 8 **Tel** (02207) 2561 **Fax** 7683 **Eten en drinken** ontbijt, lunch, diner **Prijzen** DM 80-145 met ontbijt; maaltijden DM 65 **Kamers** 14, alle met bad of douche. Alle kamers met centrale verwarming, telefoon; sommige met TV **Creditcards** AE, DC, MC, V **Gesloten** alleen restaurant ma. en di. **Talen** Engels

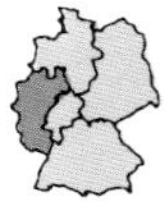

Nordrhein-Westfalen

Landelijk hotelletje, Lübbecke

Quellenhof

Dit goed onderhouden, moderne pand levert een vertrouwd beeld op: boven saaie, maar bewonderenswaardig gerieflijke kamers en beneden uitnodigende, kostbaar ingerichte eetzalen en bars.
■ 4990 Lübbecke Obenfelder Allee 1 **Tel** (05741) 7013 **Fax** 7014 **Eten en drinken** ontbijt, lunch, diner **Prijzen** DM 75-200 met ontbijt; maaltijden vanaf DM 30 **Kamers** 24, alle met bad of douche. Alle kamers met centrale verwarming, TV, telefoon en radio; sommige met haardroger **Creditcards** DC, V **Gesloten** vrij.; 2 weken jan. **Talen** Engels

Landelijk hotel, Möhnesee

Haus Delecke

Een groot en misschien wat steriel landhuis op een fraaie locatie aan de Möhnesee (een zoetwaterbekken), met een groot terras waar u van het uitzicht kunt genieten. Ruime kamers.
■ 4733 Möhnesee Linkstraße 10-14 **Tel** (02924) 8090 **Fax** 80967 **Eten en drinken** ontbijt, lunch, diner **Prijzen** DM 120-240 met ontbijt; maaltijden vanaf DM 43 **Kamers** 25, alle met bad of douche. Alle kamers met centrale verwarming, TV, telefoon, minibar en radio; sommige met haardroger **Creditcards** AE, MC, V **Gesloten** jan. **Talen** Engels, Frans

Hotel in de stad, Moers-Repelen

Hotel zur Linde

Een oude herberg – overschaduwd door de machtige linde waaraan het hotel zijn naam ontleent – en een nieuwe hotelvleugel, die samen ruime en gerieflijke kamers bieden: een sterke combinatie.
■ 4130 Moers-Repelen An der Linde 2 **Tel** (02841) 73061 **Fax** 71259 **Eten en drinken** ontbijt, lunch, diner **Prijzen** DM 98-220 met ontbijt; maaltijden vanaf DM 40 **Kamers** 30, alle met bad of douche. Alle kamers met centrale verwarming, TV, telefoon, minibar, haardroger en radio **Creditcards** AE, DC, MC, V **Gesloten** 24 dec. **Talen** Engels, Frans

Hotelletje in de stad, Monschau

Burghotel Monschau

Veel gasten komen jaar in jaar uit naar dit hoge herenhuis in het middeleeuwse centrum van Monschau; zowel Herr Hoffman-Bähr als zijn vrij ouderwetse hotelletje hebben veel karakter.
■ 5108 Monschau, **Tel** (02472) 2332 **Maaltijden** ontbijt, lunch, diner **Prijzen** K&O DM 56-86; **Maaltijden** DM 10-30 **Kamers** 13, alle met centrale verwarming; 7 kamers met douche, 3 met TV **Creditcards** niet **Gesloten** okt.-jun., woe; **Talen** Engels, Frans

Nordrhein-Westfalen

Hotel in de stad, Monschau

Haus Rolshausen

Dit aardige hotel (5 verdiepingen) is een goed uitgangspunt om in Mondschau rond te neuzen. Het pand stamt uit de 16e eeuw, hoewel de keurige kamers modern zijn. Zitgelegenheid in de gewelfde kelder; smalle ontbijtzaal met balkenplafond.
■ 5108 Monschau, Kirchstraße 33 **Tel** (02472) 2038 **Maaltijden** ontbijt, lunch, diner **Prijzen** K&O DM 60-130; maaltijden ca. DM 25 **Kamers** 19, alle met douche, centrale verwarming, telefoon, radio; in sommige kamers TV **Creditcards** AE, MC **Gesloten** ma. **Talen** Engels

Verbouwde boerderij, Münster-Wolbeck

Thier-Hülsmann

Van de oude boerderij is weinig overgebleven achter de hoge voorgevel van dit gebouw, dat door Clemens Hülsmann met grote geestdrift is verbouwd.
■ 4400 Münster-Wolbeck Münsterstraße 33 **Tel** (02506) 2066 **Fax** 3403 **Eten en drinken** ontbijt, lunch, diner **Prijzen** DM 88-175 met ontbijt, maaltijden DM 25-76 **Kamers** 31, alle met bad, centrale verwarming, telefoon, radio, TV en minibar; sommige kamers met haardroger **Creditcards** AE, DC, MC, V **Gesloten** alleen restaurant: 3 weken in de zomer, 2-10 jan. en op di. **Talen** Engels

Landelijk hotelletje, Schmallenberg

Störmann

Aan het onberispelijke, betegelde en met bloemen getooide exterieur ziet u dadelijk af dat de eigenaars, de familie Störmann, veel zorg aan hun hotel besteden.
■ 5948 Schmallenberg Weststraße 58 **Tel** (02972) 4055 **Fax** 2945 **Eten en drinken** ontbijt, lunch, diner **Prijzen** DM 65-182 met ontbijt; maaltijden vanaf DM 35 **Kamers** 27, alle met bad of douche. Alle kamers met centrale verwarming, TV, telefoon, haardroger en radio **Creditcards** AE, DC, MC, V **Gesloten** zo. avond; 20-27 dec. en 3 weken in mei **Talen** Engels, Frans

Landelijk hotelletje, Selm Cappenberg

Kreutzkamp

Geen fraai antiek met sierlijke booglijnen, geen spoor van binnenhuisarchitectuur: dit eenvoudige bakstenen pand met spitse gevel is door en door traditioneel.
■ 4714 Selm-Cappenberg Cappenberger Damm 3 **Tel** (02306) 5889 **Fax** 5880 **Eten en drinken** ontbijt, lunch, diner **Prijzen** DM 80-140 met ontbijt; maaltijden vanaf DM 25 **Kamers** 15, alle met bad of douche. Alle kamers met c.v., radio, TV en tel. **Cr. cards** AE, DC, MC, V **Gesl.** op ma. **Talen** Engels, Frans

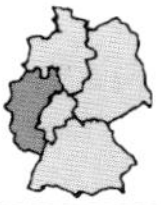

Nordrhein-Westfalen

Hotelletje in de stad, Warendorf

Im Engel

Warendorf is een plaats waar het Olympisch Comité pleegt te vergaderen; reden waarom de hertog van Edinburgh slechts een van de vele illustere gasten van dit hotel is geweest.

■ 4410 Warendorf 1 Brünebrede 35-37 **Tel** (02581) 7064 **Fax** 672026 **Eten en drinken** ontbijt, lunch, diner **Prijzen** DM 70-150 met ontbijt; maaltijden DM 50 **Kamers** 24, alle met centrale verwarming, TV, telefoon, minibar, haardroger en radio **Creditcards** AE, DC, MC, V **Gesloten** 3 weken in jul. **Talen** Engels, Frans

Verbouwd kasteel, Wassenberg

Burg Wassenberg

Niet bepaald een feodale vesting, maar een aardig slot van 1000 jaar oud, dat ondanks de moderne gemakken veel oorspronkelijke kermerken heeft behouden – zoals een indrukkende schouw.

■ 5143 Wassenberg Kirchstraße 17 **Tel** (02432) 4044 **Fax** 20191 **Eten en drinken** ontbijt, lunch, diner **Prijzen** DM 95-260; maaltijden vanaf DM 50 **Kamers** 28, alle met bad of douche. Alle kamers met centrale verwarming, radio, TV en telefoon **Creditcards** AE, DC, MC, V **Gesloten** 2 weken jan. **Talen** Engels, Frans

Hotelletje in buitenwijk, Wesel

Waldhotel Tannenhäuschen

De familie Hetzel is terecht trots op haar elegante hotel in een ruim bemeten eigen stuk bos. De inrichting is weelderig: kostbare stoffen, dikke tapijten, antiek en kopieën van antieke meubelen.

■ 4320 Wesel, Am Tannenhäuschen 7 **Tel** (0281) 61014 **Fax** 64153 **Maaltijden** ontbijt, lunch, diner, snacks **Prijzen** kamers DM 125-250; ontbijt DM 18, maaltijden DM 29-45 **Kamers** 46, alle met bad of douche, centrale verwarming, telefoon, radio en TV **Creditcards** AE, DC, MC **Gesloten** nooit **Talen** Engels

Landelijk hotel, Winterberg

Berghotel Astenkrone

Aan de chique inrichting is veel geld besteed, maar gelukkig is alles met veel smaak gedaan. Eetzalen met fraaie lambrizeringen.

■ 5788 Winterberg-Altastenberg, Astenstraße 24 **Tel** (02981) 8090 **Fax** 809198 **Maaltijden** ontbijt, lunch, diner, snacks **Prijzen** kamers DM 105-230 **Kamers** 43, alle met bad of douche, centrale verwarming, telefoon, radio en TV, minibar en haardroger **Creditcards** AE, DC, MC, V **Gesloten** restaurant op ma.

Rheinland-Pfalz

Streekintroductie

Hotels in Rheinland-Pfalz

Bij het noemen van de naam 'Rheinland-Pfalz' beginnen de neusvleugels van iedere rechtgeaarde vinoloog te trillen, want in deze deelstaat wordt meer wijn geproduceerd dan waar ook in Duitsland.

Het *Kurort* Bad Bergzabern in de bergachtige streek de Haardt ligt ongeveer halverwege de Weinstraße; hier zorgt het Park Hotel, omgeven door 2 ha eigen grond, ervoor dat de levensgenieter met geneeskrachtige baden en strenge diëten weer op het juiste spoor wordt gezet (tel. [06343] 2415; 41 kamers).

Noordelijker aan de Weinstraße ligt Neustadt met het Haardter Schloß (tel. [06321] 32621; 20 kamers), omgeven door een subtropisch park, met uitzicht op het beschermde Palatinate Wald, dat een oppervlak van bijna 1600 vierkante kilometer beslaat.

Bergbeklimmers bezoeken graag de Eifel, waar Idar-Oberstein is gelegen, in een door vulkanisme ontstane kloof die agaat en andere mineraaldeposito's bevat; hierdoor is het stadje nog altijd een centrum voor de bewerking van edelstenen en halfedelstenen. Logeer in het aardige Handelshof, bij voorkeur in een kamer aan de achterzijde (tel. [06781] 31011, fax 31057; 15 kamers), of rijd in noordelijke richting wat verder naar Kirn, waar het Parkhotel u modern gerief in een traditionele villa biedt, gelegen in een lieflijke tuin (tel. [06752] 3666; 18 kamers). Voor serene rust kiest u de moderne Forellenhof Reinhartsmühle, gelegen in een bebost dal en met uitzicht op een groot meer (tel. [06544] 373, fax 1080; 30 kamers). In Guldental ligt een van Duitslands gerenommeerdste restaurants, het Val d'Or. Het heeft geen logiesaccommodatie, maar het belendende restaurant Kaiserhof beschikt over 7 bescheiden geprijsde kamers (tel. [06707] 8746).

Bitburg ten noorden van Trier ligt nog in de Eifel en is een oud brouwersstadje. Op initiatief van een historische vereniging werd de oude brouwerij Simonbräu verbouwd tot een eenvoudig hotelletje met een prima keuken (tel. [06561] 3333; 7 kamers).

Mainz, de hoofdstad van de deelstaat Rheinland-Pfalz, ligt aan de oostelijke grens van de staat en is Duitslands grootste wijnkopersmarkt. We kunnen u het vredig gelegen Am Lerchenberg aanbevelen, met een prachtig panoramisch uitzicht over de stad (tel. [06131] 73001; 53 kamers), of anders het Favorite Parkhotel, dat in een stadspark is gelegen en over een aardig terras beschikt (tel. [06131] 82091, fax 831025; 46 kamers).

Verderop langs de Rijn, in Boppard, ligt het Klostergut Jakobsberg, een groot hotel op een schitterende locatie. Het biedt u squash, tennis, paardrijden en kleiduivenschieten, maar de functionele kamers zijn een teleurstelling, ook al doet dat geen afbreuk aan de populariteit van dit hotel (tel. [06742] 3061, fax 3069; 110 kamers).

Deze bladzijde dient ter introductie van de hotels van de deelstaat Rheinland-Pfalz en geeft u aanbevelingen voor goede hotels die hier niet uitvoerig worden besproken. De beschrijvingen van de hotels waarvoor wij de meeste waardering, beginnen op de volgende bladzijde. Negeert u echter niet de beknopte beschrijvingen die op blz. 92 beginnen: het zijn stuk voor stuk kleine hotels waar wij graag zelf willen logeren.

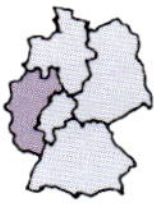

Rheinland-Pfalz

Hotelletje in de stad, Bernkastel-Kues

Zur Post

Bernkastel is een van de voornaamste toeristenplaatsjes aan de Moezel, en aan hotelaccomodatie ontbreekt het er zeker niet. Echt voortreffelijke hotels zijn er niet, maar een van de gunstigst gelegen en aardigste hotelletjes is Zur Post. Het is een bescheiden 19e-eeuws gebouw aan de hoofdweg door het rivierdal.

Binnen wordt u professioneel maar hartelijk verwelkomd door Frau Rössling. De inrichting harmonieert met de stijl en ouderdom van het pand. Een recente opknapbeurt maakte de kamers modern en helaas wat anoniem, maar dit wordt ruimschoots goedgemaakt door de plezierige sfeer in de lichte Post Stüberle. Deze gelagkamer fungeert als ontmoetingsplaats en noodt beslist meer tot gezellig kouten dan het wat stijve restaurant, waar de meeste gasten pas plaatsnemen als er in de Stüberle geen plaats meer is.

Voor gezinnen biedt het hotel een plezierige keuze aan suites in een naast het hotel gelegen dependance.

Onze inspecteur schrok even bij de ontdekking dat hij het bed deelde met een wijnfleskurk; het feit dat hij desondanks gunstig over Zur Post bleef denken, zegt genoeg.

In de buurt Marktplein uit 17e eeuw, fontein, Burg Landshut (3 km).

5500 Bernkastel-Kues
Gestade 17
Tel (06531) 2022
Fax 2927
Locatie aan hoofdweg langs de rivier door de stad; met ruime parkeerplaats
Eten en drinken ontbijt, lunch, diner
Prijzen K&O DM 85-150 (kinderen tot 3 jaar gratis op kamer ouders); maaltijden DM 20-40
Kamers 42 2-p (8 met bad; 34 met douche) en 1 gezinskamer met bad. Alle kamers met centrale verwarming, telefoon, TV en minibar, haardroger op verzoek **Faciliteiten** eetzaal, sauna, bar, solarium **Credit cards** AE, DC, MC, V **Kinderen** heel welkom **Gehandicapten** goed toegankelijk **Huisdieren** toegest. **Gesl.** jan. **Eig.** fam. Rössling

Rheinland-Pfalz

Hotel in de stad, Cochem

Alte Thorschenke

Waarschijnlijk zullen de meeste bezoekers van Cochem aan de Moezel deze uit de 14e eeuw daterende herberg fotograferen vóór ze iets anders gaan doen (als u de parkeerplaats verlaat, ligt hij recht voor u). De pittoreske voorgevel met torentjes verrijst naast de middeleeuwse stadsmuur.

Het interieur van de Alte Thorschenke is even boeiend: de sfeer is die van een eeuwenoud pand. Als u het geluk hebt een van de weinige kamer in het voorste deel van het hotel te krijgen, beklimt u vanuit de foyerachtige receptieruimte een fraaie houten wenteltrap en wandelt over de krakende gangvloer langs oude kamers als de Napoleon-suite, een ruime kamer met een kolossaal hemelbed. In het achterste deel van het hotel liggen meer kamers, die nieuwer en minder interessant zijn, maar even comfortabel en met evenveel antiek.

In de eetzaal met zijn hoge plafond wordt u een menukaart op perkamentachtig papier voorgelegd, waarop veel plaatselijke vis- en wildgerechten prijken. Het ontbijt is een indrukwekkend buffet.

In de buurt kasteel; Eltz (15 km) – kasteel.

5590 Cochem, Brückenstraße 3
Tel (02671) 7059
Fax 4202
Locatie bij brug in hart van de stad; met 7 garages en genoeg openbare parkeerplaatsen
Eten en drinken ontbijt, lunch, diner en snacks
Prijzen K&O DM 95-205, maaltijden DM 35-68
Kamers 38 2-p (20 met bad; 11 met douche) en 5 1-p (3 met bad). Alle kamers met centrale verwarming, sommige met telefoon en haardroger, TV, minibar. **Faciliteiten** eetzaal, bar-bodega, receptie, terras **Credit cards** DC, MC, V **Kinderen** welkom **Gehandicapten** lift aanwezig **Huisdieren** alleen op kamers **Gesloten** 5 jan.-15 mrt., alleen restaurant op woe. **Eig.** Walther en Annegret Kretz

Rheinland-Pfalz

Chalethotel, Cochem

Weissmühle

Bezoekers van het Rijn- en Moezeldal passeren veel hotels aan de hoofdwegen die vaak onprettig dicht bij de verkeersaders en spoorlijnen liggen. Als u iets rustigers zoekt, kunt u in dit stille achterafhotelletje terecht. Het adres van het hotel zegt in feite alles: Endertal betekent 'Einde dal'. En als u er langs de kronkelende weg aankomt, bent u omringd door bossen en verstoort alleen het kabbelen van een beek de stilte.

In dit decor lijkt de chaletstijl volmaakt te passen, maar het opvallend moderne uiterlijk van de Weissmühle is wat teleurstellend. De kamers zijn functioneel, maar de meeste hebben een balkon met uitzicht over het dal tot aan Cochem.

Plaatselijk is de Weissmühle bekend om zijn forelspecialiteiten (in de kweekvijver achter het hotel kunt u uw eigen exemplaar opvissen). U kunt in het fraai ingerichte restaurant eten, maar op het terras geniet u volop van de magnifieke omgeving.

Als uitvalsbasis voor excursies naar Burg Eltz, een tochtje over de rivier of een tocht langs de vele wijnproeflokalen in de streek is de Weissmühle ideaal.

In de buurt Eltz Burg (15 km), Nürnburgring – auto- en motorraces.

5590 Cochem, Endertal
Tel (02671) 8955
Fax 8207
Locatie in vredig bebost dal, 2 km ten noordwesten van Cochem; met 5 garages en parkeerruimte op eigen grond
Eten en drinken ontbijt, lunch, diner, snacks
Prijzen K&O DM 68-180, maaltijden DM 35-65
Kamers 30 2-p, 6 1-p, alle met bad. Alle kamers met centrale verwarming, telefoon, TV en minibar
Faciliteiten restaurant, coffeeshop, zitgelegenheid, bar, bowlingbaan, terras
Credit cards AE, DC, MC, V **Kinderen** toegelaten **Gehandicapten** ongeschikt
Huisdieren toegelaten (DM 8 per nacht) **Gesloten** nooit
Talen Engels **Eig.** fam. Gerhartz en Zimmer

Rheinland-Pfalz

Landhuis, Daun

Kurfürstliches Amtshaus

Ofschoon dit hotel bij de 'Gast im Schloß'-groep is aangesloten, betreft het op het eerste gezicht eerder een stadhuis dan een chateau of adellijke residentie – wat voor degenen die het Duits machtig zijn geen verrassing vormt, want de naam betekent ongeveer 'ambtelijke residentie van de keurvorst'. Nietemin zijn de imposante ligging op een heuveltop en het mooie uitzicht – genietbaar vanaf het terras – die van een sterkte die vroeger belangrijk was.

Günther Probst is tuk op publiciteit: in een van zijn vele speciale brochures maakt hij veel werk van zijn pronkjuweel: het 'bekendste bed van Duitsland', waarin meer dan 50 buitenlandse staatshoofden hebben geslapen toen het nog 'in regeringsdienst' was (het moest voor De Gaulle worden verlengd, en voor Brezjnev versterkt). Het bed en de kamer zijn echter minder aanlokkelijk als een paar van de antieke alternatieven – hoewel in de meeste kamers het accent ligt op comfort, in plaats van karakter.

Restaurant Graf Leopold is een sfeervol decor voor de 'nieuwe Duitse keuken met Italiaanse invloeden', die bekwaam in praktijk wordt gebracht en met een uitgebreide wijnkaart.

In de buurt in de zomer de 'Tobaggan-loop', wildpark, mineraalbaden; in het Eifelgebergte kratermeertjes en bronnen.

5568 Daun
Auf dem Burgberg
Tel (06592) 3031
Fax 4942
Locatie op heuveltop in hart van dorp; met tuin en ruime parkeergelegenheid
Eten en drinken ontbijt, lunch, diner, snacks
Prijzen K&O DM 92-220; maaltijden DM 45-97
Kamers 25 2-p (8 met bad, 17 met douche) en 17 1-p (2 met bad, 15 met douche). Alle kamers met centrale verwarming, telefoon, radio en TV, haardroger en minibar
Faciliteiten eetkamer, sauna, zitkamer, vergaderzaal, terras en stoombad **Credit cards** DC, MC, V **Kinderen** welkom **Gehandicapten** lift; goed toegankelijk **Huisdieren** toegelaten (DM 10 per nacht) **Gesl.** 1e 2 wek. jan.
Eig. Günther Probst

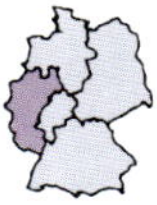

Rheinland-Pfalz

Landelijke herberg, Hamm/Sieg

Romantik-Hotel Alte Vogtei

Dit historische vakwerkpand uit omstreeks 1650 staat in een dorpje, omgeven door de beboste heuvel- en rivierenlandschap van het Westerwald ten oosten van Bonn en de Rijn – niet direct een toeristengebied, maar uitnodigend tot verkenningstochten.

Zowel het ex- als interieur van Der Alte Vogtei wordt gedomineerd door hout en andere traditionele materialen; de oude ovens en het oude kookgerei decoreren nu de openbare ruimten. De inrichting is eenvoudig en doeltreffend: lichte muren, donkere zolderingbalken, houten meubelen en eenvoudige stoffen in warme kleuren. De oude kamers in het hoofdgebouw zijn met antiek rustiek meubilair ingericht en de moderne, lichte kamers met uitzicht op de tuin zijn tamelijk onpersoonlijk, maar wel ruimer en zeker comfortabel.

In de keukens zwaait Markus Wortelkamp de pollepel; zijn drie stage-jaren in Frankrijk en Engeland hebben zijn zeer gewaardeerde kookkunst duidelijk beïnvloed, maar hij maakt veel gebruik van plaatselijke ingrediënten.

In de buurt Altenberg abdij (30 km); Bonn (30 km); kasteel Brühl (35 km)

5249 Hamm/Sieg
Tel (02682) 259
Locatie in het hart van klein dorp midden in de bossen, gelegen aan de B265, 63 km ten oosten van Bonn; met tuinen, garages en ruime parkeergelegenheid
Eten en drinken ontbijt, lunch, diner
Prijzen K&O DM 75-170; maaltijden DM 18-70
Kamers 14 2-p en 2 1-p met bad. Alle kamers met centrale verwarming, radio en TV, telefoon, minibar en haardroger **Faciliteiten** eetzaal, bar, terras **Credit cards** AE, DC, MC, V **Kinderen** welkom **Gehandicapten** onaangepast **Huisdieren** niet **Gesloten** 20 jul.-10 aug. **Talen** Engels, Frans **Eigenaars** familie Wortelkamp

Rheinland-Pfalz

Landelijke hotel, Holzappel

Herrenhaus zum Bären

Deze voormalige residentie van Graf von Holzappel – een staatje dat na afloop van de Dertigjarige Oorlog halverwege de 17e eeuw door de dankbare Duitse keizer werd gecreëerd – is verbouwd tot een heel aardig hotelletje. Aan de buitenkand is het nadrukkelijk rustiek – veel hout, met eenvoudige tafels en stoelen op een terrasje onder knotwilgen – en van binnen vinden we rustieke meubelen en jachttrofeeën in een van de eetkamers, maar zonder dat ze domineren: dit is eerder een hotel dan een herberg en de sfeer is duidelijk voornamer.

In het Herrenhaus is ruimte voor 10 suites, die allemaal tot de duurdere logiesaccommodatie behoren. Met hun mengeling van stijlen – zware leren clubs, elegant antiek of gekopieerde tafels en mooie tapijten – zullen ze de stijlpuristen onder ons niet bekoren, maar ze zijn individueel en de beste zijn opmerkelijk ruim. De badkamers zijn fraai betegeld. De goedkopere kamers in het nabije Goethehaus zijn – en dat is niet verrassend – wat eenvoudiger.

De keuken is enigermate ambitieus en over het algemeen geslaagd.

In de buurt wandeltochten, watersport; Limburg (10 km) – oud stadje met kathedraal; Runkel (15 km) – dorp met kasteel.

5409 Holzappel
Markt 15
Tel (06439) 7014
Fax 7012 **Locatie** in hartje dorp, 16 km ten zuidwesten van Limburg; met tuin en parkeerplaats
Eten en drinken ontbijt, lunch, diner
Prijzen K&O DM 69,50-250, maaltijden DM 35-150
Kamers 18 2-p (16 met bad, 1 met douche) en 2 gezinskamers met bad. De meeste kamers met telefoon, radio en TV; sommige kamers met minibar **Faciliteiten** eetkamers, vergaderzaal, tuinterras **Credit cards** AE, DC, MC, V **Kinderen** welkom **Gehandicapten** goed toegankelijk **Huisdieren** alleen rustige honden **Gesl.** nooit **Talen** Engels, Frans **Eig.** Karl Heinz Falk

Rheinland-Pfalz

Verbouwde molen, Horbruch im Hunsrück

Historische Bergmühle

Het kan wat moeite kosten deze knusse gelegenheid in een oude molen te vinden in het weelderig groene landschap tussen Rijn, Moezel en Nahe, maar 'de rustgevende, vriendelijke en weldadige atmosfeer' – zoals een enthousiaste Duitse verslaggever het omschreef – is die moeite meer dan waard. De dikke muren, het molenrad en de ruisende bergbeek herinneren de gast aan de nijvere historie van het pand.

De Bergmühle is niet bepaald elegant ingericht – het interieur is een mengeling van stijlperioden – maar ademt gemoedelijke huiselijkheid. De schilderijen, sculpturen en decoratieve objecten verraden de artistieke neigingen van Frau Liller. In de salon staan volle boekenkasten, en tot grote vreugde van kinderen lopen er allerlei huisdieren rond. De kamers zijn ieder afzonderlijk ingericht.

Onze zeer bereisde inspecteur roemde de keuken als 'in alle opzichten voortreffelijk, en op één lijn te stellen met veel van de beste Franse restaurants'. Die vergelijking is niet toevallig: Rüdiger Lillers door streekgerechten geïnspireerde kookkunst heeft een uitgesproken Frans accent.

In de buurt Bernkastel-Kues (5 km); wijnproeflokalen; marktplein.

6541 Horbruch im Hunsrück
Tel (06543) 4041
Fax 3178
Locatie op plateau, 1 km van het dorp Horbruch aan de B327, 12 km ten zuidwesten van Morbach; met tuin en ruime parkeergelegenheid
Eten en drinken ontbijt, lunch, diner
Prijzen K&O DM 89,50-241,50; maaltijden DM 39-120
Kamers 9 2-p en 1 suite, alle met bad, 3 1-p met douche. Alle kamers met centrale verwarming, radio en TV, telefoon en minibar **Faciliteiten** eet- en ontbijtkamer, salon, bar, terras **Credit cards** DC, MC, V **Kinderen** welkom **Gehandicapten** moeilijk toegankelijk **Huisdieren** niet **Gesloten** alleen restaurant op ma. **Talen** Engels, Frans **Eig.** Anneliese en Rüdiger Liller

Rheinland-Pfalz

Dorpshotelletje, Kallstadt

Weincastell 'Zum Weißen Roß'

De aandacht van de passant op de Deutsche Weinstraße wordt onvermijdelijk getrokken door het oudste deel van dit onregelmatig gebouwde hotel langs de weg – de bovenverdiepingen, deels vakwerkbouw, deels verfraaid met muurschilderingen, steken buiten de in zandsteen opgetrokken begane grond uit. Het interieur is minder grillig, want het hotel is nog niet zo lang geleden opnieuw ingericht, maar de ambiance van het oude pand is bewaard gebleven. In de grote eetzaal rusten kunstig gestucte bogen op massieve pilaren. De muren en het plafond van de *Gutsherren-Stube*, waarin u niet alleen ontbijt, maar ook 's avonds een drankje kunt gebruiken, zijn betimmerd met vurenhout. In vergelijking hiermee zijn de kamers tamelijk alledaags, maar ingericht met aardig meubilair. In de bruidskamer staat een groot hemelbed; voor minder romantische gasten is er de alkoofkamer, waar u voet-aan-voet slaapt, achter gordijnen die de knusheid verhogen.

Norbert Kohnkes kookkunst is naar verluidt soms wat al te ambitieus, maar bereikt over het algemeen een peil dat ruim boven de middelmaat ligt. Jutta zwaait de scepter in het hotel.

In de buurt wijnproeven, Das Große Faß; Mannheim – keurvorstresidentie, kerk van de paters jezuïeten.

6701 Kallstadt,
An der Weinstraße 80-82
Tel (06322) 5033
Fax 8640
Locatie in dorpscentrum, 26 km ten westen van Mannheim; in de buurt openbare parkeergelegenheid
Eten en drinken ontbijt, lunch, diner
Prijzen DM 75-165 met ontbijt, maaltijden DM 40-130
Kamers 10 2-p (3 met bad, 7 met douche), 3 1-p met douche. Alle kamers met centrale verwarming, radio, TV en telefoon **Faciliteiten** eetzaal, *Stube* **Creditcards** MC **Kinderen** welkom **Gehandicapten** onaangepast **Huisdieren** welkom **Gesloten** 4 weken in jan.-feb., 1 week in jul.-aug.; alleen restaurant op ma. en di. **Talen** Engels en Frans **Eig.** Jutta en Norbert Kohnke

Rheinland-Pfalz

Hotel aan de rivier, Koblenz

Kleiner Riesen

Bezoekers van de moderne stad Koblenz, aan de samenvloeiing van Rijn en Moezel, zullen de interessantste overnachtingsmogelijkheden vermoedelijk iets verderop in een van de beide rivierdalen aantreffen. In de stad staan geen hotels met een grote reputatie en ook dit hotel is in vele opzichten tamelijk alledaags. Der Kleine Riesen onderscheidt zich echter door zijn ligging – dicht bij het centrum en de nieuwe *Autobahn* die Koblenz doorsnijdt, en desondanks op een rustige locatie aan de Rijn. Voor het hotel langs loopt een verrukkelijke, door bomen geflankeerde promenade met cafés en restaurants. Het hotel trekt dan ook volop profijt van zijn ligging, met zijn terras en het uitzicht op de rivier vanuit de meeste kamers.

Het gebouw is modern en functioneel; de nadruk ligt op bescheiden comfort. De inrichting is een onopvallende mengeling van modern en traditioneel, met aardige maar zelden stijlvolle decoraties.

Het hotel biedt alleen ontbijt aan, maar er is binnen loopafstand geen gebrek aan eetgelegenheden, vooral ook langs de rivier.

In de buurt uitzicht op Deutsches Eck (met resten van standbeeld), kerken, citadel van Ehrenbreitstein (5 km).

5400 Koblenz, Rheinanlagen 18
Tel (0261) 32077
Locatie aan verkeersvrije rivierpromenade met bomen; parkeergelegenheid beschikbaar
Eten en drinken ontbijt
Prijzen K&O DM 90-150
Kamers 19 2-p (5 met bad; 14 met douche), 9 1-p met douche, en 7 gezinskamers (5 met bad, 2 met douche). Alle kamers met centrale verwarming, telefoon, radio, soms TV en/of minibar, haardroger op verzoek **Faciliteiten** ontbijtzaal, televisiekamer, terras **Credit cards** AE, MC, V **Kinderen** heel welkom **Gehandicapten** lift, trap naar begane grond **Huisdieren** toegelaten, DM 10 per nacht **Gesloten** nooit **Talen** Engels, Frans **Eig.** Mevr. Zimmermann

Rheinland-Pfalz

Verbouwd kasteel, Oberwesel

Burghotel Auf Schönburg

Op een steile, beboste helling hoog boven de Rijn vinden we de sprookjesachtig gelegen Schönburg, die meer dan 1000 jaar geleden is gebouwd en min of meer het karakter van een burcht heeft. Het gebouw voldoet echter niet meer aan sprookjesnormen: een groot deel van het hotel is een rood geschilderd gotisch bouwwerk, geplankeerd door twee torens.

Gelukkig stelt de inrichting ons niet teleur: het is een subtiele synthese van gerief en romantiek. In de kamers wissen de smaakvolle decoratie en glanzende antieke meubelen alle sporen van middeleeuwse somberheid uit. Sommige kamers zijn klein, andere zijn ruim bemeten, en weer andere (in de torens) zijn rond. Iedere kamer is in een andere stijl ingericht. Aan de voorzijde heeft u een adembenemend uitzicht op de Rijn; aan de achterzijde kijkt u uit op de heuvels. De met kaarsen verlichte eetkamers zijn klein, met niet meer dan zes of zeven tafels en verfraaid met verse bloemen. De voornamelijk op streekgerechten geïnspireerde keuken legt de nadruk op verse ingrediënten.

In de buurt kasteelmuren, middeleeuwse altaarstukken in de Liebfrauenkirche, wijnproeflokalen en boottochten over de Rijn; de Lorelei (5 km).

6532 Oberwesel
Tel (06744) 7027
Fax 1613
Locatie op heuveltop met uitzicht over de Rijn, 2 km van Oberwesel; met openbare parkeerplaats
Eten en drinken ontbijt, lunch, diner, snacks
Prijzen HP DM 85-250; maaltijden DM 44-145
Kamers 17 2-p (11 met bad; 6 met douche), 3 1-p met douche en 2 suites met bad; alle kamers met centrale verwarming, radio en TV, telefoon, minibar en haardroger
Faciliteiten drie eetkamers, kleine bibliotheek, salon, binnenplaats, terras **Credit cards** AE, DC, MC V **Kinderen** welkom **Gehandicapten** onaangepast **Huisdieren** niet in restaurant **Gesloten** dec.-febr.; alleen restaurant op ma. **Eig.** Wolfgang en Barbara Hüttl

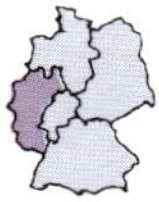

Rheinland-Pfalz

Hotel in de stad, Oberwesel

Römerkrug

In het Rijndal is er aan aantrekkelijk ogende oude hotelletjes geen gebrek, maar helaas is datgene wat achter de façade ligt maar al te vaak teleurstellend alledaags.

Dit charmante hotel (het pand dateert uit de 15e eeuw) ligt aan een klein, knus marktplein en heeft een terrasje voor de voordeur. Het plein is omgeven door al even schilderachtige oude vakwerkhuizen, met de wijnhellingen langs de Rijn als achtergronddecor. Zodra u hier binnenstapt, twijfelt u geen moment meer aan de authenticiteit van dit 500 jaar oude pand. Een groot deel van het interieur is nog ongewijzigd; het weinige wat er aan renovatie en verbetering is gedaan, is met grote zorg uitgevoerd, zodat er een verfrissend gebrek is aan overdadige ornamenten. De algehele indruk – in zowel de kamers als de eetzaal en de Marktstube – is er een van warmte en eenvoudig comfort.

Naar Duitse maatstaven gemeten is dit een heel klein hotel; tot nu toe hebben de eigenaren gelukkig weerstand geboden aan iedere verleiding het te vergroten. De familie Matzner is kort geleden toegetreden tot de 'Gast im Schloß'-groep; laten we hopen dat dit niet op een verandering van intentie wijst.

In de buurt boottochtjes over de Rijn; wijnproeflokalen.

6532 Oberwesel
Marktplatz 1
Tel (06744) 8176
Locatie aan klein marktplein in hart stadje aan de B9, 21 km ten noorden van Bingen; met ruime parkeergelegenheid
Eten en drinken ontbijt, lunch, diner
Prijzen K&O DM 70-160; maaltijden DM 36-62
Kamers 7 2-p (4 met bad, 3 met douche). Alle kamers met centrale verwarming, telefoon, TV en haardroger
Faciliteiten eetkamer, *Stube*, straatterrasje
Credit cards MC, V
Kinderen welkom
Gehandicapten onaangepast
Huisdieren toegelaten
Gesloten half dec.-half feb.
Talen Engels, Frans
Eigenaar familie Matzner

Rheinland-Pfalz

Hotel aan de rivier, Sankt Goar

Landsknecht

Tot enkele jaren geleden was dit hotel-restaurant aam de rivier juist het soort gelegenheid dat onze gids vermeed, omdat het een populaire stopplaats was voor de duizenden bussen vol toeristen in het Rijndal. De stress die de zorg voor zulke aantallen gasten meebrengt, bezorgde hotelier Klaus Nickenig echter hartklachten, en hij kwam tot de conclusie dat het voor hem tijd werd om het wat rustiger aan te gaan doen.

De huidige clientèle vaart er wel bij: Landsknecht werd volledig gerenoveerd, en nu kunnen de kamers qua luxe wedijveren met die van veel grotere hotels, ook al is de stijl teleurstellend anoniem. Vooral de badkamers zien er 'gelikt' uit. Alle kamers op één na hebben uitzicht op de het vermaarde deel van de rivier dat bekend is als 'De drie burchten'. Ook het stijlvolle rustieke restaurant is vernieuwd en heeft een fraai terras, waar u 's middags of 's avonds onder het genot van een drankje of kop thee van het fraaie rivierpanorama kunt genieten.

Voor Klaus betekent 'rustiger' leven dat hij nu meer tijd heeft voor zijn gasten.

In de buurt wandelingen langs de rivier, Mäuseturm, Loreleirots (5 km)

5401 Sankt Goar
An der Rheinuferstraße
Tel (06741) 2011
Fax 7499
Locatie met uitzicht over de Rijn, 3 km ten noordwesten van het dorp; met tuinen, ruime parkeergelegenheid en garages
Eten en drinken ontbijt, lunch, diner, snacks
Prijzen K&O DM 75-130; maaltijden DM 16-60
Kamers 12 2-p met bad. Alle kamers met centrale verwarming, air-conditioning, telefoon, radio en TV, haardroger en minibar **Faciliteiten** eetzaal, terras aan de rivier **Credit cards** AE, MC, V **Kinderen** heel welkom **Gehandicapten** enkele kamers op begane grond **Huisdieren** alleen kleine honden **Gesl.** 5 jan.-28 febr. **Eig.** Lily en Klaus Nickenig

Rheinland-Pfalz

Hotel op berghelling, Trier

Hotel Petrisberg

De architect van dit moderne hotelpand, dat zijn naam ontleent aan de berg waarop het is gebouwd, wist wat hij deed toen hij in de voorgevel grote ramen liet aanbrengen, zodat de gasten van het schitterende stadspanorama van Trier kunnen genieten.

Als u eindelijk genoeg hebt van dit uitzicht, zult u zich graag terugtrekken op uw kamer, want de Pantenburgs hebben ervoor gezorgd dat iedere kamer een eigen sfeer heeft: sommige hebben een beschilderd plafond of zijn met fresco's verfraaid, andere zijn in Scandinavische stijl ingericht en gedecoreerd met op zijn minst één fraai staaltje houtsnijwerk (gemaakt door een vriend van de familie). U kunt ook een suite nemen in het kleinere bijgebouw, het aantrekkelijkste deel van het hotel.

Het ontbijtbuffet vindt u in de ruime eetzaal, grenzend aan enkele knusse salons. Er is geen officieel restaurant, maar desgewenst kan een diner worden geserveerd. De hotelfolder beschrijft een wandeling van '20 minuten' naar het stadscentrum, maar alleen zeer fitte gasten zullen geen bezwaar hebben tegen de wandeling terug naar het hooggelegen hotel.

In de buurt de Porta Nigra, de oude kerk en het Bisschoppelijk Museum van Trier.

5500 Trier,
Sickingenstraße 11-13
Tel (0651) 41181
Fax 73273
Locatie hoog boven Trier op de wijnhellingen van de Petrisberg, 100 m beneden het Romeinse amfitheater en omgeven door bomen, met ruime parkeerplaats
Eten en drinken ontbijt en snacks
Prijzen K&O DM 80-150; koude snacks DM 15-20

Kamers 24 2-p (3 met bad; 21 met douche) 1 1-p met douche en 5 gezinskamers met douche. Alle kamers met centrale verwarming, telefoon en kabel-TV. **Faciliteiten** ontbijtzaal, bar-bodega, televisiekamer **Credit cards** niet **Kinderen** welkom **Gehandicapten** onaangepast **Huisdieren** niet **Gesl.** nooit **Eig.** Wolfgang en Helmut Pantenburg

Rheinland-Pfalz

Hotel-restaurant, Wallerfangen

Villa Fayence

Ofschoon het restaurant de voornaamste reden is voor een bezoek aan deze grandeur uitstralende, roze villa, zouden wij de kans om hier een nachtje in een van de zeer luxueuze kamers door te brengen niet laten lopen. Ze zijn door Ilse en Bernhard Michael Bettler met flair ingericht en de mooiste zijn uitzonderlijk ruim. Sinds Bernhard zijn koksmuts heeft afgezet om zich zelf om het welzijn van de gasten te bekommeren, is de hotelkant van Villa Fayance gaan floreren.

's Winters moedigt hij u aan een aperitief te gebruiken bij de open haard in de barokke salon; 's zomers krijgt u in de serre alle gelegenheid om het boven de middelmaat uitstekende menu te bestuderen.

De keuken wordt beheerd door Ralph Mützner, die afkomstig is uit Hongkong, maar zich laat inspireren door de Franse kookkunst (de Franse grens is niet ver). Een paar voorbeelden: eendeborst in mosterdsaus, geserveerd met rabarber, of met duiveborst gevulde pannekoek, overgoten met een citroensausje met wat knoflook. Deze heerlijkheden zijn niet goedkoop, maar wie graag in stijl wordt vertroeteld, tast welgemoed in de beurs.

In de buurt Rehlingen (5 km) – grotten en kasteelruïne.

6634 Wallerfangen, Hauptstraße 12
Tel (06831) 62066
Fax 62068
Locatie in dorp, 4 km ten westen van Saarlouis; groot eigen terrein met veel parkeerruimte
Eten en drinken ontbijt, lunch, diner
Prijzen K&O DM 145-260, maaltijden DM 68-105
Kamers 4 2-p (1 met bad; 3 met douche). Alle kamers met centrale verwarming, telefoon, radio en TV, haardroger
Faciliteiten restaurant en bistro, zitgelegenheid **Credit cards** AE, DC, MC, V **Kinderen** welkom **Gehandicapten** ongeschikt **Huisdieren** niet **Gesloten** nooit **Talen** Engels, Frans **Eigenaar** Bernhard Michael Bettler

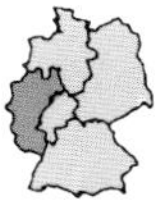

Rheinland Pfalz

Hotel in de stad, Bacharach

Altkölnischer Hof

Familiehotel in vakwerkhuis uit de 11e eeuw, gelegen aan het marktplein in dit oude stadje. Sommige kamers zijn functioneel ingericht; de kleinere kamers zijn gezelliger.
■ 6533 Bacharach, Am Marktplatz **Tel** (06743) 1339 **Fax** 2793 **Maaltijden** ontbijt, lunch, diner, snacks **Prijzen** kamers DM 58-120 **Kamers** 19, alle met bad of douche, centrale verwarming, haardroger, radio en TV. **Creditcards** AE, DC, V **Gesloten** nov. tot april **Talen** Engels

Restaurant met kamers aan de rivier, Balduinstein

Zum Bären

Hoewel zijn familie hier sinds 1827 woont, is kok Walter Buggle autodidact; de kwaliteit van het eten is echter hoog en de prijzen dienovereenkomstig. Twee fraaie eetzalen.
■ 6251 Balduinstein, Bahnhofstr 24 **Tel** (06432) 81091 **Fax** (06432) 83643 **Eten en drinken** ontbijt, lunch, diner **Prijzen** K&O DM 65-168; diner vanaf DM 55 **Kamers** 10, alle met bad of douche, CV, tel., haardroger, TV, radio **Credit cards** AE, DC, MV, V **Gesloten** 3 weken in feb; restaurant alleen di **Talen** Engels

Hotel aan de rivier, Beilstein

Haus Lipmann

De aardige kleine *Weinstube* in een idyllisch dorp is al sinds 1795 in bezit van de familie Lipmann en is tevens een eenvoudige logeergelegenheid. Met wijnranken overdekte terras.
■ 5591 Beilstein, Marktplatz 5 **Tel** (02673) 1573 **Eten en drinken** ontbijt, lunch, diner, snacks **Prijzen** DM 65-95 met ontbijt, maaltijden DM 25-40 **Kamers** 25, alle met douche en centrale verwarming, **Creditcards** niet geaccepteerd **Gesloten** half nov.-half mrt. **Talen** Engels, Frans

Wijntaveerne in de stad, Bernkastel-Kues

Doctor-Weinstuben

Gerenoveerd oud hotel in het hart van dit wijnstadje aan de Moezel (een prima uitvalsbasis voor uitstapjes) – aan de buitenkant saai, maar binnen aardig en traditioneel. Vriendelijk personeel.
■ 5550 Bernkastel-Kues, Hebegasse 5 **Tel** (06531) 6081 **Maaltijden** ontbijt, lunch, diner **Prijzen** kamers K&O DM 85-130 **Kamers** 15, alle met centrale verwarming en telefoon **Creditcards** AE, DC, V **Gesloten** jan.-feb.; restaurant op di. **Talen** Engels, Frans

Rheinland-Pfalz

Hotelletje in de stad annex oude watermolen, Braubach

Zum Weissen Schwanen

Naast de oude stadsmuren van Braubach vinden we deze bescheiden herberg. De openbare ruimten zijn nadrukkelijk rustiek, maar de aardigste kamers bevinden zich op korte afstand in een nog oudere watermolen, waarvan het raderwerk nog intact is.
■ 5423 Braubach Brunnenstraße 4 **Tel** (02627) 559 **Eten en drinken** ontbijt, diner **Prijzen** DM 70-140; ontbijt DM 12,50, maaltijden DM 19-33 **Kamers** 15, alle met douche. Alle kamers met centrale verwarming, TV en telefoon **Creditcards** AE, MC **Gesloten** nooit **Talen** Engels

Chalethotel, Darscheid/Vulkaneifel

Kucher's Landhotel

Twee bijzonder aardige jonge mensen, Heidi en Martin Kucher, exploiteren dit aantrekkelijke hotel met gourmet-restaurant. De kamers boven zijn smetteloos schoon en de prijzen zijn redelijk.
■ 5569 Darscheid/Vulkaneifel Karl-Kaufmann-Straße 2 **Tel** (06592) 629 **Fax** 3677 **Eten en drinken** ontbijt, lunch, diner, snacks **Prijzen** DM 45-100 met ontbijt, maaltijden DM 28-75 **Kamers** 14, alle met bad of douche, centrale verwarming, telefoon, TV; sommige kamers met radio **Creditcards** AE, MC **Gesloten** jan.; alleen restaurant op ma. **Talen** Engels

Hotel in de stad, Deidesheim

Deidesheimer Hof

Traditioneel stadshotel in het hart van Deidesheim, met een vermaard kelderrestaurant (Schwarzer Hahn). De kamers zijn gezellig, gerieflijk en tamelijk ruim.
■ 6705 Deidesheim, Marktplatz **Tel** (06326) 1811 **Fax** 7685 **Maaltijden** ontbijt, lunch, diner, snacks **Prijzen** kamers K&O DM 100-390 **Kamers** 21, alle met bad of douche, centrale verwarming, telefoon, TV. **Creditcards** AE, DC, MC, V **Gesloten** 1e twee weken van jan.

Landelijk hotelletje, Dudeldorf

Zum alten Brauhaus

Deze voormalige brouwerij wordt nu geleid door de zevende generatie van de familie Servatius. De kamers zijn ingericht met oude familieportretten en geërfde meubelstukken. Wie in de lommerrijke tuin luiert, wordt daar bespied door oude rococo-beelden.
■ 5521 Dudeldorf Herrengasse 2 **Tel** (06565) 2057 **Eten en drinken** ontbijt, lunch, diner **Prijzen** DM 85-180 met ontbijt, maaltijden DM 15-85 **Kamers** 15, alle met bad, centrale verwarming, telefoon, radio en TV en haardroger **Creditcards** AE, DC, MC, V **Gesloten** half dec.-half jan. **Talen** Engels

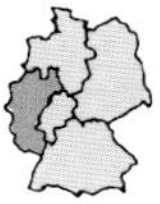

Rheinland-Pfalz

Dorpshotelletje, Kaiserslautern-Hohenecken

Burgschänke

Een rondborstige, maar onberispelijk wit gesausde herberg. De kamers zijn stijlvol-eenvoudig ingericht.
■ 6750 Kaiserslautern 32-Hohenecken Schloßstraße 1 **Tel** (0631) 56041 **Eten en drinken** ontbijt, lunch, diner **Prijzen** DM 60-100 met ontbijt; maaltijden vanaf DM 26 **Kamers** 15, alle met douche. Alle kamers met centrale verwarming, TV en telefoon **Creditcards** AE, DC, MC, V **Gesloten** nooit **Talen** Engels

Dorpshotel, Kirchen-Katzenbach

Zum Weißen Stein

In de jaren zestig en zeventig is deze 17e-eeuwse mijnwerkerskroeg van de Stählers op avontuurlijke manier uitgebreid, zodat de openbare ruimten heel karakteristiek zijn.
■ 5240 Kirchen-Katzenbach Dorfstraße 50 **Tel** (02741) 62085 **Fax** 62581 **Eten en drinken** ontbijt, lunch, diner, snacks **Prijzen** DM 72-156 met ontbijt; maaltijden vanaf DM 19,50 **Kamers** 31, alle met douche. Alle kamers met centrale verwarming, radio, telefoon; de meeste met minibar, haardroger en TV **Creditcards** AE, DC, MC, V **Gesloten** 1 week half jan. **Talen** Nederlands, mondje Engels, Frans

Hotel in de stad, Koblenz

Hotel Brenner

Het onopvallende uiterlijk van dit moderne hotel maakt het elegante, voorname interieur – verguld stucwerk, kleurrijke tapijten – tot een verrassing.
5400 Koblenz Rizzastraße 20 **Tel** (0261) 32060 **Fax** 36278 **Eten en drinken** ontbijt **Prijzen** DM 89-240 met ontbijt **Kamers** 25, alle met bad of douche. Alle kamers met centrale verwarming, TV, telefoon, minibar en radio; sommige met haardroger **Creditcards** AE, DC, MC, V **Gesloten** 3 weken rond de Kerst **Talen** Engels

Dorpshotelletje, Landau-Birkweiler

St Laurentius Hof

De kleine herberg van de Tarjans in een echt wijndorp is rustiek ingericht, met alles wat daarbij hoort – bloemen, balkenplafonds en oude dingen.
■ 6741 Landau-Birkweiler, Hauptstraße 21 **Tel** (06345) 8945 **Fax** 7029 **Eten en drinken** ontbijt, lunch, diner **Prijzen** DM 40-120 met ontbijt; maaltijden vanaf DM 35 **Kamers** 12, alle met centrale verwarming, minibar en radio: sommige met telefoon en TV **Creditcards** MC, V **Gesloten** ma., di. (lunch) **Talen** Engels, Hongaars, Frans

Rheinland-Pfalz

Dorpshotelletje, Nassau-Bergnassau

Fischbachs Goldene Krone

Een deels uit vakwerk opgetrokken herberg met fraai uitzicht over het Lahndal. Eenvoudig gemeubileerde kamers. Rustiek restaurant met balkenzoldering.
■ 5408 Nassau-Bergnassau Bezirkstraße 20 **Tel** (02604) 4410 **Eten en drinken** ontbijt, lunch, diner **Prijzen** DM 91-180 met ontbijt; maaltijden vanaf DM 15 **Kamers** 13, alle met bad of douche en centrale verwarming **Creditcards** niet geaccepteerd **Gesloten** jan.: ma. **Talen** Engels

Verbouwd kasteel, Stromburg

Burghotel Stromburg

Een romantische burcht op een bergtop, met een geschiedenis van 1000 jaar en met bijpassende kasteeltorens. De inrichting is bescheidener dan we zouden verwachten, maar met een knusse, landelijke eetzaal. Het terras is verfraaid met bloemen.
■ 6534 Stromburg **Tel** (06724) 1026 **Maaltijden** ontbijt, lunch, diner **Prijzen** kamers DM 85-140 **Kamers** 21, alle met douche, centrale verwarming, en telefoon **Creditcards** AE, DC, MC, V **Gesloten** nooit **Talen** alleen Duits

Villa in de stad, Trier

Villa Hügel

Nette, degelijk gebouwde, witte villa uit 1914 in groene buitenwijk, niet ver van het historische centrum van Trier; op het dak van de moderne uitbreiding vindt u een zonne- en uitkijkterras.
■ 5500 Trier, Bernhardtstraße 14 **Tel** (0651) 33066 **Fax** 37958 **Maaltijden** ontbijt, diner, snacks **Prijzen** K&O DM 90-160 **Kamers** 25, alle met bad, centrale verwarming, telefoon, radio, TV en minibar **Creditcards** AE, DC, MC, V **Gesloten** nooit **Talen** alleen Duits

Restaurant met kamers, Wasserliesch

Scheid

U kunt in Hubert Scheids café-patisserie in het nabije Trier zijn gebak en cake proeven. De kamers zijn functioneel modern.
■ 5505 Wasserliesch Reinigerstraße 48 **Tel** (06501) 13958 **Fax** 13959 **Eten en drinken** ontbijt, lunch, diner **Prijzen** DM 60-115 met ontbijt; maaltijden DM 95-115 **Kamers** 13, alle met douche. Alle kamers met centrale verwarming; sommige met TV **Creditcards** MC, V **Gesloten** ma.; 2 weken feb. **Talen** Frans, mondje Engels

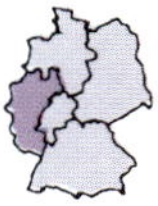

Saarland

Streekintroductie

Hotels in het Saarland

We komen gemakkelijk in de verleiding om het Saarland, een niet al te opvallend deelstaatje in de zuidwesthoek van Rheinland-Pfalz aan de Franse grens, over het hoofd te zien. Het Saarland is rijk aan steenkool en wordt daarom beheerst door zware industrie, vooral in de omgeving van Saarbrücken, de enige grotere stad. Saarbrücken bezit geen echt vooraanstaande hotels; vermoedelijk het beste hotel is het 110 kamers tellende Bauer Rodenhof, dat even buiten het centrum is gelegen (tel. [0681] 47722, fax 43785). Houd u in gedachten dat we u een hotel in Saarlouis kunnen aanbevelen, slechts enkele kilometers zuidelijker in het Saardal. In dezelfde richting ligt ook Schwalbach, waar ons het Mühlental (tel. [06834] 5017; 25 kamers) werd aanbevolen.

Ten noordwesten van Saarbrücken ligt Neunkirchen, met één vooraanstaand restaurant, Hostellerie Bacher, waar Margarethe Bacher de volledig door bekwame vrouwelijke koks 'bemande' keuken leidt; het is een chique etablissement, met boven vier redelijk geprijsde kamers (tel. [06821] 31314).

Restaurant met kamers, Tholey

Hotellerie Hubertus

De keuken is het hart van dit etablissement en zet u in de deftige eetzaal of een van de rustieke bar-achtige nevenruimten mooi gegarneerde maaltijden voor. De kamers zijn licht en gerieflijk.
■ 6895 Tholey Metzer Straße 1 **Tel** (06853) 2404 **Fax** 30601 **Eten en drinken** ontbijt, lunch, diner **Prijzen** DM 60-160 met ontbijt, maaltijden DM 25-90 **Kamers** 10, alle met bad of douche, centrale verwarming en TV; sommige kamers met haardroger **Creditcards** AE, DC, MC, V **Gesloten** alleen restaurant: ma., za. (lunch), zo. (diner) **Talen** Engels, Frans

Deze bladzijde dient ter introductie van de hotels en andere pluspunten van het Saarland en geeft u in beknopte vorm aanbevelingen voor goede hotels die om de een of andere reden niet uitvoerig worden besproken; bovendien wordt hier kort de desbetreffende deelstaat of landstreek besproken.

Het inzenden van rapporten
De kwaliteit van de serie *De leukste hotelletjes* wordt voortdurend verbeterd dank zij de rapporten die onze lezers insturen. Doet u ons s.v.p. schriftelijk verslag van uw ervaringen in kleinere hotels in de stad, restaurants-met-kamers en landelijke hotelletjes – goed of slecht, en ongeacht ze wel of niet in deze gids zijn opgenomen. Naast Duitsland gaat onze belangstelling uit naar het Verenigd Koninkrijk, Ierland, Italië, Frankrijk, Spanje, Portugal, Oostenrijk en de Verenigde Staten. De inzenders van nuttige rapporten verdienen daarmee een gratis exemplaar van de volgende editie van de desbetreffende gids. Ook zijn we altijd op zoek naar versterking van ons team inspecteurs.

Saarland

Landelijk hotel, Saarlouis

Altes Pfarrhaus Beaums

In het Verenigd Koninkrijk vormen oude pastorieën het leeuwedeel van de meeste hotelgidsen die u de weg wijzen naar charmante kleine hotels; in Duitsland zijn ze met een lantaarntje te zoeken. In dit geval echter heeft de Duitse variëteit weinig met de Britse gemeen. Met 35 kamers is het natuurlijk niet wat je noemt 'intiem', en qua stijl is het soberder en minder huiselijker dan we zouden verwachten.

Voordat het grote huis als pastorie in gebruik werd genomen, was dit pand een aristocratische zomervilla, door de eigenaars omschreven als 'laat-barok', maar van de kenmerkende drukke ornamentering van die stijlperiode is weinig te bekennen. Het in 1985 tot hotel gepromoveerde gebouw is stilistisch saai: van buiten witte luiken tegen een achtergrond van roomkleurige muren; van binnen eveneens overwegend roomkleurige wanden en stoffen, terwijl de meubilering schaars mag worden genoemd. De openbare ruimten zijn wat minder ingetogen. De eetzaal heeft een kleine serre; er is geen eetterras, maar wel een aanlokkelijke *Biergarten*.

In de buurt Saarlouis – Gobelinsaal in stadhuis van oude stad; Merzig (10 km) – stoomtrein.

6630 Saarlouis 5
Hauptstraße 2-4
Tel (06831) 6383
Fax 62898
Locatie in voorstad, 3 km ten westen van Saarlouis (Wallerfanger-Straße volgen); met terras en parkeerplaats
Eten en drinken ontbijt, lunch, diner
Prijzen K&O DM 130-250; maaltijden DM 60-90, ook kindermenu's

Kamers 27 2-p (24 met bad, 3 met douche) en 7 1-p (3 met bad, 4 met douche). Alle kamers met centrale verwarming, telefoon, radio, TV en minibar **Faciliteiten** eetzaal, ontbijtzaal, serre, *Biergarten* **Credit cards** AE, DC, MC, V **Kinderen** welkom **Gehandicapten** goed toegankelijk; 1 kamer op beg. grond **Huisdieren** ja **Gesl.** Kerstmis **Talen** Engels, Frans **Manager** Eva Krause

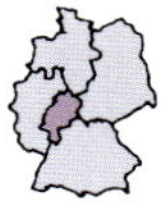

Hessen

Streekintroductie

Hotels in Hessen

Hessen, de enige deelstaat in het gebied dat wij aanduiden als Midden-Duitsland – staat niet hoog genoteerd op de lijst van interessante gebieden van de meeste buitenlandse bezoekers, maar net als de overige landstreken in Duitsland heeft het de verkenners onder ons enkele fraaie oude stadjes en gebieden vol natuurschoon te bieden, zoals de landstreek Waldeck in het noordoosten. De gebroeders Grimm zijn geboren in Hanau ten oosten van Frankfurt; hier is een 'sprookjesindustrie' ontstaan, compleet met een sprookjesweg (Märchenstraße) naar het noordelijker gelegen Niedersachsen en vandaar via Hameln (inderdaad, het stadje van de Rattenvanger) naar Bremen.

Frankfurt is een van de meest dynamische steden van Duitsland; de stad is de financiële hoofdstad van de Bondsrepubliek en ligt uiteraard bezaaid met grote, dure hotels voor de zakenman. We beschrijven diverse hotels in Frankfurt en naaste omgeving uitvoerig, maar willen u hier een paar aardige alternatieven noemen. Enkele kilometers ten oosten van Frankfurt vindt u het chique en zeer comfortabele Landhaus Waitz, dat ondanks de 75 kamers met veel persoonlijke aandacht voor de gasten wordt geleid en over een prima keuken beschikt (tel. [06108] 6060, fax 606488).

Wat verder in dezelfde richting werd ons de eenvoudiger Burg-Mühle in Gelnhausen aanbevolen (tel. [06051] 82052, fax 820554; 33 kamers). De gourmet zal misschien liever koers zetten naar Friedrichsdorf ten noorden van de stad, waar Klaus Sängers met een Michelin-ster onderscheiden restaurant-met-kamers Weißer Turm is gelegen (tel. [06172] 72020).

Marburg, even ten noorden van Franfurt, is een van de juweeltjes van Hessen, met zijn prachtige gotische kerk (die Duitslands eerste zou zijn). Als wij een hotel op korte afstand van Marburg moesten kiezen, zouden we loten om ofwel de Fasanerie in Gisselberg (tel. [06421] 7039, fax 77491; 35 kamers), of de aardige, door een familie geleide Dammühle in Wehrshausen (tel. 6421] 31007; 20 kamers).

Kassel in het uiterste noorden van Hessen is een flinke stad met enkele aardige bezienswaardigheden, maar een groot gebrek aan aantrekkelijke hotels. Dichter bij de stad dan onze aanbeveling in Emstal (blz. 108) ligt het aardige Schloßhotel Wilhelmstal in Calden (tel. [05674] 848) – niet te verwarren met het eigenlijke Schloßhotel Wilhelmsthal, dat op enkele kilometers afstand is gelegen – een aardig pand, omgeven door mooie tuinen. Ten westen van Kassel, bij de grens met Nordrhein-Westfalen, kunnen we u het Rathaus in het stadje Korbach aanbevelen (tel. [05631] 50090, fax 500959).

Deze bladzijde dient ter introductie van de hotels van de deelstaat Hessen en geeft aanbevelingen voor goede hotels die hier niet uitvoerig worden besproken. De beschrijvingen van de hotels waarvoor wij de meeste waardering kunnen opbrengen, beginnen op de volgende bladzijde. Negeert u echter niet de beknopte beschrijvingen die op blz. 107 beginnen: het zijn stuk voor stuk kleine hotels waar wij graag zelf willen logeren.

Hessen

Herberg in wijndorp, Eltville am Rhein

Zum Krug

Deze met lambrizeringen en muurschilderingen gedecoreerde *Weinstube* met logiesgelegenheid dateert uit 1720, maar werd in 1986 met zorg gerenoveerd. Zum Krug, het middelpunt van oude, met kinderkopjes geplaveide straten en steegjes, is van buiten omgeven door bloembakken en ligt in het hart van de lieflijke wijnstreek die bekend is als de Rheingau. Het donkergroene, met fraai smeedwerk versierde exterieur trekt de aandacht, en de inrichting van de eetzaal is al even aantrekkelijk, met lambrizeringen, een imposante, groen betegelde schouw en gebrandschilderde ramen (met gelagkamertaferelen) in de eetzaal.

Een speciaal gourmet-menu van DM 75 accentueert het feit dat dit een serieus wijnlokaal is: u krijgt er een glaasje uitgelezen *Sekt* bij, en bij elke gang een glas wijn uit deze streek, het geheel bekroond met een glas voortreffelijke port.

Net als de maaltijden zijn de kamers wellicht van ondergeschikt belang in een gelegenheid waar de nadruk zozeer op de wijn ligt, maar ze zijn niettemin knus – zij het eenvoudig – ingericht.

In de buurt wijnproeflokalen, wandelroutes, boottochtjes over de Rijn

6228 Eltville am Rhein, Hauptstraße 34
Tel (06723) 2812
Fax 7677
Locatie in het centrum van Eltville, 14 km ten zuidoosten van Wiesbaden; met parkeerplaats
Eten en drinken ontbijt, lunch, diner, snacks
Prijzen K&O DM 75-140; maaltijden vanaf DM 20
Kamers 9 2-p en 1 1-p met douche. Alle kamers met centrale verwarming, radio, telefoon, in sommige kamers TV
Faciliteiten eetzaal, televisieruimte
Credit cards DC, MC, V
Kinderen welkom
Gehandicapten moeilijk toegankelijk
Huisdieren gedoogd
Gesloten 3 weken in jan. en 2 weken in jul.
Talen Engels
Eigenaar Josef Laufer

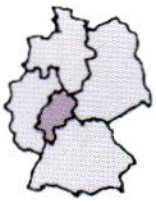

Hessen

Hotel in de stad, Frankfurt

Hotel Westend

Een sterker contrast dan dat tussen de vredige, eenvoudige élégance van dit hotel-*garni* en de jachtige drukte en moderniteit van het centrum van Frankfurt eromheen (en de meeste andere hotels in deze stad) is nauwelijks denkbaar.

Het is – in de gunstigste betekenis van die term – een ouderwetse gelegenheid, die de indruk wekt alsof de tijd er sinds de 18e eeuw heeft stilgestaan. Binnen wordt de ambiance bepaald door kaarslichtachtige verlichting, schilderijen in vergulde lijsten en statig meubilair, zij het niet uit een bepaalde stijlperiode – sommige meubelstukken zijn eerder interessant dan functioneel.

De kamers zijn ruim en gerieflijk, waarbij de kleine zitkamers eerder de sfeer van een woning dan die van een hotel oproepen. Voor veel gasten is de grote attractie van het Westend echter de tuin, omgeven door met klimop begroeide muren, waar bij mooi weer kan worden ontbeten.

Binnen loopafstand veel restaurants en alles wat u verder in het centrum van een metropool als Frankfurt kunt verwachten. In de avonduren worden er in het hotel snacks geserveerd.

In de buurt Goethehaus, Museum voor Toegepaste Kunst, Frankfurter Zoo.

6000 Frankfurt 1
Westendstraße 15
Tel (069) 746702
Fax 745396
Locatie in rustige woonwijk op vijf minuten lopen van Hauptbahnhof (in zuidelijke richting lopen); ommuurde tuin, eigen parkeerterrein
Eten en drinken ontbijt
Prijzen K&O DM 120-320
Kamers 9 2-p (1 met bad, 1 met douche, 7 met bassin; 11 1-p (4 met bad, 7 met bassin). Alle kamers met telefoon, centrale verwarming en TV; de meeste met minibar
Faciliteiten ontbijtzaal, 3 zitkamers
Credit cards AE, DC, MC, V **Kinderen** toegelaten **Gehandicapten** ongeschikt
Huisdieren toegelaten **Gesloten** Kerst-nieuwjaarsdag
Talen Engels, Frans, Turks; ook mondje Roemeens en Spaans **Eig.** E. en C.L. Mayer

Hessen

Landelijk hotel, Herleshausen

Hotel Hohenhaus

In de hotelvergelijkingen waarop Duitse reis- en gastronomiebladen zo verzot zijn, krijgt het Hohenhaus gewoonlijk een plaatsje bij de eerste 20. Het is daarom misschien niet zo verrassend dat het ons zoveel moeite kostte Günter Haderecker over te halen ons wat informatie over zijn hotel te geven; per slot van rekening heeft hij het hele jaar door een bezettingsgraad van 95 procent, ook zonder onze hulp.

Het Hohenhaus ligt op een aantrekkelijke, vredige locatie, in een bebost heuvellandschap bij de vroegere grens met de DDR, op korte afstand (maar niet te dichtbij) van de E40-*Autobahn*, een plaats waar het zijn voordeel doet met het sterk toegenomen verkeer tussen oost en west. Hoewel het zeker geen nieuw pand is, draagt het duidelijk het stempel van de binnenhuisarchitect: strakke lijnen, natuurlijke materialen en streekornamenten die tot een stijlvolle combinatie zijn verenigd, als in de toonkamer van een chique woninginrichting. Het vele glas zorgt ervoor dat het omringende landschap als het ware 'binnenshuis' wordt gehaald.

De exquise keuken is voortreffelijk en wordt bekwaam geleid.

In de buurt wandelen; Eisenach (15 km) – geboorteplaats van J.S. Bach, kasteel Wartburg.

3443 Herleshausen 7 Holzhausen
Tel (05654) 680
Fax 71303
Locatie in landschap, 2 km ten noorden van de A4 (afslag Wommen), 15 km ten noordwesten van Eisenach; op eigen terrein ruime parkeergelegenheid
Eten en drinken ontbijt, lunch, diner, snacks
Prijzen DM 160-320; ontbijt DM 20, maaltijden DM 55-120 **Kamers** 17 2-p (12 met bad, 5 met douche), 9 1-p met douche. Alle kamers met centrale verwarming, radio, TV, telefoon en haardroger **Faciliteiten** zitkamer, foyer, 2 eetzalen, bar, vergaderzaal, overdekt zwembad, sauna, tennis, manege **Creditcards** niet geaccepteerd **Kinderen** gedoogd **Huisd.** alleen in sl. kamer **Gesl.** nooit **Manager** G. Haderecker

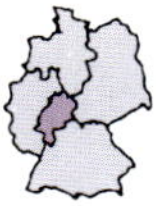

Hessen

Verbouwd kasteel, Hofgeismar

Dornröschenschloß Sababurg

Sinds eind van vorige eeuw is deze romantische 14e-eeuwse burcht bekend als 'Kasteel van de Schone Slaapster'; het leverde dan misschien niet de inspiratie voor het sprookje van de gebroeders Grimm, maar de Sababurg vormt thans het hart van een 'sprookjesindustrie'. U bereikt de Sababurg via de Märchen-Straße, hebt kans dat u wordt verwelkomd door de Schone Slaapster in eigen persoon en kunt in de giftshop souvenirs kopen. Maar een 'themapark' is de Sababurg allerminst. In een deel van de oude burcht heeft de familie Koseck een zeer beschaafd en smaakvol hotel ingericht, dat met zorg wordt geleid. En als de dagjesmensen het park hebben verlaten, logeert u in een zeer vredige, besloten omgeving. Hier vindt u niets van middeleeuwse somberheid: de al sinds de 16e eeuw naar dieren genoemde kamers zijn stijlvol ingericht en fraai gestoffeerd, en vooral de paar kamers in de toren zijn bij uitstek romantisch. Aan sommige tafels in de eetzaal en vanuit de kamers hebt u een schitterend uitzicht op het park. De keuken is goed en overvloedig, en in het seizoen ligt de nadruk op wildschotels.

In de buurt wandelpaden; Münden (10 km) – 14e-eeuwse brug.

3520 Hofgeismar, Hofgeismar-Sababurg
Tel (05671) 8080
Fax 808200
Locatie in de bossen, 10 km ten noorden van Münden en ten oosten van Hofgeismar; met park, grote tuin en parkeergelegenheid
Eten en drinken ontbijt, lunch, diner, snacks
Prijzen K&O DM 90-255; maaltijden vanaf DM 62
Kamers 17 2-p en 1 1-p met bad. Alle kamers met centrale verwarming, radio, telefoon, en haardroger
Faciliteiten eetzaal, salon, terras, rijpaarden, dierentuin
Credit cards AE, DC, MC, V
Kinderen zeer welkom
Gehandicapten onaangepast
Huisdieren welkom
Gesloten half jan.-half feb.
Talen Engels, Frans
Eigenaar familie Koseck

Hessen

Verbouwd kasteel, Kelkheim

Schloßhotel Rettershof

Deze vierkante steenkolos is het prototype van de aristocratische residentie in Engeland en zou in de Schotse Hooglanden evenmin misstaan als hier in het Taunusgebergte. Het gebouw ligt op een oud buitengoed dat oorspronkelijk toebehoorde aan een 12e-eeuws klooster.

Gezien deze achtergrond zou het niet verrassend zijn als de Rettershof een allesbehalve intieme en persoonlijke ambiance had, maar het tegendeel is waar. Ook is er van zwaarwichtigheid weinig te bespeuren: de zitkamers zijn knus ingericht en de eetzalen zijn voornaam en rustig – met een stoffering in roze tinten die goed met de warmgetinte lambrizering harmoniëren. De keuken brengt uitstekende gerechten op tafel. Sommige kamers zijn in het hoofdgebouw ondergebracht; andere maken deel uit van een onopvallende moderne uitbreiding en zijn nogal alledaags ingericht – maar alle kamers zijn ruim en gerieflijk.

In de bomenrijke tuin liggen diverse andere bijgebouwen, zoals een manege, en café-restaurant Zum frölichen Landmann ('Vrolijke landjonker').

In de buurt klooster, stadhuis; Kronberg (5 km) – kasteelruïne, middeleeuws stadje; Bad Soden (5 km) – kuuroord.

6233 Kelkheim
Tel (06174) 2909
Fax 25352
Locatie in bebost landschap aan B455, 5 km ten noordoosten van Kelkheim, 19 km ten noordwesten van Frankfurt; in park met ruime parkeerplaats
Eten en drinken ontbijt, lunch, diner, snacks
Prijzen K&O DM 126-220; maaltijden DM 35-90
Kamers 34 2-p (3 met bad, 31 met douche) en 1 1-p met douche. Alle kamers met telefoon, centrale verwarming, minibar, radio en TV en minibar **Faciliteiten** 3 eetzalen, zitgelegenheid, terras, manege, tennisbaan, bowlingbaan, sauna en whirlpool **Credit cards** AE, DC, MC, V **Kinderen** welkom **Gehandicapten** 1 kamer op begane grond, 1 rolstoel **Huisd.** ja **Gesl.** nooit **Eig.** Hans Baumann

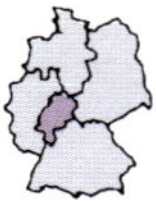

Hessen

Verbouwd kasteel, Kronberg

Schloßhotel Kronberg

Er zijn oudere Schloßhotels in Duitsland te vinden, maar weinige zijn indrukwekkender dan Kronberg, een imposante residentie van steenblokken en leien daken met spitse torens en trapgevels. Het werd aan het eind van de 19e eeuw gebouwd door de oudste dochter van koningin Victoria van Engeland: prinses Victoria.

Zo'n vorstelijke residentie is vaak een somber, indrukwekkend bouwwerk, maar Kronberg is een gunstige uitzondering. Ondanks de hoge plafonds, schilderijen in vergulde lijsten, zware kroonluchters en het glanzende oude meubilair is de ambience die van een gerieflijk en zelfs gezellig bewoonbaar huis. Dit komt deels doordat het meubilair eerder om het gerief dan vanwege het uiterlijk is gekozen, en deels ook omdat de decoratie – afgezien van de grandioze stijlkamers – licht en stijlvol is.

Het slot ligt in een fraai park, omgeven door indrukwekkende, vaak uitheemse bomen; u vindt er een rozentuin en een golfbaan.

Uiteraard is dit geen goedkoop hotel, maar het is – gelet op wat u ervoor krijgt – niet onredelijk duur. De keuken is al even voornaam en indrukwekkend als al het antiek.

In de buurt wandelroutes, middeleeuws stad; Grosser Feldberg (10 km) – panorama; Königstein (10 km) – 16e-eeuws fort.

6242 Kronberg
Hainstraße 25
Tel (06173) 70101
Fax 701267
Locatie in noordwestrand van oud stadje, 17 km ten noorden van Frankfort; in omliggende park ruime parkeergelegenheid
Eten en drinken ontbijt, lunch, diner, snacks
Prijzen DM 250-1550; ontbijt DM 24, maaltijden DM 60-135 **Kamers** 26 2-p, 24 1-p, 7 suites, alle met bad. Alle kamers met telefoon, centrale verwarming, minibar, radio en TV en minibar
Faciliteiten eetzalen, bar, zitgelegenheid met open haard, bibliotheek, salon, vergaderzaal, Italiaanse siertuin, golfbaan **Credit cards** AE, DC, MC, V **Kinderen** welkom
Gehandicapten onaangepast
Huisd. in slaapk. **Gesl.** nooit **Manager** Hartmut Althoff

Hessen

Verbouwd kasteel, Spangenberg

Schloß Spangenberg

Iemand die de brochure van dit 'burchthotel' op een heuveltop leest, komt misschien onder de indruk van het indrukwekkende antiek dat op de foto's is te zien, maar kan gemakkelijk tot de conclusie komen dat de eetzalen ontzettend saai zijn. Gelukkig kunnen we u verzekeren dat de werkelijkheid aanlokkelijker is: de maaltijden worden tegenwoordig opgediend op fraai gedekte tafels in een zaal met hoog plafond.

Er kan niet worden ontkend dat vooral de ligging van Spangenberg, met een fraai uitzicht en landelijke rust – zoals geldt voor veel Duitse kasteelhotels – aantrekkelijk is. Van dat uitzicht geniet u vooral op het kleine buitenterras, waar u 's middags en 's avonds van de zon profiteert, maar ook in enkele kamers. Die zijn gevarieerd, karakteristiek en ruim. Het appartement in het poortgebouw is aanlokkelijk voor gezinnen (kamer met hemelbed en kamer met entresol).

De spijskaart is beknopt, maar omvat niettemin een gedeelte met 'rustiek-hartige maaltijden' en een deel met verfijndere (en dus duurdere) eigentijdse gerechten.

In de buurt Klosterstraße; Melsungen (10 km) – stadhuis, vakwerkhuizen.

3509 Spangenberg
Tel (05663) 866
Fax 7567
Locatie op heuveltop boven dorp, 36 km ten zuidoosten van Kassel, met terras en parkeerterrein
Eten en drinken ontbijt, lunch, diner
Prijzen K&O DM 90-250; maaltijden vanaf DM 35-48
Kamers 24 2-p (4 met bad, 20 met douche); 2 1-p met douche en 1 gezinskamer met douche. Alle kamers met centrale verwarming, radio, telefoon, en haardroger; de meeste met TV
Faciliteiten eetzaal, zithoeken, bierkelder, terras, binnenplaats
Credit cards DC, MC, V
Kinderen welkom
Gehandicapten onaangepast
Huisdieren niet
Gesloten jan.; zondagavond
Talen Engels, Frans
Eigenaar Wilfried Wichmann

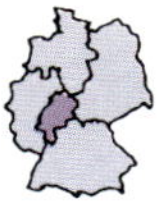

Verbouwde burcht, Trendelburg

Burg Trendelburg

De eigenaars van dit kasteelhotel op een heuveltop benutten iedere mogelijkheid om het middeleeuwse karakter van hun etablissement te benadrukken: zelfs de menu's zijn in bijna onleesbaar gotisch schrift gedrukt, en ze zijn met primitieve houtsneden verlucht. Zodra u de smalle ophaalburg over bent en onder de lage gewelfde poort de Trendelburg binnenrijdt, begrijpt u waarom. Hier heeft de tijd in vele opzichten eeuwen stilgestaan.

De indrukwekkende entree van het hotel zelf wekt nóg hogere verwachtingen, met zijn plavuizenvloer en hoge balkenzoldering. Een imposante houten trap leidt naar een krakende houten overloop, maar helaas zijn de kamers zelf een lichte teleurstelling, gelet op de op goed geluk bijeengeraapte inrichtingen. Tot op heden doet u er verstandig aan eerst even een kijkje in de aangeboden kamer te nemen alvorens toe te happen.

Hoewel – waarom zou u eigenlijk? Alleen al vanwege het decor, het uitzicht (ook vanuit enkele kamers), de eenvoudige eetzaal met plavuizenvloer en het schaduwrijke terras! Het personeel komt uit deze omgeving en de keuken is boven de middelmaat.

In de buurt Reinhard Wald; Borgentreich (10 km) – Orgelmuseum; Kassel (35 km)

3526 Trendelburg 1
Tel (05675) 1021
Fax 9362
Locatie op heuveltop aan de rand van oud dorp, 35 km ten noorden van Kassel; met terras en openbaar parkeerterrein in naaste omgeving
Eten en drinken ontbijt, lunch, diner, snacks
Prijzen K&O DM 90-200 (kinderen tot 6 jr. gratis); maaltijden DM 25-60
Kamers 21 2-p (11 met bad, 10 met douche) en 4 1-p met douche. Alle kamers met centrale verwarming, radio en telefoon
Faciliteiten eetzaal, bar, bibliotheek, vergaderzaal
Credit cards AE, DC, MC, V
Kinderen welkom
Gehandicapten onaangepast
Huisdieren gedoogd
Gesloten nooit
Talen Engels **Eigenaar** baron von Stockhausen

Hessen

Hotel aan de rivier, Assmannshausen

Hotel Anker

Het Anker met zijn geel gesausde muren is schitterend gelegen aan een bocht in de Rijn. De rust binnen contrasteert met de drukte op de rivier, die u het beste vanaf het terras kunt gadeslaan.
■ 6220 Assmannshausen, Rheinuferstraße 5 + 7 **Tel** (06722) 2912 **Fax** 48130 **Eten en drinken** ontbijt, lunch, diner, snacks **Prijzen** DM 75-178 met ontbijt **Maaltijden** vanaf DM 25 **Kamers** 50, alle met bad of douche, centrale verwarming, telefoon, haardroger; sommige kamers met radio **Creditcards** AE, DC, MC, V **Gesloten** nov.-mrt **Talen** Engels en Frans

Hotel in de stad, Bad Hersfeld

Zum Stern

Het voor de hand liggende logeer/dineeradres in dit kuuroord: een aardig, met bloemen opgesmukt oud hotel aan het marktplein. Knusse eetzalen en goede keuken. De kamers hebben ieder een eigen (thema)naam. Met zwembad.
■ 6430 Bad Hersfeld, Lingplatz 11 **Tel** (06621) 1890 **Fax** 189260 **Eten en drinken** ontbijt, lunch, diner **Prijzen** DM 79-220 **Kamers** 40, alle met bad, centrale verwarming, telefoon, radio, TV, minibar en haardroger **Creditcards** AE, DC, MC, V **Gesloten** alleen restaurant op vrij. (lunch) en begin jan.

Stadsvilla, Bad Karlshafen

Haus Schöneck

Koele, eenvoudige, witgeschilderde kamers passen bij de sobere stijl van deze villa uit het eind van de vorige eeuw. Oude bomen beschutten de om het huis gelegen terrassen. Golvende tuinen met uitzichttorentjes en grotten.
■ 3522 Bad Karlshafen, C D Stunz Weg 10 **Tel** (05672) 2066 **Fax** 2950 **Eten en drinken** ontbijt, lunch, diner **Prijzen** K&O DM 77-136; diner DM 26-33 **Kamers** 24, alle met bad of douche, CV, tel., TV, minibar **Creditcards** AE, DC, MC, V **Gesloten** nooit **Talen** Engels

Landelijk hotelletje, Biebertal-Königsberg

Berghof Reehmühle

Een aardig, deels met klimop begroeid hotelletje met muurschilderingen. De eetkamer biedt u een fraai uitzicht op de bloementuin en het omringende landschap. Rustieke kamers met schuine daken.
■ 6301 Biebertal-Königsberg Bergstraße 47 **Tel** (06446) 360 **Eten en drinken** ontbijt, lunch, diner **Prijzen** DM 60-110 met ontbijt; maaltijden DM 20-50 **Kamers** 8, alle met centrale verwarming, TV en telefoon **Creditcards** niet geaccepteerd **Gesloten** 7-26 oktober; di. **Talen** Engels

Hessen

Landelijk pension, Emstal-Sand

Grischäfer

Eigenlijk is dit een pension annex slachterij, gehuisvest in een complex van oude, rustieke gebouwen. Zowel van binnen als van buiten balken, met bijpassend degelijk meubilair.
■ 3501 Emstal-Sand Kasseler Straße 27 **Tel** (05624) 354 **Eten en drinken** ontbijt, diner **Prijzen** DM 65-95 met ontbijt **Kamers** 17, alle met douche. Alle kamers met centrale verwarming, radio en telefoon **Creditcards** AE, DC, MC, V **Gesloten** op ma. **Talen** Engels

Hotel in landhuis, Fischbachtal-Lichtenberg

Landhaus Baur

Een landelijk restaurant dat tot hotel is uitgegroeid, hoewel de keuken de voornaamste attractie is gebleven. In het hoofdgebouw traditionele kamers; in de nieuwe vleugel eigentijdse inrichting.
■ 6101 Fischbachtal-Lichtenberg, Lippmannweg 15 **Tel** (06166) 8313 **Eten en drinken** ontbijt, lunch, diner **Prijzen** DM 70-140 met ontbijt **Kamers** 10, alle met centrale verwarming **Creditcards** niet geaccepteerd **Gesloten** 2 weken in jan. en nov.; op ma.

Hotel in de stad, Frankfurt am Main

Hotel Palmenhof

Een oase van comfort en rust in een jachtige stad. De kamers zijn weelderig ingericht. Het restaurant, Die Bastei ('Het Bastion'), noodt u tot lunchen of dineren.
■ 6000 Frankfurt am Main 1, Bockenheimer Landstraße 89-91 **Tel** (069) 7530060 **Fax** 75300666 **Eten en drinken** ontbijt, lunch, diner **Prijzen** DM 150-350 met ontbijt, maaltijden vanaf DM 39 **Kamers** 46, alle met bad of douche, centrale verwarming, telefoon en TV; sommige kamers met haardroger en minibar **Creditcards** AE, DC, MC, V **Gesloten** half dec.-jan. **Talen** Engels, Frans

Hotel in de stad, Fulda

Goldener Karpfen

De 'Gouden Karper' is een verzorgd en uitnodigend traditioneel stadshotel. De keuken brengt veel variatie in eenvoudige, maar smakelijke gerechten.
■ 6400 Fulda, Simplizius-Platz 1 **Tel** (0661) 70044 **Fax** 73042 **Eten en drinken** ontbijt, lunch, diner **Prijzen** DM 170-350 met ontbijt; maaltijden DM 30-80 **Kamers** 62, alle met bad of douche. Alle kamers met centrale verwarming, TV, telefoon, minibar, haardroger en radio **Creditcards** AE, DC, MC, V **Gesloten** 24 en 31 dec. **Talen** Engels, Frans, Italiaans, Spaans

Hessen

Villahotel in buitenwijk, Hanau

Hotel Birkenhof

Een fraaie naoorlogse villa met siertuinen in een buitenwijk van Hanau, met een gerieflijk interieur, goed geleid door de alomtegenwoordige Frau Richter, die eigengemaakte jam op tafel brengt.
■ 6450 Hanau 7-Steinheim, Von Eiff-Straße 37-40 **Tel** (06181) 6462, **Fax** 648839 **Eten en drinken** ontbijt, diner, snacks **Prijzen** DM 105-180 met ontbijt **Kamers** 23, alle met bad, centrale verwarming, telefoon, radio, TV, minibar **Creditcards** AE, MC, V **Gesloten** Kerst en Pasen

Landelijk hotel, Königstein im Taunus

Sonnenhof

Voormalige Rothschild-residentie in de stijl van een gotisch jachtslot, omgeven door groot park, slechts 20 minuten rijden van Frankfurt. Zeer rustig en gerieflijk, maar met vrij somber interieur.
■ 6240 Königstein im Taunus Falkensteinerstraße 9 **Tel** (06174) 29080 **Fax** 290875 **Eten en drinken** ontbijt, lunch, diner, snacks **Prijzen** DM 110-255 met ontbijt **Kamers** 42, alle met bad of douche, centrale verwarming, telefoon, radio en TV **Creditcards** AE, DC, MC, V **Gesloten** nooit

Landelijk hotel, Lich-Kloster Arnsburg

Alte Klostermühle

We zouden dit een verbouwd klooster of verbouwde molen of brouwerij kunnen noemen, want in feite is het dat alle drie – dit gebouwencomplex te midden van loofbossen.
■ 6302 Lich **Tel** (06404) 2020 **Fax** 4867 **Eten en drinken** ontbijt, lunch, diner, snacks **Prijzen** DM 65-200 met ontbijt; maaltijden DM 36-89 **Kamers** 25, alle met douche. Alle kamers met centrale verwarming, TV, telefoon en radio; sommige met minibar **Creditcards** AE, DC, MC, V **Gesloten** ma., di. (lunch) **Talen** alleen Duits

Hotel in de stad, Limburg an der Lahn

Hotel Zimmermann

Dit alledaags ogende hotel is elegant ingericht met glanzend antiek en een fraaie stoffering.
■ 6250 Limburg an der Lahn, Blumenröder Straße 1 **Tel** (064321) 4611 **Fax** 41314 **Eten en drinken** ontbijt, diner **Prijzen** DM 125-268 met ontbijt; maaltijden vanaf DM 40 **Kamers** 30, alle met bad of douche. Alle kamers met centrale verwarming, TV, telefoon, minibar en haardroger; sommige met radio **Creditcards** AE, DC, MC, V **Gesloten** 20 dec.-6 jan. **Talen** Engels, Frans

Hessen

Villa in de stad, Nidda-Bad Salzhausen

Hotel Jäger

Een in weelderige stijl gerenoveerd herstellingsoord met overdadig veel glas en verguldsel. De elegant-moderne kamers hebben stemmige, harmonieuze kleuren. Luxe badkamers.
■ 6478 Nidda, Kurstraße 9-13 **Tel** (06043) 4020 **Fax** 402100 **Eten en drinken** ontbijt, lunch, diner **Prijzen** DM 150-280 met ontbijt; maaltijden DM 70 **Kamers** 29, alle met bad of douche. Alle kamers met centrale verwarming, TV, telefoon en minibar **Creditcards** AE, DC, MC, V **Gesloten** nooit **Talen** Engels, Frans

Verbouwd jachtslot, Rüdesheim am Rhein

Jagdschloß Niederwald

Een grandieus jachtslot in château-stijl, waarin thans een chique internationaal hotel is gevestigd. Groot overdekt zwembad en twee overdekte tennisbanen.
■ 6220 Rüdesheim am Rhein **Tel** (06722) 1004 **Fax** 47970 **Eten en drinken** ontbijt, lunch, diner **Prijzen** DM 195-240; lunch DM 43-52, diner DM 85 **Kamers** 52, alle met bad of douche, centrale verwarming, telefoon, haardroger, radio en TV **Creditcards** AE, DC, MC, V **Gesloten** jan.-half feb. **Talen** Engels, Frans

Hotel in de stad, Rüdesheim am Rhein

Rüdesheimer Hof

Een centraal gelegen, ouderwets ingericht hotel met uitzicht op de omringende wijnbergen. De familie Heymach organiseert wijnproefavonden in haar kleurrijke, rustieke restaurant.
■ 6620 Rüdesheim Geisenheimerstraße 1 **Tel** (06722) 2011 **Fax** 48194 **Eten en drinken** ontbijt, lunch, diner, snacks **Prijzen** DM 75-150 met ontbijt, lunch DM 10-24 **Kamers** 42, alle met bad of douche, centrale verwarming en radio **Creditcards** AE, DC, MC, V **Gesloten** half nov.-half feb. **Talen** Engels, Frans en Italiaans

Verbouwd kasteel, Waldeck am Edersee

Schloß Waldeck

Dit indrukwekkende kasteel ligt duizelingwekkend hoog boven de Edersee. Alle sporen van 'kasteelkits' zijn uitgewist en de grote eetzalen en schone kamers modern en smaakvol ingericht.
■ 3544 Waldeck am Edersee **Tel** (05623) 5890 **Fax** 589289 **Eten en drinken** ontbijt, lunch, diner **Prijzen** DM 145-260 met ontbijt, maaltijden DM 30-90 **Kamers** 43, alle met bad of douche, c.v., telefoon, radio, TV en minibar; de meeste kamers met haardroger **Creditcards** DC, MC, V **Gesl.** jan.-half febr. **Talen** Engels, Frans, Spaans, Portugees en Italiaans

Hessen

Hotel in de stad, Wetzlar

Bürgerhof

In dit 18e-eeuwse herenhuis herinnert nog veel aan de aristocratische bewoners van vroeger. Er zijn plannen om het hotel met nieuwe kamers uit te breiden.

■ 6330 Wetzlar, Konrad-Adenauer-Promenade 20 **Tel** (06441) 44068 **Fax** 47177 **Eten en drinken** ontbijt, lunch, diner **Prijzen** DM 105-155 met ontbijt, maaltijden DM 20-70 **Kamers** 47, alle met bad, centrale verwarming, telefoon, haardroger en TV **Creditcards** AE, DC, MC, V **Gesloten** nooit **Talen** Engels en Frans

Landelijk hotelletje, Willingen

Strychhaus

Dit was vroeger het buitenhuis van de schilder Heinrich Vogeler en valt eigenlijk buiten onze normale orde van grootte, maar de ligging (bossen) en de élégance rechtvaardigen een uitzondering.

■ 3542 Willingen, Mühlenkopfstraße 12 **Tel** (05632) 6033 **Fax** 69961 **Eten en drinken** ontbijt, lunch, diner, snacks **Prijzen** DM 94-126 met ontbijt (kinderen tot 12 jr. gratis op kamer ouders), maaltijden DM 20-90 **Kamers** 62, alle met bad, centrale verwarming, telefoon, TV en radio; de meeste met haardroger en minibar **Creditcards** AE, DC, MC, V **Gesloten** nooit **Talen** Engels, Frans

Oost-Duitsland

Streekintroductie

Hotels in Oost-Duitsland

De verbazingwekkende wijzigingen in de politieke landkaart van Europa die zich de afgelopen twee, drie jaar hebben voltrokken, ontsloten opwindende nieuwe mogelijkeheden voor vakantiegangers, en uiteraard ook voor de uitgevers van reisgidsen.

Nu al neemt het toeristische verkeer naar de voormalige DDR (wij noemen het Oost-Duitsland) hand over hand toe. We mogen veronderstellen dat er al enkele hotels zijn die meer te bieden hebben dan de grote, oppervlakkig glamoureuze internationale hotels die vroeger door de staat werden geëxploiteerd. Ook mogen we aannemen dat hun aantal en kwaliteit zullen toenemen naarmate de welstand van het westen zich uitbreidt naar dit gebied. Reizigers zullen grote behoefte hebben aan een goede gids, die hun de weg wijst naar dergelijke hotels; maar als wij u deze service hadden willen bieden, zouden wij onverantwoorde uitgaven aan onderzoek ter plaatse hebben moeten doen.

Om die reden zullen we de weg der geleidelijkheid bewandelen. Voorlopig omvat dit bijzonder korte hoofdstuk weinig meer dan Berlijn, maar een van de drie beknopte beschrijvingen die op een uitvoerige hotelbeschrijving volgen, heeft betrekking op een landelijk hotel – het eerste in Oost-Duitsland dat zich heeft aangesloten bij het Gast-im-Schloß-consortium.

Berlijn, zo lang een oase van welstand en stijl in de Oostduitse woestijn, is voornamelijk een stad van chique en grote, moderne hotels. Naast de drie kleinere hotels die wij op de volgende bladzijden beschrijven, kunnen we u nog enkele andere mogelijkheden met een wat persoonlijker aanpak aanbevelen: het zeer verzorgde Hotel Seehof, gelegen op een rustige locatie aan een meer in de buitenwijk Charlottenburg, niet ver van het centrum van Berlijn (tel. [030] 320020; 77 kamers); het Belvédère, een kleine villa in de woonwijk Grünewald (tel. [030] 8261077; 19 kamers); en het smaakvol ingerichte, redelijk geprijsde pension Wittelsbach in Wilmersdorf (tel. [030] 876345; 37 kamers).

Op enige afstand van Berlijn kunnen we u een aantal interessante mogelijkheden aan de hand doen, waarover we graag wat meer zouden willen weten: in Eisenach de Wartburg – gevestigd in een deel van een oud kasteel met uitzicht op het mooie Thüringer Wald (tel. [0037623] 5111; 27 kamers); in Friedrichroda bij Gotha het Schloßhotel Reinhardsbrunn – een 19e-eeuws 'jachtslot', met veel vergane glorie (tel. [00376227] 4253; 39 kamers; in Potsdam het Schloß Cecilienhof – een vredig gelegen, vriendelijk ogend landhuis (tel. [003733] 23141; 41 kamers; en in Weimar twee gerieflijke hotels in de stad met enig karakter – het Russischer Hof (tel. [0037621] 62331; 85 kamers) en het Elephant (tel. [0037621] 61471).

In dit hoofdstuk wijken we af van de gebruikelijke opzet van deze hotelgids door heel Duitsland-Oost in één enkel hoofdstukje te behandelen. Zoals we hierboven uiteen hebben gezet, is ons momenteel uiteraard nog weinig bekend over hotels in de voormalige DDR. Op deze introductie laten we een uitvoerige beschrijving van één hotel in Berlijn-Oost volgen, en daarna drie beknopte beschrijvingen van drie hotels, waarvan er twee eveneens in Berlijn-Oost zijn gelegen. Het derde ligt in Thüringen op de grens tussen Hessen en Beieren.

Berlijn

Villa in de stad, Berlijn

Landhaus Schlachtensee

Nauwelijks te geloven dat deze in maagdelijke staat verkerende fin de siècle-villa in de stad is gelegen, omgeven door bossen en meren (de Schlachtensee incluis), buiten de drukte van het stadscentrum, maar slechts een korte metrorit er vandaan.

De over drie verdiepingen verdeelde kamers zijn tamelijk anoniem, maar wel stijlvol en comfortabel – groot, licht en luchtig. Het interieur is in rustige grijze tinten gehouden, het meubilair is modern en voornaam en de verlichting is àf. Ook de volledig ingerichte badkamers zijn modern. Drie kamers hebben een balkon, en zes kamers liggen op de begane grond. Ze zijn geen van alle gehorig.

Het belichte werk van plaatselijke kunstenaars hangt aan de witte muren van de ontbijtzaal, die tevens als receptie fungeert en uitkomt op het terras met uitzicht op de tuin. Bij mooi weer wordt op het terras ontbeten. Landhaus Schlachtensee is populair en u dient – zoals voor alle goede hotels in Berlijn – ten minste een maand van te voren te reserveren.

In de buurt Kurfürstendamm en Checkpoint Charlie; boottochtjes over de Wannsee, Dahlem Museum, Palast Charlottenburg, uitstapjes naar steden in het vroegere Oost-Duitsland.

1000 Berlin, Bogotastraße 9
Tel (030) 8160060
Fax 81600664
Locatie in de rustige voorstad Zehlendorf, 10 km van de Kurfürstendamm, met tuin en beperkte parkeergelegenheid
Eten en drinken ontbijt, en op verzoek snacks
Prijzen K&O DM 145-245 maaltijden vanaf DM 20
Kamers 16 2-p (3 met bad; 13 met douche), 2 1-p en 1 gezinskamer met douche. Alle kamers met centrale verwarming, kabel-TV, radio, telefoon, minibar en haardroger **Faciliteiten** ontbijtzaal met terras, fietsen **Credit cards** AE, V **Kinderen** welkom **Gehandicapten** onaangepast **Huisdieren** niet **Gesloten** nooit **Talen** Engels, Frans, Italiaans, Spaans **Eig.** Christine Bietzer

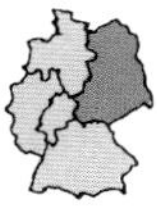

Oost-Duitsland

Hotel in landhuis, Berlijn

Forsthaus Paulsborn

Een grillig gebouwd jachthuis in een prachtig bospark bij de Grünewaldsee. Stemmige kleuren en vele jachttrofeeën.

■ 1000 Berlin 33, Am Grünewaldsee **Tel** (030) 8138010 **Fax** 8141156 **Eten en drinken** ontbijt, lunch, diner **Prijzen** DM 100-190 met ontbijt; maaltijden DM 15-50 **Kamers** 10, alle met bad of douche. Alle kamers met centrale verwarming, TV, telefoon, minibar en haardroger **Creditcards** AE, DC, MC, V **Gesloten** alleen restaurant: op ma. **Talen** Engels, Frans, Italiaans

Hotel in de stad, Berlijn

Hecker's Hotel

Een stijlvol, luxueus en modern hotel op een minuutje lopen van de vermaarde Kurfürstendamm. Het restaurant, Hecker's Deele, serveert tot laat op de avond heerlijke streekgerechten.

■ 1000 Berlin 12, Grolmanstraße 35 **Tel** (030) 88900 **Fax** 8890260 **Eten en drinken** ontbijt, lunch, diner **Prijzen** DM 260-310, ontbijt DM 15 **Kamers** 52, alle met bad of douche, centrale verwarming, telefoon, haardroger, radio, TV en minibar **Creditcards** AE, DC, MC, V **Gesloten** nooit **Talen** Engels, Frans, Spaans, Italiaans

Verbouwd slot, Leutenberg

Schloß Friedensburg

Massieve burcht uit 14e-16e eeuw op bergtop in beboste omgeving – de eerste aanwinst van de Gast im Schloß-keten uit Oost-Duitsland. Sterk uiteenlopende stijlen van inrichting, met als gemeenschappelijke kenmerken ingetogenheid en ruimte.

■ O-6804 Leutenberg **Tel** (079294) 263 **Fax** 362 **Maaltijden** ontbijt, lunch, diner **Prijzen** kamers DM 48-280 **Kamers** 29, alle met centrale verwarming en radio **Creditcards** MC, V **Gesloten** nooit

Baden-Württemberg

Streekintroductie

Hotels in Baden-Württemberg

Het Schwarzwald – een landstreek van koekoeksklokken, met riet gedekte boerderijen en dichte naaldwouden, heeft een lengte van circa 170 kilometer. Skiën en trektochten te voet zijn hier de voornaamste recreatiemogelijkheden en er is geen gebrek aan eenvoudige logiesaccommodatie. Enkele alternatieven: het wat ouderwetse hotel Linde in Münstertal, even ten zuiden van Freiburg. Tel. [07636] 447, fax 1632; 16 kamers), en Zum Raben, een vakwerkpand in Gaslach bij Kinzigtal (tel. [07832] 2270; 10 kamers). Minder rustiek is het Kloster Hirsau in Calw, halverwege Baden-Baden en Stuttgart. Dit hotel heeft een voortreffelijke keuken (tel. [07051] – 5621, fax 51795; 42 kamers).

In het zanderige noorden van de deelstaat Baden-Württemberg, dicht bij de Rijn, ligt Karlsruhe, een industrieel en bestuurlijk centrum waar ook het Duitse hooggerechtshof is gevestigd. Karlsruhe is een belangrijke schakel in het Duitse wegen- en spoorwegennet. Het Schloßhotel hier is aan de hand van hoge maatstaven gerenoveerd (tel. [0721] 3540, fax 354413; 97 kamers).

Stuttgart in het westen is de geboorteplaats van Gottfried Daimler en Carl Benz; op het lijstje van bezienswaardigheden van iedere liefhebber van antieke auto's staat een bezoek aan het automobielmuseum van de stad hoog genoteerd. Hier een klein en toch gerenommeerd hotel vinden, is nagenoeg onmogelijk, maar het Wörtz zur Weinsteige is rustig gelegen, heeft een verrukkelijk terras en wordt geleid door de eigenaar en zijn familie (tel. [0711] 245396, fax 6407279; 23 kamers), terwijl in het nabijgelegen Plieningen het Traube bekend is om haar goede eten (tel. 454833, fax 4569567, 22 kamers); een goed alternatief is de landelijke Gaststätte zum Muckenstüble (tel. [0711] 865122; 25 kamers).

Het oosten van Baden-Württemberg is minder gevarieerd, vlakker en minder goed bedeeld met hotels dan het westen. Zo kunnen wij bijvoorbeeld voor de stad Ulm, die een beroemde oude kathedraal heeft en vanwege haar ligging aan de Donau een belangrijk handelscentrum is, slechts één hotelletje aanbevelen: het Ulmer Spatz (tel.[0731] 68081; 36 kamers – rustig en toch centraal, redelijk geprijsd en met een aardig terras. Als u echter het Bodenmeer hebt bereikt, wordt het ook gemakkelijker een geschikte logeergelegenheid te vinden, bijvoorbeeld op het eiland Reichenau Hotel Seeschau, waar u een prachtig uitzicht hebt over het meer (tel. [07534] 257, fax 7894; 15 kamers).

De oude universiteitsstad Heidelberg is een grote trekpleister, zodat het er 's zomers altijd wemelt van toeristen; even verderop in het Neckardal vindt u in het rustige Schönau het aardige hotelletje Pfalzer Hof (tel. [06228] 8288; 13 kamers); en ten noorden van Heidelberg vindt u in Hemsbach de Watzenhof (tel. [06201] 7767. fax 73777; 13 kamers), fraai gelegen in een bebost dal.

Deze bladzijde dient ter introductie van de hotels van de deelstaat Baden-Württemberg en geeft u aanbevelingen voor goede hotels die hier niet uitvoerig worden besproken. De uitgebreidere beschrijvingen van de hotels beginnen op de volgende bladzijde. Negeert u echter niet de beknopte beschrijvingen die op blz. 138 beginnen: het zijn stuk voor stuk kleine hotels waar wij graag zelf willen logeren.

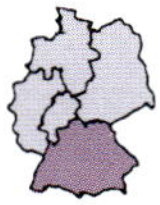

Baden-Württemberg

Landelijk hotelletje, Bad Herrenalb

Mönchs Posthotel

Deze hoteliers weten precies wat zij te bieden hebben: een stijlvolle mengeling van traditie, moderne luxe, en vriendelijke, informele service – voor wie het kan betalen een onweerstaanbare combinatie.

De Klosterschränke is nu het bijzonder aardige hoofdrestaurant van het Posthotel, met zijn *Kachelofen*, bloemen, keurig gedekte tafels en eenvoudige meubilair, dit alles in een decor van gladde witte muren en een lage balkenzoldering. Deze combinatie van eenvoud en elegance is terug te vinden in wat de keuken op tafel brengt – de Michelin-gids vond het een ster waard. Het Posthotel zelf werd omstreeks de eeuwwisseling bijgebouwd in de vakwerkstijl van het oudere gebouw, maar met wat gotische ornamenten. Het hotel heeft een eigen smaakvolle eetzaal en een gezellige *Weinzimmer*. Weer een andere eetgelegenheid is de Locanda – licht tafelen in de grote, fraaie tuin.

De kamers hebben minder karakter, maar zijn ruim en comfortabel. Het hotel ligt aan een druk kruispunt, zodat de kamers aan de achterzijde rustiger zijn.

In de buurt golf- en tennisbanen, manege; Hirsau (10 km) – 11e eeuwse ruïne.

7506 Bad Herrenalb, Doblerstraße 2
Tel (07038) 7440
Fax 74422
Locatie in door bossen omgeven dorpje, 30 km ten westen van Pforzheim; op eigen grond ruime parkeergelegenheid
Eten en drinken ontbijt, lunch, diner en snacks
Prijzen K&O DM 105-490; maaltijden DM 30-160
Kamers 20 2-p met bad, 8 1-p met douche. Alle kamers met centrale verwarming, TV; de meeste ook met haardroger, radio en minibar
Faciliteiten restaurant, bar, televisiekamer, schoonheidssalon, vergaderzalen; terras, verwarmd zwembad **Credit cards** AE, DC, MC, V **Kinderen** zeer welkom **Gehandicapten** ongeschikt **Huisdieren** niet **Gesloten** nooit **Talen** Engels, Frans **Eig.** fam. Mönch

Baden-Württemberg

Hotel in de stad, Baden-Baden

Der Kleine Prinz

Sinds dit hotel halverwege de jaren tachtig werd geopend, heeft het zich in veel publiciteit mogen verheugen, niet in het minst in de Verenigde Staten, waar Norbert Rademacher en zijn vrouw meer dan 20 jaar ervaring in grote hotels hebben opgedaan. Ze hadden zich duidelijk voorgesteld hoe hun eigen hotel moest worden: beslist niet groot, maar bij uitstek persoonlijk.

Aan de buitenkant valt Der Kleine Prinz niet zo op, maar zodra u binnenkomt, ziet u de verschillen. Voor mensen die aan de doorsnee-hotelkamer gewend zijn, zal de verbazingwekkende verscheidenheid aan stijlen een verrassing zijn, zelfs in het chique kuuroord Baden-Baden. De Rademachers proberen het beginsel 'voor elck wat wils' in praktijk te brengen. Zo is er de Laura Ashley Suite, de Manhattan Suite (mèt 'skiline' in de vorm van een verlicht hoofdbord), een verrukkelijke Penthouse Suite, met elektrisch schuifdak, enzovoort.

De openbare ruimten zijn weinig minder indrukwekkend: een lichte voorname eetzaal met muurschilderingen en een gerieflijke, zij het wat stijfjes overkomende bar/zitgelegenheid.

In de buurt Lichtentaler Allee, kuuroorden, casino, renbaan, Hochscharzwaldstraße (beginnend bij Titisee).

7570 Baden-Baden, Lichtentaler-Straße 36
Tel (07221) 3464
Fax 38264
Locatie in stadscentrum; vlakbij openbare parkeerplaats
Eten en drinken ontbijt, lunch, diner
Prijzen kamers 185-325 (kinderen tot 16 jr. op kamer ouders gratis); maaltijden DM 60-100
Kamers 24 2-p (17 met bad; 7 met douche); 6 1-p (1 met bad, 5 met douche) en 3 gezinskamers (2 met bad). Alle kamers met centrale verwarming, telefoon, radio en TV, haardroger, minibar; sommige kamers air-conditioned
Faciliteiten eetzaal, bar **Credit cards** AE, DC, MC, V
Kinderen welkom **Gehandicapten** ongeschikt **Huisdieren** alleen op kamer **Gesloten** nooit **Eigenaar** Norbert Rademacher

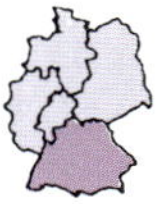

Baden-Württemberg

Hotel in de stad, Baden-Baden

Hotel am Markt

Als u naar dit chique kuuroord in het Zwarte Woud wilt om te kuren, de paardenkoersen te bezoeken of deel te nemen aan het leven van de jetset van Baden-Baden, kunt u uit talloze eersteklas hotels kiezen. Wie echter prijs stelt op wat minder grandeur, zal van dit eenvoudige hotelletje gecharmeerd zijn. Het ligt in het hart van het oude stadscentrum aan een pleintje bij de Stiftskirche, en heeft een terras waar u iets kunt drinken.

De accomodatie en service van de familie Bogner voldoen aan hoge maatstaven en de prijzen zijn zeer redelijk. Zo kunt u in Hotel am Markt voor slechts DM 12 een eenvoudig diner gebruiken (hoewel de keuken gesloten kan zijn als u aan de late kant bent). Het ontbijt kan ermee door en er worden diverse broodsoorten geserveerd. In een hotel als dit moet u op het punt van antiek, moderne snufjes of decoratie niet te veel verwachten: een deel van de inrichting heeft kennelijk al lange tijd dienst gedaan, maar alles is heel gerieflijk en smetteloos schoon. In de zitkamer neemt de televisie een dominerende plaats in, maar u kunt op het terras zitten of uw tijd benutten om in de stad rond te neuzen.

In de buurt kuurbaden, casino, Lichtentaler Allee, rondrit langs de plaatselijke wijngaarden.

7570 Baden-Baden, Marktplatz 17-18
Tel (07221) 22747
Locatie aan marktplein in het oude stadscentrum, tegenover het oude Rathaus; parkeerplaatsen beschikbaar
Eten en drinken ontbijt, diner
Prijzen K&O DM 44-110, maaltijden DM 12-18
Kamers 9 2-p (3 met bad, 5 met douche), 15 1-p (4 met douche). Alle kamers met centrale verwarming, telefoon en op verzoek TV
Faciliteiten eetzaal, terrasje
Credit cards AE, DC, MC, V
Kinderen heel welkom
Gehandicapten ongeschikt
Huisdieren toegelaten
Gesloten nooit
Talen Engels, Frans
Eigenaar familie Bogner

Baden-Württemberg

Hotel in de stad, Badenweiler

Hotel Sonne

Wie door de hoofdstraat van dit kleine kuuroord wandelt, zal vermoedelijk alleen al vanwege het uiterlijk een oogje wagen aan Hotel Sonne, een deels uit vakwerk bestaand en onberispelijk onderhouden hotel met een met veel bloemen opgesmukt terrasje. En als u dan ook nog weet hoe vriendelijk het welkom is dat u daar te wachten staat, zult u nauwelijks aarzelen. Hier wordt nog in de oude stijl een hotel geëxploiteerd, met een gulle lach en een kwinkslag op zijn tijd, zodat de talloze vaste gasten graag terugkomen. Het leeuwedeel van dit gevoel welkom te zijn is te danken aan de eigenaars, de familie Fischer. Bovendien besteden zij aan alle details de grootst mogelijke zorg: overal verse bloemen. Hun huishoudelijke maatstaven laten niets te wensen over.

De inrichting is op zichzelf niet opmerkelijk, maar de openbare ruimten zijn licht en verwelkomend en de kamers zijn gerieflijk zonder overdaad. Sommige hebben zeer fraaie moderne badkamers.

In de buurt Kurpark, skihellingen, wandelroutes door Zwarte Woud, Blauen – uitzicht over Rijndal (5 km), Hochscharzwaldstraße, beginnend bij Titisee.

7847 Badenweiler, Moltkestraße 4
Tel (07632) 75080
Fax 750865
Locatie in hart van klein kuuroord, 46 km van Freiburg; met tuinen en ruime parkeerplaats
Eten en drinken ontbijt, lunch en diner
Prijzen K&O DM 85-200, maaltijden DM 30-65
Kamers 22 2-p (14 met bad, 8 met douche), 19 1-p (5 met bad, 14 met douche). Alle kamers met centrale verwarming, telefoon; de meeste met TV
Faciliteiten eetzaal, zitkamer, bar, tuinterrasje
Credit cards AE, DC, MC, V
Kinderen toegelaten
Gehandicapten ongeschikt
Huisdieren niet
Gesloten half nov.-half feb.
Talen Engels, Frans
Eigenaar familie Fischer

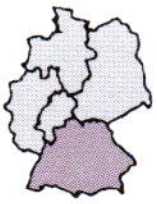

Baden-Württemberg

Hotel in de stad, Durbach

Hotel Ritter

Durbach ligt ten oosten van de Rijn en is een wijnstadje met dorpskarakter, omringd door steile wijnhellingen. Het is opvallend schilderachtig, maar zonder dit uiterst verzorgde hotel zou het weinig bezoekers trekken. De recente uitbreiding heeft Hotel Ritter eigenlijk te groot gemaakt om nog in dit boek thuis te horen.

Het oorspronkelijke vakwerkgebouw is ca. 400 jaar oud en wordt al sinds de eeuwwisseling door de familie Brunner als hotel geleid. De door hen gecreëerde sfeer van luxe lijkt niet in conflict te komen met de in wezen rustieke stijl van de inrichting. Overal in de openbare ruimten – behalve in de Ritter-Keller met zijn stenen muren – bent u omringd door glanzend hout en een harmonieuze stoffering. De traditionele kamers vindt u in het hoofdgebouw, maar veel gasten laten zich verleiden door de stijlvolle, ruime appartementen met eigen terras in het nieuwe gedeelte.

Ook de keuken is een trekpleister: traditionele, met zorg geserveerde gerechten waarmee Wilhelm Brunner een Michelin-ster heeft verworven.

In de buurt wandel- en langlaufroutes, proeflokalen; Baden-Baden (25 km)

7601 Durbach,
Talstraße 1
Tel (0781) 31031
Locatie midden in wijnstadje; met garages en ruime parkeergelegenheid
Eten en drinken ontbijt, lunch, diner, snacks
Prijzen K&O DM 65-220, maaltijden DM 40-60
Kamers 48 2-p met bad, 14 1-p met douche. Alle kamers met centrale verwarming en telefoon; de meeste ook radio en TV, minibar, haardroger; sommige kamers airconditioned
Faciliteiten eetzaal, bar, kelderbar, overdekt zwembad, sauna
Credit cards AE, DC, MC, V
Kinderen welkom
Gehandicapten onaangepast
Huisdieren toegelaten
Gesloten nooit
Talen Engels, Frans
Eigenaar Wilhelm Brunner

Baden-Württemberg

Hotel in buitenhuis, Friedrichsruhe

Wald & Schlosshotel Friedrichsruhe

Dit mooi gelegen, imposante buitenhuis werd ingericht als een luxe, maar nogal stijf hotel. Het is groter en dus minder intiem dan ons ideaal, maar het heeft een paar andere attracties. De belangrijkste is misschien het eten. Lothar Elermann voegt moderne ideeën toe aan traditionele menu's, waardoor zij een lust voor het oog en de smaak zijn. Het wordt bij kaarslicht opgediend in een rijk gedrapeerde eetzaal. Verder aanwezig: een terras en een *Jägerstube* met de gebruikelijke trofeeën.

Slaapkamers en suites in het hoofdgebouw en het jachthuis zijn ruim en zeer comfortabel, met rustige kleurenschema's.

Dit is uiteraard geen goedkoop hotel, maar voor wat u krijgt, zijn de prijzen niet exorbitant.

In de buurt kathedraal; Sindringen (10 km) – Langenburg – kasteel, museum.

7111 Friedrichsruhe
Tel (07941) 60870
Fax 61468
Locatie in landschap NO van kruising A6 en A81, 50 km N van Stuttgart; met ruime parkeergelegenheid **Maaltijden** ontbijt, lunch, diner, snacks **Prijzen** kamers K&O DM 165-386; maaltijden DM 115-185 **Kamers** 24 2-p, 23 met bad, 1 met douche; 13 1-p, 11 met bad, 2 met douche; 11 suites; alle kamers hebben centrale verwarming, telefoon; sommige hebben haardroger, minibar, radio **Creditcards** AE, DC, MC, V **Faciliteiten** eetzaal, *Jägerstube*, zwembaden (overdekt en buiten), tennisbaan, golfbaan **Creditcards** AE, DC, MC, V **Kinderen** welkom **Gehandicapten** lift, enkele aangepaste kamers **Huisd.** ja **Gesl.** nooit **Talen** Eng., Frans **Man.** Lothar Elermann

Baden-Württemberg

Hotel-restaurant, Glottertal

Gasthaus zum Adler

Het Glottertal is een met *Gasthäuse* en kleine hotels bezaaid, weelderig groen dal in het heuvellandschap ten noordoosten van Freiburg, in het zuidelijke deel van het Zwarte Woud.

Zum Adler onderscheidt zich door zijn restaurant. De keuken is allesbehalve alledaags en biedt bijvoorbeeld een salade van paardebloembladeren met gegrilde kreeftjes, eigengemaakt zwarte pudding en op talloze smakelijke manieren geserveerde asperges. Voor de kleine gourmet zijn er kindermenu's.

De inrichting van het hoofdrestaurant is traditioneel, maar zonder de overdaad aan decoraties die in deze streek vaak is te vinden. De muren onder het met hout afgewerkte plafond zijn wit en de grote ramen houden het interieur licht. De kleine eetzaal is knus, kleurrijk en minder deftig ingericht dan het restaurant.

Al 150 jaar is Zum Adler privé-bezit, en de huidige eigenaresse, Frau Langenbacher, weet de oud-provinciaalse sfeer uitstekend in stand te houden. De gerenoveerde kamers zijn kleurrijk ingericht en iedere kamer heeft iets aparts.

In de buurt wandelpaden, skihellingen, bezienswaardigheden van Freiburg (15 km).

7804 Glottertal, Talstraße 11
Tel (07684) 1081
Locatie aan dalweg tussen Denzlingen en St. Peter, ten noordoosten van Freiburg; met parkeergelegenheid
Eten en drinken ontbijt, lunch, diner en snacks
Prijzen K&O DM 35-140, lunch DM 15-38, diner DM 29-120
Kamers 10 2-p (3 met bad, 6 met douche, 1 met bassin), 3 1-p (1 met bad, 2 met bassin) en 1 suite met bad en douche. Alle kamers met centrale verwarming, TV, telefoon en minibar **Faciliteiten** vergaderzaal, eetzaal, terras **Credit cards** DC, MC, V **Kinderen** welkom **Gehandicapten** moeilijk toegankelijk **Huisdieren** toegelaten **Gesloten** alleen restaurant op di. **Talen** Engels, Frans **Eigenaar** Mevr. Langenbacher

Baden-Württemberg

Hotel in de stad, Großbottwar

Stadtschänke

Het liefst vulden we dit boek met gelegenheden als de Stadtschänke – of *Stadtschänke, historischer Gasthof Johannespfründe*, zoals de zondagse naam luidt. Dit vakwerkhuis uit 1434 biedt uitzicht op het marktplein van een stadje in de wijnbouwstreek van Württemberg en is omgeven door knusse straatjes en stegen.

In de knusse, van lambrizeringen voorziene vertrekken, heerst nog de middeleeuwse ambiance. De inrichting op de begane grond is rustiek, maar met gesteven roze tafellinnen. De weinige kamers zijn aanlokkelijk en knus ingericht; de stevige moderne bedden verzekeren u van een goede nachtrust.

De goedlachse Sybille Könneke heeft haar kapsalon overgedaan om haar man Hans te helpen toen hij het hotel overnam. Hij is een toegewijde chefkok, die beïnvloed is door de jaren die hij in Zweden heeft doorgebracht; hij maakt vooral graag gebruik van verse vis en plaatselijke ingrediënten. Ook aan de wijn wordt veel zorg besteed; proeven wordt aangemoedigd. De gast die zijn kennis van de omgeving wil vergroten, wordt graag advies gegeven.

In de buurt Ludwigsburg (10) km; rotsen van Hessigheim (10 km).

7141 Großbotwar, Hauptstraße 36
Tel (07148) 8024
Locatie aan marktplein, tegenover Rathaus (neem op de A81 de afslag Mundelsheim), ten noorden van Stuttgart; parkeergelegenheid op plein
Eten en drinken ontbijt, lunch, diner
Prijzen K&O DM 65-110; maaltijden DM 22,50-36,50
Kamers 3 2-p, 2 1-p met douche. Alle kamers met centrale verwarming en TV.; op enkele kamers ook telefoon
Faciliteiten eetzaaltje, bar
Credit cards AE, DC, V
Kinderen welkom
Gehandicapten onaangepast
Huisdieren niet
Gesloten 1e week sept.
Talen Engels, Frans, Zweeds
Eigenaar Hans en Sybille Könneke

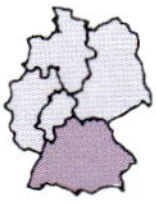

Baden-Württemberg

Dorpshotelletje, Häusern

Hotel Adler

Dit hotel, al bijna anderhalve eeuw in bezit van dezelfde familie, werd door de Zumkellers uitgebouwd tot een stralend voorbeeld van een Duitse specialiteit: het vergrote, comfortabele landelijke hotel waarvan de rustieke oorsprong nog duidelijke sporen heeft nagelaten, ondanks de aanschaf van elegant meubilair, moderne kamers en de evolutie van een steeds ambitieuzer keuken.

De muren van de eetzalen, bar en zitkamers zijn afgewerkt met zachtglanzende houten panelen en hebben rijk gekleurde Perzische tapijten op de vloeren. Het meubilair behoort niet tot een bepaalde stijlperiode, maar is een mengeling van traditioneel comfort en elegant antiek. De schilderijen, ornamenten en bloemen zijn met zorg gekozen. De kamers zijn naar verhouding tamelijk kleurloos, een gemis dat gedeeltelijk door ruimte wordt gecompenseerd.

De avontuurlijke moderne kookkunst van de jonge Winfried Zumkeller kan nu al op een grote reputatie bogen – hoewel lang niet alle waarnemers zo geestdriftig waren als die van de Michelin-gids, die Hotel Adler een ster toekenden. In het opmerkelijke Chämi-Hüsle, ingericht rondom een centrale open haard, worden eenvoudiger streekgerechten geserveerd.

In de buurt wandelen, skiën; St.-Blasien (5 km) – klooster.

7822 Häusern
St.-Fridolin Straße 15
Tel (07672) 4170
Fax 417150
Locatie in dorp, 58 km ten zuidoosten van Freiburg, net van de B 500 af; tuin en ruime parkeergelegenheid
Eten en drinken ontbijt, lunch, diner **Prijzen** DM 81-190 met ontbijt, maaltijden DM 50-120 **Kamers** 24 2-p (20 met bad, 4 met douche), 10 1-p (3 met bad, 7 met douche) en 10 appartementen (4 met bad, 3 met douche). Alle kamers met C.V., radio, TV, telefoon en minibar; de meeste kamers met balkon **Faciliteiten** zitkamer, ontbijtzaal, foyer, eetzaal, speelkamer, terras, overdekt zwembad, tennis, sauna **Creditcards** AE, DC, MC, V **Kinderen** zeer welkom **Gehandicapten** onaangepast **Huisd.** ja **Gesl.** mi-nov. tot mi-dec., rest. alleen ma. en di.

Baden-Württemberg

Hotel in de stad, Heidelberg

Hirschgasse

Als Mark Twain nu door de pittoreske vensters van de kamer aan de Hirschgasse, waarin hij eens logeerde, uitkeek over de Neckar, zou hij het uitzicht over het oude Heidelberg dadelijk herkennen. Of hij de kamer zelf zou herkennen, is een ander chapiter: in 1989 werd het hotel grondig gerenoveerd om een aantal aantrekkelijke suites te creëren, die stuk voor stuk op aparte manier in Laura Ashley-stijl werden ingericht. Zo heeft de Chinoiserie Suite roodgelakte muren, rotantafeltjes en Chinese lampionnen.

Herr Kraft zag er bij de renovatie nauwlettend op toe dat moderne snufjes werden gecamoufleerd door een antiek uiterlijk, zodat de voorname sfeer niet door televisietoestellen met plastic en chroom werd aangetast. Grote zorg werd ook aan het moderne gerief besteed, zodat de gast zich gekoesterd voelt in de badkamer, met zijn fraaie sanitair, dikke zachte handdoeken en luxe zeep.

Het intieme restaurantje draagt de toepasselijke naam 'Le Gourmet' en behoort tot de beste gelegenheden in de stad: het is bijzonder populair en reserveren is dan ook noodzakelijk, hoewel hotelgasten enige voorkeur genieten.

In de buurt de vermaarde Burg, Philosophenwandelpad, museum, Das große Fass, *Weinkellereien* langs de Weinstraße.

6900 Heidelberg,
Hirschgasse 3
Tel (06221) 4032160
Fax 4032161
Locatie in oude centrum van de stad, nabij brug over de Neckar, tegenover de Burg; met parkeergelegenheid
Eten en drinken ontbijt, diner en snacks
Prijzen DM 330-550; ontbijt DM 22, maaltijden DM 71-125
Kamers 20 suites met bad. Alle kamers met centrale verwarming, telefoon, radio, TV. minibar en haardroger
Faciliteiten eetzaal
Credit cards AE, DC, MC, V
Kinderen niet beneden de 16
Gehandicapten onaangepast
Huisdieren niet
Gesloten 23 dec.-7 jan.
Talen Engels, Frans, Italiaans
Eigenaar Ernst Kraft

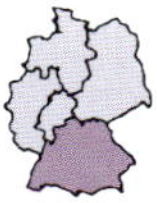

Baden-Württemberg

Dorpshotel, Hinterzarten

Sassenhof

Hinterzarten is een aardig en bescheiden vakantieplaatsje, zonder het massale toerisme als dat rondom de nabij gelegen Titisee. Voor een stadje in het Zwarte Woud heeft het een bijzonder kenmerk: een enorm groen hart in Engelse stijl.

De in een elegante, ouderwetse stijl ingerichte, en door de altijd aanwezige Frau Pfeiffer smetteloos schoon gehouden Sassenhof biedt heel wat anders dan de rustieke *Schwarzwaldstil*. Het is een van die zeldzame hotels die u het gevoel geven thuis te zijn. De kamers verschillen sterk in grootte (sommige lijken appartementen, andere – vooral op de zolderverdieping – zijn aan de krappe kant). De Sassenhof heeft geen restaurant, maar dank zij de ligging bent u nooit ver van een eetgelegenheid. Bovendien gaat het er hier zo gemoedelijk aan toe dat een hongerige gast wel eens in de keuken verdwaalt. Het ontbijt is een verrukking en wordt met veel charme (en klassieke muziek) opgediend. De gast die geen gezonde eetlust aan de dag legt, is een bron van zorg voor de familie Pfeiffer.

In de buurt skiën en wandelen; Schau Insel (20 km) – kabelbaan; Titisee.

7824 Hinterzarten, Adlerweg 17
Tel (07652) 1515
Locatie aan groot groen gazon in hart van vakantieplaatsje; met tuin en parkeergelegenheid
Eten en drinken ontbijt
Prijzen K&O DM 68-92
Kamers 6 2-p (2 met bad, 4 met douche), 10 1-p met bad en 6 gezinskamers met douche. Alle kamers met centrale verwarming, TV, telefoon en haardroger
Faciliteiten ontbijtzaal, zitkamer, *Stube*, overdekt zwembad, sauna
Credit cards niet
Kinderen welkom
Gehandicapten ongeschikt
Huisdieren toegelaten; DM 10-15 per nacht (naar grootte)
Gesloten begin nov.-half dec. **Talen** Engels, Spaans
Eigenaar Irmgard en Paul Pfeiffer

Baden-Württemberg

Chalethotel, Hinterzarten

Waldhaus Tannenhain

In de zomermaanden opgesmukt met een weelde aan bloemen, 's winters bedekt met een sneeuwdeken – kortom, een plaatje, dit chalet, met zijn steile puntdak en kleine ramen, uitglurend boven fraai bewerkte houten balkons. Waldhaus Tannenhain biedt uitzicht over de alpenweiden en de beboste heuvels erachter en is de volmaakte uitvalsbasis voor een actieve vakantie: 's winters kunt u er skiën, rodelen en schaatsen, 's zomers wandelen of fietsen (rijwielen aanwezig). Op het zonneterras kunt u bij mooi weer genieten van het uitzicht.

De eigenaar werd in Zwitserland opgeleid, en pasteien en cremegebak zijn zijn specialiteiten. De menu's zijn bijna exotisch te noemen, met smaakverfrissende sorbets vóór de hoofdschotel.

Het chalet is traditioneel ingericht met origineel meubilair uit het Zwarte Woud en een decoratieve stoffering in een baaierd van kleuren en dessins – niet bepaald een omgeving voor degenen die waarde hechten aan stijlvolle eenvoud, hoewel sommige kamers in een wat rustiger landelijke stijl zijn ingericht.

Het personeel is jong en de sfeer is hartelijk.

In de buurt skiën, wandelen, watersport op de Titisee (1 km), en natuurlijk de Schwarzwaldhochstraße, beginnend bij de Titisee.

7824 Hinterzarten, Erlenbrücker Straße 28 **Tel** (07652) 1656 **Locatie** in beboste heuvels op 1 km ten zuiden van het stadje en 25 km ten zuidoosten van Freiburg aan de B31, met tuinen en ruime parkeergelegenheid **Eten en drinken** ontbijt, lunch, diner en snacks **Prijzen** K&O DM 66-166 (kinderen beneden de 6 gratis en beneden de 10 jaar 40% korting), maaltijden DM 45-75 **Kamers** 17 2-p (2 met bad, 15 met douche), 7 1-p met douche, 1 gezinskamer met douche. Alle kamers met centrale verwarming, radio, kabel-TV en telefoon **Faciliteiten** eetzaal, salon en terras **Credit cards** niet **Kinderen** zeer welkom **Gehandicapten** moeilijk toegankelijk **Huisd.** ja **Gesl.** nooit **Talen** Engels, Frans

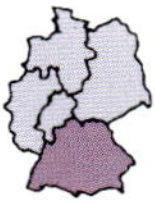

Baden-Württemberg

Landelijk hotel, Kaisersbach

Landhaus Hirsch Ebnisee

Dit florerende landelijke hotel – een complex van chaletachtige gebouwen in een beboste omgeving – is op het gebied van stijl of knusse gezelligheid niet het laatste woord, maar biedt veel tevreden bezoekers een plezierige combinatie van aantrekkelijke pluspunten, zoals vele recreatiemogelijkheden die veelal verband houden met het feit dat de Ebnisee op korte afstand is gelegen.

De eetzaal is een triomf van het functionele op het modieuze: de inrichting is gerieflijk, maar niet bepaald een lust voor het oog. De kamers zelf hebben meer stijl, zonder dat aan het comfort concessies zijn gedaan. Afgezien van de grote eetzaal kunt u nog kiezen uit twee stijlen van dineren: de creatief-klassieke keuken van de *Hirschstube*, of Zwabische specialiteiten in de *Flößerstube*.

Er valt in deze omgeving meer dan genoeg te doen en de Schassbergers zorgen ervoor dat u ervan op de hoogte bent: u krijgt een heuse gids, waarin niet alleen is vermeld waar u tafeltennisballetjes kunt vinden, maar waarin u ook beschrijvingen van de vele plaatselijke wandelroutes en (minder plaatselijke) toeristische autoroutes aantreft.

In de buurt *Langlauf*, wandeltochten, vissen, watersport, fietsen; Welzheim (5 km) – dierenpark.

7061 Kaisersbach am Ebnisee
Tel (07184) 2920
Fax 292204
Locatie in bebost landschap nabij meer, 48 km ten noordoosten van Stuttgart; met tuin, garages en ruime parkeergelegenheid
Eten en drinken ontbijt, lunch, diner, snacks
Prijzen DM 145-480 met ontbijt, maaltijden DM 35-135 **Kamers** 29 2-p (14 met bad, 15 met douche), 17 1-p met douche, en 3 gezinskamers met bad. Alle kamers met centrale verwarming, radio, TV, telefoon, minibar en haardroger **Faciliteiten** 3 eetzalen, bar, zitkamer; terras, overdekt zwembad, tennis, squash, sauna **Creditcards** AE, DC, MC, V **Kinderen** zeer welkom **Gehandicapten** goed toegankelijk, rolstoel aanwezig **Huisd.** alleen in slaapk. **Gesl.** nooit **Talen** Engels, Frans, Italiaans

Baden-Württemberg

Villa aan meer, Konstanz

Seehotel Siber

Het probleem van het beschrijven van deze bekoorlijke plaats, geopend sinds 1984, is waarmee je moet beginnen. Voor veel bezoekers zal het Berthold Sibers *haute cuisine* zijn, die hooglijk wordt geprezen in allerlei gidsen, maar toch betaalbaar is (met name de lunch).

Maar het gebouw mag er ook zijn: een laat 19de-eeuwse villa, uitziend op het Meer van Constance, met een terras waar gedineerd kan worden. Het casino is vlakbij, evenals het centrum van Constance.

Het interieur is fraai verbouwd, met aandacht voor details. De mooiste slaapkamers zijn ruim en bieden uitzicht op het meer.

In de buurt surfen, zwemmen, zeilen, duiken.

7750 Konstanz, Seestraße 25
Tel (07531) 63044
Fax 64813
Locatie aan promenade, vlakbij casino; met tuinen en parkeergelegenheid
Maaltijden ontbijt, lunch, diner
Prijzen kamers DM 295-350
Kamers 11 2-p, 10 met bad een met douche; alle kamers met centrale verwarming, aircond., telefoon, radio en TV, minibar en haardroger
Creditcards AE, DC, MC, V
Kinderen toegestaan **Gehandicapten** geen speciale voorz. **Huisdieren** kleine honden toegestaan **Gesl.** 2 weken feb. **Talen** Engels, Frans, Spaans, Zweeds, Italiaans **Eig.** Berthold Siber

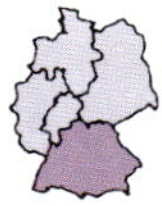

Baden-Württemberg

Hotel in de stad, Meersburg

Zum Bären

Het hotelbedrijf zit Michael Gilowsky in het bloed: Hotel-Gasthof zum Bären is al vijf generaties in het bezit van zijn familie. De geschiedenis van Zum Bären gaat echter veel verder terug: hoewel boven de renaissance-entree het jaar 1605 prijkt, is het pand al omstreeks 1250 gebouwd.

Deze oude herberg is precies wat we in een charmant stadje aan het Meer van Constanze als Meersburg hopen te vinden en ligt aan een ideale locatie: het verrukkelijke marktplein. Het exterieur is uitbundig gedecoreerd met bloemen, klimplanten (de plaatselijke specialiteit), gevelschilderingen en houtsnijwerk, met een hoog oprijzende trapgevel. De beide eetzalen zijn gezellig rustiek, met slechts een handvol tafeltjes, zodat de gasten worden aangemoedigd een tafel met elkaar te delen. Boven vinden we vele verrassingen: sommige kamers ademen enige grandeur, met hun fraaie zoldering en kleurrijk beschilderde meubilair; andere zijn eenvoudiger, maar ook met zorg ingericht. Michael Gilowsky heeft in het buitenland gekookt, en zijn wisselende menu's bestaan uit eenvoudige, lekkere gerechten.

In de buurt kasteel, Steigstraße, marktplein, zeilen op het Meer van Constanze, wandelpaden.

7758 Meersburg, Marktplatz 11
Tel (07532) 6044
Locatie aan historisch marktplein in oude centrum van het stadje aan het Meer van Constanze; met garages voor alle gasten
Eten en drinken ontbijt, lunch en diner
Prijzen K&O DM 58-120, maaltijden DM 17-31,50, kindermenu's DM 12
Kamers 14 2-p en 3 1-p met douche. Alle kamers met centrale verwarming
Faciliteiten 2 eetzalen
Credit cards geen
Kinderen welkom
Gehandicapten moeilijk toegankelijk
Huisdieren toegelaten
Gesloten half nov.-half mrt.; restaurant in de lente op di.
Talen Engels, mondje Frans
Eigenaar Michael Gilowsky

Baden-Württemberg

Verbouwd kasteel, Niederstotzingen

Schloßhotel Oberstotzingen

Dit fraai gerenoveerde, door een slotgracht omgeven kasteel is 700 jaar oud en lijkt eerder op een statig buiten dan op een burcht. Het ligt in een vlak landschap nabij de door moerassen geflankeerde Donau en richt zich duidelijk op de zakenman, gezien de vijf vergaderzalen. Het bezit echter ook attracties voor de individuele gast.

Hiertoe behoren de rijke, smaakvolle inrichting van de kamers, waarvan er slechts 17 zijn, wat voor bloeiende Duitse hotels niet veel is. De inrichting is uniform – modern, met een traditioneel accent – maar de kamers hebben een individuele sfeer, dank zij de met zorg gekozen, warme kleurenschema's. Ze variëren sterk qua vorm en grootte, en de aardigste kamers vindt u in de ronde toren.

De stijlvolle eetzaal – kaarsen, spotlights, traditionele stoffen en tapijten onder een glad, gewelfd plafond – staat bekend als restaurant Vogelherd. De keuken is fantasierijk en redelijk goed, met een duidelijke streekinvloed. Dagelijks is er een ander menu met een vaste prijs. De keuze aan per glas geserveerde wijnen is opmerkelijk ruim.

In de buurt golfbaan, manege, grotten (plaatselijk en in het Lonetal; Dillingen (20 km).

7908 Niederstotzingen, Stettener-Straße 35-37
Tel (07325) 1030
Fax 10370
Locatie in landschap, 120 km ten oosten van Stuttgart, met ruime parkeergelegenheid op eigen grond
Eten en drinken ontbijt, lunch, diner
Prijzen K&O DM 183-300 (kinderen in kamer ouders gratis); maaltijden DM 60-90
Kamers 11 2-p (2 met bad; 7 met douche); 4 1-p (1 met bad, 3 met douche) en 2 gezinskamers met douche. Alle kamers met C.V., telefoon, radio en TV, haardroger en minibar **Faciliteiten** eetzaal, salon, zaal voor galadiners, 5 high-tech vergaderzalen, tennisbaan en terras, sauna **Credit cards** AE, DC, MC, V **Kinderen** welkom **Gehandicapten** onaangepast **Huisd.** alleen op kamer 5 DM **Gesl.** nooit **Talen** Engels, Frans

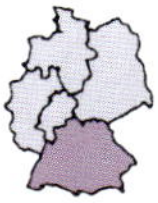

Baden-Württemberg

Hotel in de stad, Rottweil

Haus zum Sternen

In het hart van een van Duitslands oudste en aardigste door verdedigingsmuren omgeven stadjes behoort Haus zum Sternen tot de oudste gebouwen: het ziet er van buiten grotendeels nog precies zo uit als het geval moet zijn geweest toen het eind 14e eeuw werd gebouwd. De fraaie zoldering is een schoolvoorbeeld van gotisch timmerwerk uit die tijd. De kleurrijke beschildering van de balken is 16e-eeuws, en boven de deur zijn gotische traceringen.

Hoewel het hotel van alle moderne gemakken is voorzien, doen ze niet in het minst afbreuk aan de eeuwenoude sfeer van het interieur. De lage balkenplafonds, de vloerbedekking en de witte muren vormen een smaakvol achtergronddecor voor de antieke bedden, tafels en kleerkasten – in sommige kamers stijlvol en glanzend, in andere rustiek en soms levendig beschilderd.

Dorothy Ehrenberger doet haar uiterste best om persoonlijk aan iedere gast aandacht te schenken, waarbij ze bekwaam terzijde wordt gestaan door haar gerant en chefkok Manfred Lang, die in de bodega traditionele Zwabische gerechten serveert, en in het restaurant lichtere, Frans getinte kost. Samen drijven ze een rustig hotel dat kwalitatief duidelijk boven de middelmaat uitsteekt.

In de buurt kapel; Drievuldigheidsberg (20 km).

7210 Rottweil, Hauptstraße 60
Tel (0741) 7006
Locatie in het hart van de oude stad, 100 km ten zuiden van Stuttgart; met garages en parkeergelegenheid
Eten en drinken ontbijt, lunch en diner
Prijzen K&O DM 95-240, maaltijden DM 15-38
Kamers 6 2-p met bad, 5 1-p met douche, 1 gezinskamer met bad. Alle kamers met centrale verwarming, telefoon, radio, TV en haardroger
Faciliteiten eetzaal, kelderbar, tuinterras
Credit cards AE, DC, MC, V
Kinderen welkom
Gehandicapten ongeschikt
Huisdieren niet
Gesloten nooit
Talen Engels, Frans
Manager Manfred Lang

Baden-Württemberg

Dorpshotel, Schönwald

Hotel Dorer

De meeste kleine hotels in Duitsland hebben de ambitie om uit te breiden, maar de charmante familie Scherer, eigenaars van deze plezierige gelegenheid, voelt daar niets voor.

Omdat Hotel Dorer in het hart van het Zwarte Woud is gelegen, is het een prettige verrassing dat de onvermijdelijke koekoeksklokken en het houtsnijwerk uit deze streek in het interieur ontbreken. In plaats daarvan vindt u interessant antiek en fraai meubilair, dat mooi uitkomt tegen de houten lambrizeringen. De meeste gasten zijn verrukt van de stokoude grammofoon op de 1e etage, die u wellicht op weg naar uw gerieflijke kamer passeert. De inrichting is weliswaar traditioneel, maar heel rustig, met veel aandacht voor ruimte en licht. De meeste kamers hebben een balkon of komen uit op een gemeenschappelijk terras, waar u van de prachtige omgeving kunt genieten.

De keukenmeester is Herr Scherer zelf, wiens kookkunst zich al even ver van het geijkte en traditionele verwijdert als de inrichting van zijn hotel.

In de buurt skihellingen, fietspaden, Furtwangen (10 km), historisch Klokkenmuseum, Triberg (20 km) – watervallen; Hochscharzwaldstraße (beginnend bij Titisee).

7741 Schönwald, Franz Schubertstraße 20 **Tel** (07722) 1066 **Fax** 1068 **Locatie** bij hartje dorpskern, 56 km ten noordoosten van Freiburg; met garages en ruime parkeerplaats **Eten en drinken** ontbijt, lunch, diner, snacks **Prijzen** kamers 69-154; maaltijden DM 24-54 **Kamers** 10 2-p (3 met bad; 7 met douche); 5 1-p (2 met bad, 3 met douche) en 4 gezinskamers (1 met bad, 3 met douche). Alle kamers met centrale verwarming, telefoon, radio en kabel-TV **Faciliteiten** eetzaal, overdekt zwembad, schoonheidssalon, tuin, tennisbaan **Credit cards** AE, DC, MC, V **Kinderen** welkom **Gehandicapten** ongeschikt **Huisdieren** alleen op kamer (DM 7 per nacht) **Gesloten** nooit **Talen** Eng., Frans

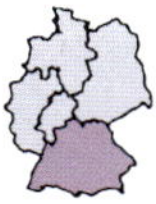

Baden-Württemberg

Landelijk hotel, Schönwald

Hotel zum Ochsen

Dit wel doordachte hotel – overwegend modern, hoewel het pand dateert uit het eind van de 18e eeuw – ligt in een schitterend landschap in het hart van het Zwarte Woud. De goedlachse, baardige hotelier, Herr Martin, is erin geslaagd in zijn hotel de indruk van veel ruimte te wekken, ook in de meer traditionele gedeelten – dank zij de grote ramen, maar vooral ook het glazen dak van de zitruimte en de glazen wand van het overdekte zwembad, omgeven door veel groen. En daar komt de bezoeker van het Zwarte Woud tenslotte voor! Het terrein van het hotel gaat over in bossen en alpenweiden, dus alle gebruikelijke redenen voor een vakantie in het Zwarte Woud zijn voorhanden.

Herr Martins restaurant, onder de plaatselijke bevolking populair, geniet een goede reputatie en is traditioneel ingericht, met veel hout. De kamers zijn gerieflijk maar qua stijl onopvallend. Sommige zijn opmerkelijk ruim en hebben een aparte zithoek.

Door de bank genomen is dit een goed alternatief voor de drukkere hotels en kuuroorden in deze streek.

In de buurt skihellingen, wandelroutes; Furtwangen (10 km) – historisch klokkenmuseum; watervallen in Triberg, Hochscharzwaldstraße (beginnend bij Titisee).

7741 Schönwald, Ludwig-Uhland-Straße 18
Tel (07722) 1045
Fax 3018
Locatie in weiden buiten het dorp; op eigen grond ruime parkeerplaats en garages
Eten en drinken ontbijt, lunch, diner, snacks
Prijzen K&O 86-188 (kinderen korting); maaltijden DM 24-42
Kamers 30 2-p, 6 1-p, 4 gezinskamers, alle met bad. Alle kamers met centrale verwarming, telefoon, TV en minibar
Faciliteiten eetzaal, zitkamer, serre, terrassen, overdekt zwembad, solarium, tennisbaan, visgelegenheid, mountain bikes
Credit cards AE, DC, MC, V **Kinderen** zeer welkom
Gehandicapten ongeschikt
Huisdieren alleen rustige honden op kamer **Gesloten** nooit **Talen** Eng., Frans

Baden-Württemberg

Landelijke herberg, Tiefenbronn

Ochsen Post

Van buiten is dit het prototype van de landelijke herberg: roodgroene luiken met bloembakken en rustieke vakwerk-voorgevel. Ook de inrichting van de Ochsen Post is overwegend traditioneel, maar het restaurant heeft een Michelin-ster en is befaamd om zijn op streekgerechten gebaseerde keuken (bevredigende nouvelle cuisine, bijvoorbeeld ragout van verse morellen, of filet met noedels in wodka-pepersaus). De stijlvolle, efficiënt ingerichte serre biedt plaats aan de vele gezelschappen die er dineren. Boven heeft de binnenhuisarchitect zich min of meer beperkt tot luxueuze badkamers; de kamers zelf hebben vlakke (soms van lambrizering voorziene) muren en zijn ingericht met antieke meubelen en degelijke reprodukties.

Het dorp ligt in een grazig weidenlandschap, maar de heuvels zijn niet ver weg en de gotische dorpskerk kan op enkele kunstschatten bogen.

In de buurt gotisch kerkje; Pforzheim (15 km); Zwarte Woud met Hochschwarzwaldstraße, beginnend bij de Titisee.

7533 Tiefenbronn, Franz-Josef-Gall-Straße 13
Tel (07234) 8030
Fax 5554
Locatie midden in dorp, 16 km ten zuidoosten van Pforzheim, met ruime parkeergelegenheid
Eten en drinken ontbijt, lunch en diner
Prijzen K&O DM 79-145, maaltijden DM 38-47
Kamers 14 2-p (7 met bad, 7 met douche). Alle kamers met centrale verwarming, radio, TV (meestal), telefoon en minibar **Faciliteiten** eetzaal, salon **Credit cards** AE, DC, MC, V **Kinderen** welkom **Gehandicapten** niet aangepast **Huisdieren** toegelaten (DM 10 per nacht **Gesloten** 2 weken in febr.; rest. alleen ma, zo diner, di lunch **Talen** Engels **Eigenaar** Regine Weis

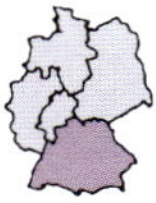

Baden-Württemberg

Dorpshotel, Überlingen-Andelshofen

Johanniter Kreuz

Dit schoolvoorbeeld van een goed geleid familiehotel is in de loop der jaren uitgebreid zonder het contact met zijn oorsprong te verliezen. Het werd door de grootvader van de huidige eigenaar, Egon Liebich, als dorpshotel in Andelshofen geopend; Egon heeft het in 1976 van zijn vader overgenomen. Zijn zoon studeert aan de hogere hotelschool en zijn dochter Sabine beheert de receptie.

Ondanks de uitbreidingen, nodig om het aantal kamers te vergroten – de recentste is Haus Luisenhöhe, geopend in 1991 – bleef de intieme sfeer in het hotel bewaard. Het is een zwart-wit vakwerkpand van twee verdiepingen, maar op de zoldering zijn een paar van de aardigste kamers ingericht, voor wie geen bezwaar heeft tegen een schuin dak. De inrichting is rustiek, met rustige decoraties en zelfs enige stijl. Beneden vormen de balkenplafonds en witte muren een rustig achtergronddecor voor de elegant gedekte tafels. 's Winters brandt de open haard (met spit); dubbele deuren komen uit op het tuinterras, waar u bij mooi weer kunt eten. De keuken is georiënteerd op streekgerechten en visspecialiteiten.

In de buurt watersport, wandelroutes.

7770 Überlingen-Andelshofen
Johanniterweg 11
Tel (07551) 61091
Fax 67336
Locatie in landelijke voorstad ten noordwesten van Baden-Baden, 3 km van Meer van Constanze; tuinen, ruime parkeergelegenheid
Eten en drinken ontbijt, lunch, diner
Prijzen kamers DM 73-250, ontbijt DM 15, maaltijden DM 25-60
Kamers 20 2-p met bad, 5 1-p met douche en 1 gezinskamer met douche. Alle kamers met centrale verwarming, telefoon en TV
Faciliteiten eetzaal, zitkamer, bar, speelkamer, bowlingbaan, tuinterras **Credit cards** AE, DC, MC, V **Kinderen** welkom **Gehandicapten** rolstoelen aanwezig
Huisdieren na toestemming
Gesloten nooit **Talen** Engels

Baden-Württemberg

Landelijk hotelcomplex, Wertheim-Bettingen

Schweizer Stuben

'Een culinair dorp, genesteld in de fraaie vallei van de Main, omgeven door weiden en korenvelden,' zegt de brochure. Het is een waarheidsgetrouwe opsomming van een groep gebouwen, dat sinds 1971 van een hotel-restaurant in chaletstijl is uitgegroeid tot een half dozijn gebouwen in een park, met een tennisbaan in het midden.

Dit is waarschijnlijk het enige hotel in Duitsland met drie restaurants die alle eervol worden vermeld in de culinaire gidsen. Italiaanse en Zwitserse specialiteiten.

Er is een ruime keuze aan kamers, suites en appartementen in hoofd- en bijgebouwen. Alle smaakvol en comfortabel.

In de buurt kathedraal, kasteelruïne.

6980 Wertheim-Bettingen, Geiselbrunnweg 11
Tel (09342) 3070
Fax 307155
Locatie vlakbij de Main, 5 km NO van Wertheim, via A3 30 km W van Würzburg; met ruime parkeergelegenheid
Maaltijden ontbijt, lunch, diner
Prijzen kamers DM 210-485
Kamers 33, alle met bad, centrale verwarming, telefoon, radio en TV, minibar en haardroger
Faciliteiten 3 eetzalen, tennis (overdekt en buiten), sauna en solarium, stoombad, fietsen
Creditcards AE, DC, MC, V
Kinderen welkom **Gehandicapten** enkele kamers beg. grond **Huisd.** toegest. na overleg **Gesloten** nooit **Talen** Engels, Frans

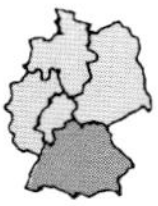

Baden-Württemberg

Restaurant met kamers, Albstadt-Ebingen

Hotel Linde

Lurt Hettlers oog voor details komt overal in dit verzorgde hotel – buiten gedeeltelijk opgetrokken uit vakwerk; van binnen afgewerkt met lambrizeringen en onberispelijk ingericht – tot uiting.
■ 7470 Albstadt 1 Untere Vorstadt 1 **Tel** (07431) 53061 **Fax** 53322 **Eten en drinken** ontbijt, lunch, diner **Prijzen** DM 98-200 met ontbijt; maaltijden vanaf DM 22-98 **Kamers** 23, alle met bad of douche. Alle kamers met centrale verwarming, radio, TV, telefoon en minibar **Creditcards** DC, MC **Gesloten** Kerst-begin jan., 4 weken in jul.-aug.; alleen restaurant op za. en zo. **Talen** Engels, Frans

Hotelletje in de stad, Asperg

Adler

Deels uit vakwerk opgetrokken pand met een moderne uitbreiding. De inrichting van beide delen is weldoordacht geharmoniseerd tot een verzorgd geheel, waarin de gemoedelijke sfeer bewaard bleef. Overdekt zwembad, vergaderzalen en sauna.
■ 7144 Asperg, Stuttgarter-Straße 2 **Tel** (07141) 63001 **Fax** 63006 **Maaltijden** ontbijt, lunch, diner **Prijzen** kamers met ontbijt DM 129-280; maaltijden DM 35-90 **Kamers** 64, alle met bad of douche, C.V., telefoon, radio en TV, haardroger en minibar **Creditcards** DC, MC, V **Gesloten** ma. **Talen** Engels, Frans

Hotelletje in de stad, Asperg

Landgasthof Lamm

De serre aan de zijkant van dit bescheiden hotel is niet bepaald een verfraaiing van het exterieur, maar stelt de opgewekte Herbert Wiessert wel in staat steeds meer tafelgasten te bedienen.
■ 7144 Asperg Lammstraße 1 **Tel** (07141) 62006 **Fax** 660162 **Eten en drinken** ontbijt, lunch, diner, snacks **Prijzen** DM 95-155; maaltijden vanaf DM 35 **Kamers** 18, alle met bad of douche. Alle kamers met centrale verwarming, TV, telefoon, radio en haardroger **Creditcards** AE, DC, MC, V **Gesloten** ma.; alleen restaurant: 3 weken jul. **Talen** Engels, mondje Frans

Hotel in buitenhuis, Bad Rappenau

Schloß Heinsheim

Fraai ingericht buitenhuis in ruim park, met receptie en restaurant in gerenoveerde stallen. Vanwege de vergaderzalen op weekdagen gefrequenteerd door veel zakenmensen.
■ 6927 Bad Rappenau, Gundelsheimer Straße 36 **Tel** (07264) 1045 **Fax** 4208 **Maaltijden** ontbijt, lunch, diner, snacks **Prijzen** kamers met ontbijt DM 110-370 **Kamers** 40, alle met bad of douche, centrale verwarming, telefoon, radio, TV en minibar **Creditcards** DC, V **Gesloten** 22 dec.-1 feb. **Talen** Eng., Fr.

Baden-Württemberg

Hotelletje in kuuroord, Bad Überkingen

Bad-Hotel

Dit 400 jaar oude hotel lijkt in heel weinig opzichten op het standaard-kuuroordhotel: van buiten een gedeeltelijk vakwerkpand met steile daken, van binnen een streng-moderne inrichting (met uitzondering van de niet bepaald overtuigend-rustieke *Jagdstube*).

■ 7347 Bad Überkingen Badstraße 12 **Tel** (07331) 3020 **Fax** 30220 **Eten en drinken** ontbijt, lunch, diner **Prijzen** DM 105-260 met ontbijt; maaltijden DM 27-32 **Kamers** 20, alle kamers met centrale verwarming, TV, telefoon, minibar en radio **Creditcards** AE, DC, MC, V **Gesloten** 21-27 dec. **Talen** Engels

Hotelletje in een buitenwijk, Baden-Baden

Bocksbeutel

Een modern, verzorgd hotelletje te midden van wijnbouw in de zuidelijke periferie van Baden-Baden. De eetzalen zijn elegant ingericht en afgewerkt met fraaie lambrizeringen.

■ 7570 Baden-Baden 11, Umweger Straße 103 **Tel** (07223) 58031 **Fax** 60808 **Eten en drinken** ontbijt, lunch, diner **Prijzen** DM 75-140 met ontbijt, maaltijden DM 34,80-85 **Kamers** 10, alle met bad of douche, centrale verwarming, telefoon en radio; op sommige kamers TV **Creditcards** DC, MC, V **Gesloten** op ma. **Talen** Engels en Frans

Hotel in de stad, Baden-Baden

Badhotel zum Hirsch

Volgens plaatselijke maatstaven (niet de onze) een klein hotel, met een geel gesausde voorgevel en met blauweregen getooide, smeedijzeren balkons. Het interieur is elegant ingericht.

■ 7570 Baden-Baden Hirschstraße 1 **Tel** (07721) 23896 **Fax** 38148 **Eten en drinken** ontbijt, lunch, diner, snacks **Prijzen** DM 113-268 met ontbijt, maaltijden DM 42-72 **Kamers** 59, alle met bad of douche, centrale verwarming, telefoon, radio en TV; sommige kamers met minibar **Creditcards** AE, DC, MC, V **Gesloten** nooit **Talen** Engels en Frans

Landelijk pension, Baden-Baden-Neuweier

Gasthaus zum Lamm

Een uitnodigend *Gasthaus* in het heuvellandschap ten zuiden van Baden-Baden. De kamers zijn eenvoudig ingericht, met beschilderde hoofdborden. U kunt ook op het lommerrijke terras dineren.

■ 7570 Baden-Baden Mauerbergstraße 34 **Tel** (07223) 57038 **Fax** 52612 **Eten en drinken** ontbijt, lunch, diner **Prijzen** DM 80-150 met ontbijt; maaltijden vanaf DM 30 **Kamers** 12, alle met bad of douche. Alle kamers met centrale verwarming, telefoon en radio **Creditcards** AE, DC, MC, V **Gesloten** 10 jan.-15 feb.; alleen restaurant: ma. en di. **Talen** Engels, Frans

Baden-Württemberg

Pension met ontbijt, Badenweiler

Schlößle

Een bescheiden alternatief voor Hotel Sonne (zie blz. 119) – deze keurige, wit gesausde villa in een aardige tuin met klein terras, die kort geleden door de familie Hoffmann werd overgenomen.
■ 7847 Badenweiler, Kanderner Straße 4 **Tel** (07632) 240 **Eten en drinken** ontbijt **Prijzen** DM 60-140 met ontbijt **Kamers** 15, alle met bad of douche. Alle kamers met centrale verwarming en telefoon **Creditcards** niet geaccepteerd **Gesloten** dec.-feb. **Talen** Engels

Landelijk hotel, Beiersbronn-Mitteltal

Lamm

De Klumps hebben kennelijk al het mogelijke gedaan om de plaatselijke houtindustrie te steunen: in hun hotel hebben ze overal zware houten balken en bogen laten verwerken.
■ 7292 Baiersbronn-Mitteltal **Tel** (07442) 3015 **Fax** 2528 **Eten en drinken** ontbijt, lunch, diner **Prijzen** DM 53-172; maaltijden vanaf DM 40 **Kamers** 44, alle met bad of douche. Alle kamers met C.V., TV, telefoon en radio **Creditcards** AE, DC, MC, V **Gesloten** half. nov.-half dec. **Talen** Engels, Frans

Landelijk hotelletje, Binzen

Mühle

Uit de as van een recente brand herrees Hansjörg Hechlers oude molen als een verzorgd en uitstekend gepland hotel, waarin antiek harmonieert met een stoffering die rijk is aan warme kleuren.
■ 7852 Binzen, Mühlenstraße 26 **Tel** (07621) 6072 **Fax** 65808 **Eten en drinken** ontbijt, lunch, diner **Prijzen** DM 105-220 met ontbijt; maaltijden vanaf DM 35 **Kamers** 22, alle met bad of douche. Alle kamers met centrale verwarming, radio, TV en telefoon; sommige met minibar **Creditcards** AE, DC, MC, V **Gesloten** alleen hotel: 2 weken in feb.; alleen restaurant: op zo. en ma. **Talen** Engels, Frans, Italiaans

Hotelletje in de stad, Blaufelden

Gasthof zum Hirschen

Klein is het zeker, maar charmant? Dat is in feite het laatste woord dat van toepassing is op Manfred Kurz' glanzende etablissement. Overal – afgezien van de eetzaal – is dit hotel grondig gemoderniseerd. De keuken werd onderscheiden met een Michelin-ster.
■ 7186 Blaufelden, Hauptstraße 15 **Tel** (07953) 1041 **Fax** 1043 **Eten en drinken** ontbijt, lunch, diner **Prijzen** DM 90-150 met ontbijt; maaltijden vanaf DM 50 **Kamers** 12, alle met bad of douche. Alle kamers met centrale verwarming, TV, telefoon, minibar, haardroger en radio **Creditcards** niet geaccepteerd **Gesloten** jan.; zo. (diner), ma. **Talen** Engels, Frans, Spaans

Baden-Württemberg

Hotelletje aan het meer, Bodman-Ludwigshafen

Strandhotel Adler

De fraaie ligging is de grootste troef van dit hotel – aan het uiteinde van de noordelijke uitloper van het Bodenmeer. Het hotel ligt op een eigen terrein aan het water en heeft een terras.
■ 7762 Bodman-Ludwigshafen Hafenstraße 4 **Tel** (07773) 5214 **Fax** 5070 **Eten en drinken** ontbijt, lunch, diner **Prijzen** DM 92-260 met ontbijt; maaltijden DM 40-100 **Kamers** 21, alle met bad of douche. Alle kamers met centrale verwarming, TV, telefoon en minibar **Creditcards** AE, DC, MC, V **Gesloten** 24 feb.-8 mrt. **Talen** Engels, Frans

Chalethotel, Breitnau

Kaiser's Tanne-Wirthaus

Dit lichte, moderne chalet ligt aan de hoofdweg tussen Breitnau en Hinterzarten. Het interieur is een en al kitsch. Dit familiehotel biedt citerconcerten, grill-avonden enzovoort.
■ 7821 Breitnau Am Wirbstein **Tel** (07652) 1551 **Fax** 1507 **Eten en drinken** ontbijt, lunch, diner, snacks **Prijzen** DM 80-350 met ontbijt, maaltijden DM 30-45 **Kamers** 36, alle met bad, centrale verwarming, telefoon, radio, TV en minibar; sommige kamers met haardroger **Creditcards** niet geaccepteerd **Gesloten** nooit **Talen** Engels, Frans

Restaurant met kamers, Bühl

Grüne Bettlad

Een 300 jaar oud zwart-wit houten pand in het stadscentrum, met een met bloemen verfraaide binnenplaats. De kleurrijke eetzaal is misschien wat druk ingericht, maar de keuken (Franse invloeden) is uitstekend. Aardige, romantisch ingerichte kamers.
■ 7580 Bühl Blumenstraße 4 **Tel** (07223) 24238 **Eten en drinken** ontbijt, lunch, diner **Prijzen** DM 120-230 **Kamers** 6, alle met bad of douche, centrale verwarming, telefoon en TV **Creditcards** niet geaccepteerd **Gesloten** nooit

Hotel in de stad, Bühl

Wehlauer's Badischer Hof

Dit in een fraai 17e-eeuws pand gevestigde hotel draagt de naam van zijn gerenommeerde chef-kok en eigenaar, Peter Wehlauer. De inrichting is rustig, hoewel de kamers wat al te modern aandoen. Op het aardige terras aan het water kan ook worden gegeten.
■ 7580 Bühl Hauptstraße 36 **Tel** (07223) 23063 **Fax** 23065 **Eten en drinken** ontbijt, lunch, diner, snacks **Prijzen** DM 95-280 **Kamers** 25, alle met bad of douche, centrale verwarming, telefoon, radio, TV, minibar en haardroger **Creditcards** AE, DC, MC, V **Gesloten** 2 weken in jan. **Talen** Duits

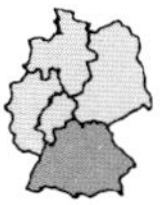

Baden-Württemberg

Landelijk hotel, Bühl

Plättig Hotel

Ondanks de omvang konden we geen weerstand bieden aan dit 100 jaar oude hotel hoog in het Zwarte Woud; het ziet er van buiten somber uit, maar is harmonieus gerenoveerd.
■ 7580 Bühl Schwarzwaldhochstraße 1 **Tel** (07226) 55300 **Fax** 55444 **Eten en drinken** ontbijt, lunch, diner **Prijzen** DM 110-210 met ontbijt; maaltijden vanaf DM 45 **Kamers** 57, alle met bad of douche. Alle kamers met centrale verwarming, TV, telefoon, minibar en radio; de meeste met haardroger **Creditcards** AE, DC, MC, V **Gesloten** nooit **Talen** Engels, Frans

Verbouwde watermolen, Büsingen

Alte Rheinmühle

Een oude, fraai gerestaureerde watermolen direct aan de Rijn, met open haarden, een smaakvolle inrichting en smakelijke gerechten onder de balkenzoldering van de eetzaal, die uitzicht biedt op de rivier. Fredy Wagner noteert op zijn menukaart de prijzen in Zwitserse franken – wellicht om het schokeffect van de nota wat te verzachten?
■ 7701 Büsingen, Junkerstraße 93 **Tel** (07734) 6076 **Fax** 6079 **Eten en drinken** ontbijt, lunch, diner **Prijzen** DM 90-300 met ontbijt, maaltijden vanaf DM 75-120 **Kamers** 14, alle met bad of douche, C.V. en telefoon **Creditcards** AE, DC, MC, V **Gesloten** half dec.-half jan. **Talen** Engels, Frans en Italiaans

Hotelletje in de stad. Eberbach am Neckar

Altes Badhaus

Een geslaagde combinatie van traditionele eenvoud en hypermoderne snufjes – ouderwetse kamers met balkenplafond, maar met high-tech-verlichting. Ook de keuken is aanlokkelijk.
■ 6930 Eberbach am Neckar Am Lindenplatz 1 **Tel** (06271) 71057 **Fax** 7671 **Eten en drinken** ontbijt, lunch, diner **Prijzen** DM 105-195 met ontbijt; maaltijden DM 25-170 **Kamers** 13, alle met bad of douche. Alle kamers met C.V., radio, TV, telefoon en minibar **Creditcards** AE, DC, MC, V **Gesl.** 2 weken jul.-aug.; alleen restaurant zo. (diner), ma. (lunch) **Talen** Engels

Landelijk hotel, Eberbach-Brombach

Haus Talblick

Deze oude vakwerk-herberg ligt op een rustige, afgelegen locatie in het fraaie Odenwalddal, waar het heerlijk wandelen is. Eenvoudige kamers, maar een in de omgeving vermaard restaurant waar goede streekgerechten en wildschotels worden geserveerd.
■ 6930 Eberbach-Brombach **Tel** (06272) 1451 **Eten en drinken** ontbijt, diner **Prijzen** DM 130-150 **Kamers** 5, alle met centrale verwarming en radio **Creditcards** DC, MC **Gesloten** jan. en jul.; alleen restaurant op wo. en do. **Talen** alleen Duits

Baden-Württemberg

Landelijk hotelletje, Emmendingen 12-Maleck

Park Hotel Krone

Het 'park' – een tuin met vijver – is een van de attracties, naast de aardig ingerichte kamers en de betrouwbare, met een Michelin-ster onderscheiden keuken; u eet in een elegante eetzaal.
■ 7830 Emmendingen 12-Maleck Brandelweg 1 **Tel** (07641) 8496 **Fax** 52576 **Eten en drinken** ontbijt, lunch, diner **Prijzen** DM 85-180 met ontbijt; maaltijden DM 38-140 **Kamers** 13, alle met bad of douche. Alle kamers met centrale verwarming, radio, TV, telefoon, haardroger en minibar **Creditcards** AE, DC, MC, V **Gesloten** op ma. **Talen** Engels, Frans

Landelijk hotel, Enzklösterle

Enztalhotel

We winden er geen doekjes om: het Enztalhotel heeft van buiten ongeveer even veel charme als een startbaan van een grote luchthaven. De locatie is echter schitterend, evenals het interieur.
■ 7546 Enzklösterle Freudenstädter Straße 67 **Tel** (07085) 180 **Fax** 1642 **Eten en drinken** ontbijt, lunch, diner **Prijzen** DM 105-200; maaltijden DM 40 **Kamers** 49, alle met bad of douche. Alle kamers met centrale verwarming, TV, telefoon en radio **Creditcards** MC, V (alleen in restaurant) **Gesloten** 10-20 dec. **Talen** Engels, Frans

Hotel in de stad, Ettlingen

Erbprinz

Een goed geleid, traditioneel hotel met een wat verbleekte reputatie als mekka voor gourmets, die Uschi en Lutz Werner ijverig proberen op te poetsen. Ruime kamers zijn licht.
■ 7505 Ettlingen Rheinstraße 1 **Tel** (07243) 3220 **Eten en drinken** ontbijt, lunch, diner, snacks **Prijzen** DM 180-390; ontbijt DM 22, maaltijden vanaf DM 45-100 **Kamers** 42, alle met bad of douche. Alle kamers met centrale verwarming, radio, TV, telefoon en minibar; de meeste met haardroger **Creditcards** AE, DC, MC, V **Gesloten** nooit **Talen** Engels, Frans

Landelijk hotelletje, Feldberg-Bärental

Adler

Dit verrukkelijke chalet is precies waarnaar we op zoek zijn en zelden vinden – een klein, oud huis, smaakvol ingericht en onberispelijk onderhouden, in dit geval door de familie Wimmer.
■ 7828 Feldberg-Bärental Feldbergstraße 4 **Tel** (07655) 1242 **Fax** 1228 **Eten en drinken** ontbijt, lunch, diner **Prijzen** DM 50-180 met ontbijt; maaltijden DM 45-62 **Kamers** 14, alle met bad of douche. Alle kamers met centrale verwarming, TV, telefoon, minibar en radio **Creditcards** DC, MC, V **Gesloten** alleen restaurant: di., wo. (lunch) **Talen** Engels

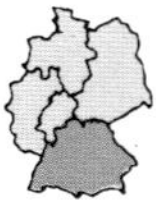

Baden-Württemberg

Hotel in de stad, Freiburg

Rappen

Een schilderachtig hotelletje aan het marktplein, naast de kloosterkerk van deze vermaarde middeleeuwse universiteitsstad. Verwacht hier geen rust, vooral niet op warme zomeravonden.
■ 7800 Freiburg Münsterplatz 13 **Tel** (0761) 31353 **Fax** 382252 **Eten en drinken** ontbijt, lunch, diner en snacks **Prijzen** DM 80-160 met ontbijt, maaltijden vanaf DM 18 **Kamers** 23, alle met bad of douche, centrale verwarming en minibar; de meeste kamers met telefoon en TV **Creditcards** AE, DC, MC, V **Gesloten** nooit **Talen** Engels, Frans en Italiaans

Hotel in de stad, Freiburg im Breisgau

Zum Roten Bären

Dit hotel stamt uit 1311 en is wellicht Duitslands oudste herberg, centraal gelegen op een wat luidruchtige locatie in de oude stad.
■ 7800 Freiburg im Breisgau Oberlinden 12 **Tel** (0761) 36913 **Fax** 36916 **Eten en drinken** ontbijt, lunch, diner **Prijzen** DM 165-230 **Kamers** 25, alle met bad, centrale verwarming, telefoon, radio en TV **Creditcards** AE, DC, MC, V **Gesloten** nooit **Talen** alleen Duits

Wijnlokaal met kamers, Freiburg im Breisgau

Oberkirchs Weinstube

De *Weinstube* zelf ligt vlak bij Freiburgs kloosterkerk – een vriendelijke, uitnodigende taveerne met balkenplafond en lambrizeringen, waar smakelijke gerechten worden geserveerd.
■ 7800 Freiburg im Breisgau Münsterplatz 22 **Tel** (0761) 31011 **Fax** 31031 **Eten en drinken** ontbijt, lunch, diner **Prijzen** DM 85-210; maaltijden DM 40 **Kamers** 27, alle met bad of douche. Alle kamers met centrale verwarming, TV en telefoon **Creditcards** MC, V **Gesloten** zo; Kerst **Talen** Engels, Frans

Landelijk hotel, Freudenstadt

Langenwaldsee

Diep in de bossen, 3-4 kilometer ten westen van het kuuroord Freudenstadt, oefent dit uitstekend geleide, traditionele hotel aan een klein meer grote aantrekkingskracht uit op sportieve gasten.
■ 7290 Freudenstadt Straßburger Straße 99 **Tel** (07441) 2234 **Fax** 4191 **Eten en drinken** ontbijt, lunch, diner **Prijzen** DM 55-95; maaltijden vanaf DM 25 **Kamers** 53, alle met bad of douche. Alle kamers met centrale verwarming, radio, TV, telefoon en haardroger **Creditcards** niet geaccepteerd **Gesloten** begin nov.-half dec. **Talen** Engels, Frans, Italiaans en Spaans

Baden-Württemberg

Hotelletje in de stad, Freudenstadt

Hotel Schwanen

De familie Bukenbergen leidt dit bescheiden, uiterst schone hotelletje al sinds het begin van deze eeuw; het ligt gunstig tussen het station en het stadspark en beschikt over een aangenaam terras.
■ 7290 Freudenstadt Forststraße 6 **Tel** (07441) 2267 **Fax** 83265 **Eten en drinken** ontbijt, lunch, diner **Prijzen** DM 50-60 met ontbijt; maaltijden DM 30 **Kamers** 17, alle douche. Alle kamers met centrale verwarming, TV en telefoon **Creditcards** MC, V **Gesloten** di.**Talen** mondje Engels, Frans

Landelijk hotelletje, Gaggenau-Moosbronn

Mönchhof

Dit grote, gedeeltelijk uit vakwerk bestaande pand werd met veel succes gerestaureerd. Knusse rustieke kamers. Het hotel heeft een manege met IJslandpony's.
■ 7560 Gaggenau-Moosbronn **Tel** (07204) 619 **Fax** 1256 **Eten en drinken** ontbijt, snacks **Prijzen** DM 99 met ontbijt; maaltijden vanaf DM 22 **Kamers** 16, alle met douche en centrale verwarming **Creditcards** DC **Gesloten** ma.; 22 dec.-20 jan. **Talen** Engels

Chalet Hotel, Glottertal

Hotel Hirschen

Verguld houtsnijwerk, antieke kasten en beschilderde plafonds harmoniëren goed in de gezellige vertrekken van dit chalet in het Zwarte Woud. In de slaapkamers leren fauteuils en kunststof kasten en koffietafeltjes.
■ 7804 Glottertal, Rathausweg 2 **Tel** (07684) 810 **Fax** (07684) 1713 **Eten en drinken** ontbijt, lunch, diner **Prijzen** K&O DM80-230, diner DM25-40 **Kamers** 53, alle met bad of douche, CV, Tel., TV, minibar; enkele hebben haardroger **Credit cards** MC, V **Gesloten** alleen rest. ma **Talen** Engels, Frans

Hotel in de stad, Güglingen

Herzogskeller

Deze indrukwekkende, 16e-eeuwse, hertogelijke wijnmakerij werd verbouwd tot een hotel, dat tegelijkertijd als kunstgalerie voor plaatselijke kunstenaars fungeert. Schaduwrijk terras.
■ 7129 Güglingen Deutscher Hof 1 **Tel** (07135) 1770 **Fax** 17777 **Eten en drinken** ontbijt, lunch, diner **Prijzen** DM 80-180 met ontbijt; maaltijden vanaf DM 44 **Kamers** 33, alle met bad of douche. Alle kamers met centrale verwarming, TV, telefoon, minibar, haardroger en radio **Creditcards** AE, DC, MC, V **Gesloten** nooit **Talen** Engels, Frans, Italiaans

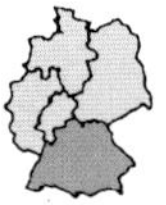

Baden-Württemberg

Hotelletje in de stad, Hagnau aan het Bodenmeer

Der Löwen

Dit pittoreske vakwerkpand uit de 17e eeuw ligt niet direct aan het Bodemmeer, maar beschikt wel over een eigen stuk strand op slechts 5 minuten lopen; bovendien heeft het een aardige tuin.
■ 7759 Hagnau am Bodensee Hansjakobstraße 2 **Tel** (07532) 6241 **Eten en drinken** ontbijt, diner, snacks **Prijzen** DM 60-130 met ontbijt; maaltijden vanaf DM 35 **Kamers** 17, alle met bad of douche. Alle kamers met centrale verwarming; sommige met TV en radio **Creditcards** niet geaccepteerd **Gesloten** eind okt.-beg. apr., woe. **Talen** Engels, mondje Frans

Villa in de stad, Hagnau am Bodensee

Erbguth's Landhaus

Elegant ingerichte villa uit de jaren dertig, met ambitieuze Duitse keuken, klein terras en aardige ruime kamers. Ook kamers beschikbaar in de dependance, met uitzicht over het Bodenmeer.
■ 7759 Hagnau am Bodensee Neugartenstraße 39 **Tel** (07532) 6202 **Fax** 6997 **Eten en drinken** ontbijt, lunch, diner, snacks **Prijzen** DM 110-350 met ontbijt **Kamers** 21, alle met bad, C.V., telefoon, radio, TV, minibar en haardroger **Creditcards** AE, DC, MC, V **Gesloten** jan-mrt **Talen** alleen Duits

Hotel in grafelijke residentie, Haßmersheim-Hochhausen

Schloß Hochhausen

Dit ouderwetse hotel beslaat een deel van de familieresidentie van de graven von Helmstatt, met grote kamers in Biedermeierstijl en open haarden in de openbare ruimten.
■ 6954 Haßmersheim-Hochhausen **Tel** (06261) 893142 **Maaltijden** ontbijt, lunch, diner **Prijzen** K&O DM 70-120; maaltijden vanaf DM 30 **Kamers** 18, alle met bad of douche, centrale verwarming **Creditcards** niet geaccepteerd**Gesloten** jan.-feb. **Talen** Engels, Frans

Hotel in de stad, Heidelberg

Perkeo

Goed gemoderniseerd populair hotel aan de hoofdstraat in de voetgangerszone van het oude centrum van Heidelberg. Onpersoonlijke, maar ruime en functioneel ingerichte kamers.
■ 6900 Heidelberg Hauptstraße 75 **Tel** (06221) 22255 **Fax** 163719 **Eten en drinken** ontbijt **Prijzen** DM 125-185 **Kamers** 25, alle met bad of douche, centrale verwarming, telefoon, radio en minibar **Creditcards** AE, DC, MC, V **Gesloten** Kerst en nieuwjaarsdag **Talen** alleen Duits

Baden-Württemberg

Villa in de stad, Heilbronn

Park Villa

Twee belendende villa's in fraaie tuinen huisvesten hotel Park Villa. De kamers zijn ruim en gerieflijk ingericht.
■ 7100 Heilbronn Gutenbergstraße 30 **Tel** (07131) 95700 **Fax** 957020 **Eten en drinken** ontbijt **Prijzen** DM 110-185 met ontbijt **Kamers** 25, alle met bad, centrale verwarming, telefoon, radio, TV en minibar **Creditcards** AE, DC, MC, V **Gesloten** Kerst **Talen** alleen Duits

Stadshotel, Heitersheim

Krone

Alles is harmonieus in deze in zachte tinten geschilderde herberg. Zelfs de 300 jaar oude kelder heeft een vrouwelijk tintje gekregen door de hanglampen met franje en kanten tafelkleedjes.
■ 7843 Heitersheim, Haupstr 7 **Tel** (07634) 2811 **Fax** (07634) 4588 **Eten en drinken** ontbijt, lunch, diner **Prijzen** K&O DM70-169; diner DM24-40 **Kamers** 13, alle met bad of douche, CV, tel., haardroger, TV, radio, meeste hebben minibar **Credit cards** V **Gesloten** alleen rest., di, wo lunch **Talen** Engels, Frans

Landelijk hotel, Hinterzarten

Hotel Reppert

Een gerieflijk, aardig hotel, geleid door de derde generatie Repperts. Het ligt idyllisch in bossen en weilanden aan de rand van dit populaire dorp. Buiten met bloemen getooide balkons en steile puntdaken, van binnen verrassend weelderig.
■ 7824 Hinterzarten Adlerweg 21-23 **Tel** (07652) 12080 **Fax** 120811 **Eten en drinken** ontbijt, diner, snacks **Prijzen** DM 95-270, suites DM 380, met ontbijt, maaltijden DM 38-60 **Kamers** 34, alle met bad of douche, centrale verwarming, telefoon, haardroger, kabel-TV, radio en kluisje **Creditcards** AE, DC, MC, V **Gesloten** nov.-half dec. **Talen** Engels, Frans en Spaans

Landelijk hotelletje, Horben bij Freiburg

Zum Engel

Een rustiek pand van vier verdiepingen in een fraai heuvellandschap, omgeven door een bloementuin en met een overschaduwd terras. Wat saaie inrichting.
■ 7801 Horben-Langackern **Tel** (0761) 29111 **Fax** 290627 **Eten en drinken** ontbijt, lunch, diner, snacks **Prijzen** DM 70-140 met ontbijt **Kamers** 22, alle met douche, C.V., telefoon, radio en TV **Creditcards** MC, V **Gesloten** nooit

Baden-Württemberg

Landelijk hotelletje, Isny-Groszholzleute

Adler

Gasthof Adler is een toonbeeld van rustieke charme, zowel van binnen als van buiten – de geel gesausde muren zijn gedecoreerd met ruiterscènes. De kamers bevinden zich echter aan de overkant.
■ 7972 Isny-Großholzleute **Tel** (07562) 2041 **Fax** 55299 **Eten en drinken** ontbijt, lunch, diner **Prijzen** DM 60-120 met ontbijt; maaltijden vanaf DM 30 **Kamers** 22, alle met bad of douche. Alle kamers met centrale verwarming, radio, TV, telefoon en balkon **Creditcards** AE, DC, MC, V **Gesloten** ma.; nov. **Talen** Engels, Frans

Verbouwd kasteel, Jagsthausen

Burghotel Götzenburg

Dit ontzagwekkende, door een slotgracht omgeven kasteel is in de loop der eeuwen nauwelijks veranderd. Geen adres waar u midden in een hevig onweer zou willen aankomen.
■ 7109 Jagsthausen **Tel** (07943) 2222 **Fax** 8200 **Eten en drinken** ontbijt, lunch, diner **Prijzen** DM 75-220 met ontbijt; maaltijden vanaf DM 15-40 **Kamers** 17, alle met bad of douche. Alle kamers met C.V. en telefoon; sommige met TV **Creditcards** AE, DC, MC, V **Gesloten** nov.-half mrt. **Talen** Engels

Dorpshotelletje, Lahr-Reichenbach

Adler

Wat ooit een eenvoudige herberg was, is door Otto Fehrenbacher omgetoverd tot een voornaam hotel-restaurant. De inrichting – de ruime kamers inbegrepen – is licht en luchtig.
■ 7630 Lahr-Reichenbach Reichenbacher Hauptstraße 18 **Tel** (07821) 7035 **Fax** 7033 **Eten en drinken** ontbijt, lunch, diner **Prijzen** DM 75-135 met ontbijt; maaltijden DM 25-88 **Kamers** 20, alle met bad of douche. Alle kamers met centrale verwarming, radio, TV, telefoon en haardroger; sommige met minibar **Creditcards** MC, V **Gesloten** 3 weken feb.-mrt.; alleen restaurant di. **Talen** Engels, Frans

Landelijk hotelletje, Lahr-Sulz

Dammenmühle

Dit van binnen wat alledaagse hotelletje ligt echter op een bijzondere plek, met een groot, overschaduwd terras naast de dam die vroeger de oude oliemolen van waterkracht voorzag.
■ 7630 Lahr-Sulz **Tel** (07821) 22290 **Fax** 22262 **Eten en drinken** ontbijt, lunch, diner **Prijzen** DM 60-140 met ontbijt; maaltijden DM 40 **Kamers** 17, alle met bad of douche. Alle kamers met centrale verwarming, TV, telefoon en haardroger **Creditcards** MC **Gesloten** alleen restaurant: ma. en 3 weken jan.-feb.; 2 weken sept.-okt. **Talen** mondje Engels

Baden-Württemberg

Verbouwd kasteel, Leonberg-Höfingen

Schloß Höfingen

Dit kasteel – oorspronkelijk even somber als de meeste burchten – is een van de culinaire sterren-in-opkomst. Stijlvolle, traditionele eetzalen en ruime kamers.

■ 7250 Leonberg-Höfingen Am Schloßberg 17 **Tel** (07152) 21049 **Eten en drinken** ontbijt, lunch, diner **Prijzen** DM 90-135 met ontbijt; maaltijden DM 70 **Kamers** 8, alle met douche. Alle kamers met centrale verwarming, TV en telefoon **Creditcards** AE, DC, MC, V **Gesloten** 4 weken in jul.-aug.; Kerst, nationale feestdagen, zo. en ma. **Talen** Engels

Villa in de stad, Lörrach

Villa Elben

Een *art-nouveau*-villa op een rustige locatie, die althans met gevoel voor de oorspronkelijke stijl is ingericht. Een club-achtige zit- en receptieruimte, een eenvoudiger ontbijtzaal en ruime kamers.

■ 7850 Lörrach Hünebergerweg 26 **Tel** (07621) 2066 **Fax** 43280 **Eten en drinken** ontbijt **Prijzen** DM 95-140 **Kamers** 44, alle met bad of douche. Alle kamers met centrale verwarming, TV, telefoon en radio; sommige met haardroger **Creditcards** niet geaccepteerd **Gesloten** nooit **Talen** Engels

Chalethotel, Maierhöfen bij Isny

Gasthof zur Grenze

Een langgerekt, laag chalet met het uiterlijk van een bonbondoos, compleet met alle versierselen: balkons met houtsnijwerk, bloemen en muurschilderingen. De aardige, gelagkamerachtige eetzaal heeft knusse zitbanken en een *Kachelofen*. De kamers zijn wat krap.

■ 8999 Maierhöfen bei Isny Schanz 103 **Tel** (07562) 3645 **Fax** 55401 **Eten en drinken** ontbijt, lunch, diner **Prijzen** DM 65-140 met ontbijt; maaltijden vanaf DM 28 **Kamers** 16, alle met bad of douche. Alle kamers met C.V., TV, telefoon, radio en haardroger **Creditcards** MC **Gesloten** 2 weken mrt-apr.; 3 weken nov.-dec.; alleen restaurant: ma. en. di. **Talen** Engels

Verbouwde bisschopsresidentie, Markdorf

Bisschofschloß

In voormalige zomerresidentie van de bisschoppen van Konstanz, in de voetgangerszone van het oude stadje Markdorf, is dit ruime en voornaam ingerichte hotel gevestigd.

■ 7778 Markdorf Schloßweg 2-8 **Tel** (07544) 8141 **Fax** 72313 **Eten en drinken** ontbijt, lunch, diner **Prijzen** DM 105-230 **Kamers** 43, alle met bad of douche, centrale verwarming, telefoon, radio, TV, minibar en haardroger **Creditcards** AE, DC, MC **Gesloten** Kerst-nieuwjaar **Talen** alleen Duits

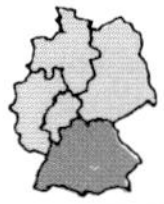

Baden-Württemberg

Hotel in de stad, Meersburg

Weinstube Löwen

Deze vroegere, met blauweregen overdekte stadsherberg ligt aan het marktplein tegenover Hotel Zum Bären. Dit hotel moet het vooral van het knusse, traditionele restaurant hebben.
■ 7758 Meersburg Marktplatz 2 **Tel** (07532) 6013 **Fax** 71357 **Eten en drinken** ontbijt, lunch, diner **Prijzen** DM 80-160 **Kamers** 21, alle met bad of douche, centrale verwarming, telefoon en TV **Creditcards** AE, DC, MC, V **Gesloten** half nov.-half dec. **Talen** alleen Duits

Landelijk hotel, Mettingen

Hotel Telsemeyer

Een deels met riet gedekte, oude vakwerk-herberg met zwarte balken, gelegen in een schitterend heuvellandschap. Een grote, serre-achtige eetzaal, een elegant met houten panelen afgewerkte bar.
■ 4532 Mettingen Markt 6 **Tel** (05452) 3011 **Fax** 3581 **Eten en drinken** ontbijt, lunch, diner **Prijzen** DM 80-200 **Kamers** 50, alle met bad of douche. Alle kamers met centrale verwarming, TV, telefoon, minibar, radio en haardroger **Creditcards** AE, DC, MC **Gesloten** nooit **Talen** Engels

Hotel aan de rivier, Neckargemünd

Hotel zum Ritter

Dit charmante, oude hotelpand, hoog op de Neckaroever, biedt vanuit het populaire restaurant een fraai uitzicht op de rivier en heeft een knusse kelderbar. De kamers zijn stijlvol, maar tamelijk stijf.
■ 6903 Neckargemünd Neckarstraße 40 **Tel** (06223) 7035 **Fax** 73339 **Eten en drinken** ontbijt, lunch, diner **Prijzen** DM 69-180 **Kamers** 39, alle met bad of douche, C.V. en telefoon **Creditcards** AE, MC, V **Gesloten** nooit **Talen** alleen Duits

Verbouwd kasteel, Neckarwestheim

Schloßhotel Liebenstein

In de jaren tachtig werden de gebouwen binnen de muren van dit 16e-eeuwse kasteel fraai gerestaureerd. Sfeervolle gewelfde eetzaal, restaurant met terras en smaakvol ingerichte kamers.
■ 7129 Neckarwestheim **Tel** (07133) 6041 **Fax** 6045 **Eten en drinken** ontbijt, lunch, diner, snacks **Prijzen** DM 155-260 **Kamers** 24, alle met bad of douche, centrale verwarming, telefoon, radio en haardroger **Creditcards** AE, DC, MC, V **Gesloten** jan. **Talen** alleen Duits

Baden-Württemberg

Verbouwd kasteel, Neckarzimmern

Burg Hornberg

Een oude, hoog boven de traag kronkelende rivier de Neckar gelegen kasteel, met een panoramisch uitzicht vanaf het terras en door de grote ramen van de eetzaal. Deels nog in oorspronkelijke oude staat, maar met moderne, comfortabele kamers.

■ 6951 Neckarzimmern **Tel** (06261) 4064 **Fax** 18864 **Eten en drinken** ontbijt, lunch, diner, snacks **Prijzen** DM 100-220 met ontbijt **Kamers** 24, alle met bad of douche, centrale verwarming, telefoon en radio **Creditcards** MC, V **Gesloten** dec.-feb. **Talen** Engels, Frans

Landelijke herberg, Oberkirch

Zur Oberen Linde

Een complex grote houten gebouwen uit de 17e eeuw, dat later is uitgebreid. Aan een drukke verkeersweg, maar met een groene tuin. Traditionele sfeer, met smaakvol ingerichte kamers.

■ 7602 Oberkirch Hauptstraße 25 **Tel** (07802) 8020 **Fax** 3030 **Eten en drinken** ontbijt, lunch, diner, snacks **Prijzen** DM 110-260 **Kamers** 25, alle met bad, centrale verwarming, telefoon, radio, TV, haardroger en minibar **Creditcards** AE, DC, MC, V **Gesloten** nooit **Talen** alleen Duits

Chalethotel, Oberwolfach

Hirschen

Dit aardige hotelletje heeft 'voor elck wat wils': traditioneel uiterlijk, smaakvol interieur, sauna, tafeltennis, bowlingbaan, kinderspeelgoed en een prima keuken – om van het warme onthaal van de famile Junghanns (3e generatie) maar te zwijgen.

■ 7620 Oberwolfach Schwarzwaldstraße 2 **Tel** (07834) 366 **Fax** 6775 **Eten en drinken** ontbijt, lunch, diner, snacks **Prijzen** DM 75-130 **Kamers** 42, alle met centrale verwarming en telefoon **Creditcards** AE, DC, MC, V **Gesloten** nooit **Talen** alleen Duits

Verbouwd kasteel, Obrigheim

Schloß Neuburg

Schitterend gelegen kasteelhotel, met een panoramisch uitzicht over het Neckardal. Het inwendige zou met grote zorg zijn gerenoveerd. De keuken specialiseert zich in vis- en wildgerechten.

■ 06952 Obrigheim/Neckar Schloß Straße 1 **Tel** (06261) 7001 **Fax** 7747 **Eten en drinken** ontbijt, lunch, diner **Prijzen** DM 60-175 met ontbijt; maaltijden vanaf DM 28 **Kamers** 13, alle met bad. Alle kamers met centrale verwarming, telefoon en radio **Creditcards** AE, DC, MC, V **Gesloten** eerste 3 weken jan. en heel aug. **Talen** Engels

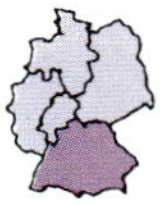

Baden-Württemberg

Hotel in de stad, Offenburg

Hotel Sonne

Alledaags uitziend hotelletje aan het marktplein, maar met een geschiedenis van 600 jaar. Overwegend 19e-eeuwse en moderne inrichting; knusse eetzaal met lambrizeringen. De kamers verschillen qua stijl en grootte, maar de beste zijn zeer ruim.
■ 7600 Offenburg Hauptstraße 94 **Tel** (0781) 71039 **Eten en drinken** ontbijt, lunch, diner **Prijzen** DM 50-120 met ontbijt **Kamers** 34, alle C.V. **Creditcards** AE, MC, V **Gesloten** alleen restaurant apr. en 2 weken in okt. **Talen** alleen Duits

Landelijk hotel, Pfalzgrafenweiler-Kälberbronn

Waldsägmühle

Degelijker worden ze niet gebouwd – overal waar u kijkt, in Hans en Marta Zeiglers hotel aan de bosrand, ziet u zware houten balken (die lang niet altijd eeuwenoud zijn).
■ 7293 Pfalzgrafenweiler-Kälberbronn **Tel** (07445) 2035 **Fax** 6750 **Eten en drinken** ontbijt, lunch, diner **Prijzen** DM 75-158 met ontbijt; maaltijden vanaf DM 30 **Kamers** 37, alle met bad of douche. Alle kamers met centrale verwarming, telefoon, radio en minibar; de meeste met TV **Creditcards** niet geaccepteerd **Gesloten** zo., ma.; 6 jan.-12 feb. en 2 weken in jul. **Talen** mondje Engels

Landelijk hotelletje, Rammingen

Landgasthaus Adler

Dit met klimop begroeide hotelletje in een vredig gehucht trekt met zijn royale maaltijden grage eters aan, die weten dat het in de gerieflijke slaapkamers met beschilderd meubilair goed rusten is.
■ 7901 Rammingen, Riegestraße 15 **Tel** (07345) 7041 **Fax** 21145 **Maaltijden** ontbijt, lunch, diner **Prijzen** kamers K&O DM 100-200 maaltijden DM 52-100 **Kamers** 14, alle met bad of douche, centrale verwarming, telefoon, radio, minibar en haardroger **Creditcards** AE, DC, MC, V **Gesloten** jan en aug. **Talen** Engels, Frans en Zweeds

Hotel op heuveltop, Reutlingen

Achalm

Een oud landgoed verbouwd tot een wat onsamenhangend hotel-, restaurant- en conferentiecomplex, beschut door ruïnes van het oude fort Achalm. Uitzicht op Reutlingen.
■ 7410 Reutlingen, Achalm **Tel** (07121) 4820 **Fax** (07121) 482100 **Eten en drinken** ontbijt **Prijzen** K&O DM 90-240 **Kamers** 46, alle met bad of douche, CV, tel., TV, minibar, radio **Credit cards** AE, DC, MC, V **Gesloten** nooit **Talen** Engels, Frans, Italiaans

Baden-Württemberg

Verbouwde molen, Rielasingen

Zur Alten Mühle

In de gecombineerde eetzaal-bar van deze oude molen bent u omringd door balken, balken en nog eens balken. De keuken is ambitieus en geslaagd. Ook de kamers zijn aardig gemeubileerd.
■ 7703 Rielasingen Singener Straße 3 **Tel** (07731) 52055 **Fax** 52057 **Eten en drinken** ontbijt, lunch, diner **Prijzen** DM 85-145 met ontbijt; maaltijden vanaf DM 52 **Kamers** 6, alle met douche. Alle kamers met centrale verwarming, TV, telefoon en minibar **Creditcards** MC, V **Gesloten** ma. **Talen** Engels, Frans, Italiaans

Landelijk hotelletje, Rosenberg

Landgasthaus Adler

Dit oude hotelletje met groene luiken ziet er uitnodigend uit. De kamers en de eetzaal, waar *haute cuisine* wordt geserveerd, zijn echter smetteloos wit. Honden zijn in geen geval toegestaan.
■ 7092 Rosenberg Ellwanger Straße 15 **Tel** (07967) 513 **Eten en drinken** ontbijt, lunch, diner, snacks **Prijzen** DM 69-110; ontbijt DM 9, maaltijden DM 20-45 **Kamers** 11, alle met douche, C.V., telefoon en haardroger **Creditcards** niet geaccepteerd **Gesloten** 2 weken jan., 2 weken aug. **Talen** Engels

Chalethotel, Schopfheim-Schlechtbach

Gasthof Auerhahn

Een schilderachtig, met bloemen getooid chalet met uitzicht op de verre Alpen. Het is een eenvoudige gelegenheid – kleine kamers en een eetzaaltje waar traditionele gerechten worden geserveerd. Lagere prijzen moet u met een lantaarntje zoeken.
■ 7860 Schopfheim-Schlechtbach Hauptstraße 5 **Tel** (07620) 228 **Eten en drinken** ontbijt, lunch, diner **Prijzen** DM 47-72 met ontbijt; maaltijden DM 45-50 **Kamers** 10, alle douche en centrale verwarming **Creditcards** niet geaccepteerd **Gesloten** woe. (diner) en di. **Talen** Engels, Frans

Hotel in de stad, Schwäbisch Hall

Der Adelshof

Het marktplein is het hart van dit aardige oude stadje; de Goldener Adler is iets gunstiger gelegen, maar dit verzorgde hotel wint het ruimschoots op de punten stijl en comfort. Moderne kamers
■ 7170 Schwäbisch Hall Am Markt 12-13 **Tel** (0791) 75890 **Fax** 6036 **Eten en drinken** ontbijt, lunch, diner **Prijzen** DM 145-430 met ontbijt; maaltijden vanaf DM 30 **Kamers** 47, alle met bad of douche. Alle kamers met centrale verwarming, radio, TV, telefoon, minibar en haardroger **Creditcards** AE, DC, MC, V **Gesloten** alleen restaurant: op ma. **Talen** Engels, Frans, Italiaans, Spaans

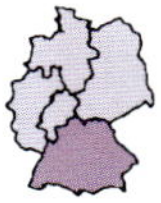

Baden-Württemberg

Romantisch hotelletje, Titisee-Neustadt

Adler Post

Dit is een oude stopplaats voor postkoetsen die al 140 jaar in handen is van de familie Ketterer. Zij hebben de oude sfeer weten te bewaren. Kuurpatiënten kunnen hier terecht voor massages e.d.
■ 7820 Titisee-Neustadt, Hauptstraße 16, Ortsteil Neustadt **Tel** (07651) 5066, **Fax** 3729 **Maaltijden** ontbijt, lunch, diner **Prijzen** K&O DM 78-108 **Kamers** 30, alle met bad of douche, centrale verwarming, telefoon en radio en TV **Creditcards** AE, DC, MC, V **Gesloten** 3 weken voor Pasen **Talen** alleen Duits

Hotel in de stad, Triberg im Schwarzwald

Parkhotel Wehrle

Traditioneel ingericht hotel; drie uitbreidingen in landschapstuinen achter de traditionele voorgevel. Ondanks de luxe inrichting en de vermaarde keuken geen schijn van gewichtigdoenerij.
■ 7740 Triberg im Schwarzwald, Gartenstraße 24 **Tel** (07722) 86020 **Fax** 860290 **Maaltijden** ontbijt, lunch, diner **Prijzen** kamers DM 195; ontbijt DM 17, maaltijden vanaf DM 40 **Kamers** 56, alle met bad of douche, centrale verwarming, telefoon, haardroger, radio en TV **Creditcards** AE, DC, MC, V **Gesloten** nooit **Talen** alleen Duits

Hotel aan het meer, Überlingen

Hotel Seegarten

Achter de nietszeggende façade van dit hotelletje belandt u in een ouderwets-huiselijke sfeer. Het is slechts door een promenade van het Bodenmeer gescheiden en u kunt op het aardige terras tafelen, zodat u de veerboot over het meer kunt zien varen.
■ 7770 Überlingen Seepromenade 7 **Tel** (07551) 63498 **Fax** 5355 **Eten en drinken** ontbijt, lunch, diner, snacks **Prijzen** DM 80-210 met ontbijt; maaltijden DM 18,50-60 **Kamers** 21, alle met bad of douche, centrale verwarming, TV en telefoon **Creditcards** MV **Gesloten** dec.-feb. **Talen** Engels en Frans

Hotelletje aan het meer, Uhldingen-Mühlhofen

Hotel Fischerhaus

Reserveren is van essentieel belang in dit hotel, en geen wonder, gezien het verwarmde buitenbad, het privé-strand aan het Bodenmeer en de smaakvolle inrichting van de kamers en de eetzaal.
■ 7772 Uhldingen-Mühlhofen 1 Seefelden am Bodensee **Tel** (07556) 8563 **Fax** 6063 **Eten en drinken** ontbijt, lunch, diner **Prijzen** DM 85-180 met ontbijt; maaltijden DM 40 **Kamers** 22, alle met bad of douche. Alle kamers met centrale verwarming, TV en telefoon **Creditcards** niet geaccepteerd **Gesloten** nov.-half mrt; ma. en di. **Talen** Engels, Frans

Baden-Württemberg

Hotelletje in de stad, Wangen im Allgäu

Hotel Alte Post

Een verzorgd oud stadshotelletje in het centrum van Wangen. Fraaie openbare ruimten en rustieke kamers op de zolderetage.
■ 7988 Wangen im Allgäu Postplatz 2 **Tel** (07522) 4014 **Fax** 2604 **Eten en drinken** ontbijt, lunch, diner **Prijzen** DM 90-200 **Kamers** 27, alle met bad of douche, centrale verwarming, telefoon, radio, TV, minibar en haardroger **Creditcards** AE, DC, MC, V **Gesloten** nooit **Talen** alleen Duits

Kamer met ontbijt-villa, Wangen im Allgäu

Hotel Postvilla

Fraai villa-hotel in art-nouveaustijl, omgeven door weelderige tuin, geëxploiteerd door de eigenaars van Hotel Alte Post.
■ 7988 Wangen im Allgäu Schönhalde 2 **Tel** (07522) 4036 **Fax** 2604 **Eten en drinken** ontbijt **Prijzen** DM 80-260 met ontbijt **Kamers** 17, alle met centrale verwarming, telefoon, radio, TV, minibar en haardroger **Creditcards** AE, DC, MC, V **Gesloten** 2 weken in jan. **Talen** alleen Duits

Hotel in de stad, Weikersheim

Laurentius

De stenen kelder met gewelfd plafond huisvest een vermaard restaurant en is de enige indicatie voor de ouderdom van dit functioneel gerenoveerde hotel aan een oud plein, waaraan Goethe ooit heeft gewoond. Aardig terrasje op de binnenhof.
■ 6992 Weikersheim Marktplatz 5 **Tel** (07934) 7007 **Fax** 7077 **Eten en drinken** ontbijt, lunch, diner **Prijzen** DM 60-140 met ontbijt, maaltijden DM 25-55 **Kamers** 11, alle met bad of douche, centrale verwarming, telefoon, radio en TV **Creditcards** DC, MC, V **Gesloten** alleen restaurant, half jan.-eind feb. **Talen** Engels, Frans, Italiaans

Restaurant met kamers, Weil

Gasthaus zur Krone

Deze uit 1572 stammende herberg van de gebroeders Hechler pretendeert niets anders te zijn dan een goed middenklasserestaurant met eenvoudig ingerichte kamers.
■ 7858 Weil Hauptstraße 58 **Tel** (07621) 71164 **Fax** 78963 **Eten en drinken** ontbijt, lunch, diner **Prijzen** DM 60-150 met ontbijt; maaltijden vanaf DM 49 **Kamers** 11, alle met bad of douche. Alle kamers met centrale verwarming, TV, telefoon en radio **Creditcards** AE, MC, V **Gesloten** alleen restaurant, 2 weken jul.; ma. en di. **Talen** Engels, Frans, Italiaans

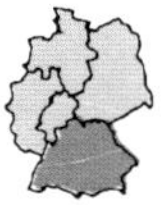

Baden-Württemberg

Restaurant met kamers, Weil am Rhein

Zum Adler

Hansjörg Wöhrles restaurant is een tempel voor gourmets, waar in een gerenoveerd 15e-eeuws *Gasthaus* decoratieve *nouvelle cuisine* wordt geserveerd. De kamers zijn verrukkelijk.

■ 7858 Weil am Rhein Hauptstraße 139 **Tel** (07621) 71188 **Fax** 75676 **Eten en drinken** ontbijt, lunch, diner, snacks **Prijzen** DM 110-220 met ontbijt; maaltijden DM 54-145 **Kamers** 24, alle met bad of douche. Alle kamers met centrale verwarming, radio, TV, telefoon en minibar **Creditcards** niet geaccepteerd **Gesloten** alleen restaurant: begin-half jan. en begin-half aug.; op zo.-ma. (lunch) **Talen** Engels, Frans

Dorpshotelletje, Weil-Haltingen

Zum Hirschen

Deze bescheiden dorpsherberg, op een rustig plekje weg van de drukbevaren Rijn. De tuin is een heerlijk plekje om 's zomers te dineren, en de kamers bieden u waar voor uw geld.

■ 7858 Weil-Haltingen Große Gaß 1 **Tel** (07621) 62344 **Eten en drinken** ontbijt, lunch, diner **Prijzen** DM 50-100 met ontbijt; maaltijden vanaf DM 20-50 **Kamers** 9, alle met bad of douche. Alle kamers met centrale verwarming en telefoon **Creditcards** DC, V **Gesloten** okt-nov. op ma. **Talen** Engels, Frans, Fins, Zweeds

Restaurant met kamers, Weingarten

Walk'sches Haus

Een heerlijk rustieke herberg, zowel binnen als buiten, maar verre van eenvoudig – met name Robert Webers kookkunst is klasse. De eetzalen met houtsnijwerk en balken zoldering zijn charmanter dan de kamers, maar het comfort ervan staat buiten kijf.

■ 7504 Weingarten, Marktplatz 7 **Tel** (07244) 2031 **Eten en drinken** ontbijt, lunch, diner **Prijzen** K&O DM90-200; menu DM85-130 **Kamers** 14, alle met bad of douche, CV, airconditioning, tel., haardroger, TV, minibar, radio **Credit cards** AE **Gesloten** 1-10 jan; zo **Talen** Engels, frans

Verbouwd kasteel, Weitenburg

Schloß Weitenburg

In deze burcht boven de Neckar een mengeling van stijlen. Enkele kamers met schitterend uitzicht. Manege, golfbaan en het overdekte zwembad zijn aanlokkelijk voor sportbeoefenaars.

■ 7245 Weitenburg 50 **Tel** (07457) 8051 **Fax** 8054 **Maaltijden** ontbijt, lunch, diner, snacks **Prijzen** K&O DM 100-240; maaltijden DM 40-90 **Kamers** 43, alle met bad of douche, C.V., telefoon, radio en TV en minibar **Creditcards** DC, MC, V **Gesloten** 24-25 dec. **Talen** Engels, Frans, Spaans

Noord-Beieren

Streekintroductie

Hotels in Noord-Beieren

De hoofdstad van deze landstreek, Neurenberg, was een van de mooiste middeleeuwse steden van Duitsland, totdat de stad in de Tweede Wereldoorlog bijna volledig werd verwoest. We beschrijven één hotel in Neurenberg, maar het merendeel van de hotels daar is gehuisvest in nieuwe gebouwen van beton en staal. Dat geldt ook voor het weelderige Atrium – maar dat is omringd door parken en ligt centraal (tel. [0911] 47480, fax 4748420; 190 kamers). Vanuit de stad gemakkelijk bereikbaar zijn het luxe hotel Maritim (tel. [0911] 23630, fax 2363823; 307 kamers) en het gerieflijke, kleinere Am Jakobsmarkt (tel. [0911] 241437, fax 22874; 70 kamers).

De hotels in de historische steden Bamberg en Bayreuth worden in deze gids uitvoerig besproken, maar in het even historische Coburg vindt u weinig goede hotels – probeert u het bij het Coburger Tor, dat over de getalenteerde chef-kok Ulrich Schaller beschikt (tel. [09561] 25074, fax 28874, 44 kamers), of het aantrekkelijke Blankenburg (tel. 75005, fax 75674, 34 kamers) – en waar u 's zomers in het openlucht-restaurant de geur van allerlei kruiden opsnuift.

Aschaffenburg in het noordwesten is het centrum van een bloeiende textielindustrie, maar heeft niettemin de sfeer van een historisch marktstadje behouden. Levensgenieters zullen graag kiezen voor het 8 km buiten de stad gelegen Sonne, vanwege het exquise restaurant (tel. [06021] 42177; 10 kamers); in de stad zelf vindt u het Hofgut Fasanerie (tel. [06021] 91016, fax 18944; 6 kamers, dat eenvoudige kamers in een parkachtig decor te bieden heeft.

Voor Würzburg, een bedrijvige stad aan de Main, beschrijven we één hotel; tot de alternatieven behoort het Rebstock, een groot en gerieflijk hotel met een goed restaurant (tel. [0931] 30930, fax 3093100; 79 kamers), maar als u prijs stelt op een schitterend uitzicht, rijdt u omhoog naar Schloß Steinburg, volgestouwd met kasteelkitsch (tel. [0931] 93061, fax 97121; 53 kamers). En anders rijdt u naar het zuidoostelijk van Würzburg gelegen Biebelried, waar het Leicht (tel. [09302] 814; 66 kamers) de rustieke ambiance heeft die voor een voormalige brouwerij passend is; bovendien kunt u er de zelfgestookte *Schnapps* drinken.

In het oostelijke deel van deze landstreek beschikt het industriestadje Marktredwitz over het ingrijpend gerenoveerde *fin de siècle*-hotel Kaiserhof (tel. [09231] 1031; 13 kamers); Weiden in het zuiden is gezegend met Hotel Europa (uit de jaren zeventig), dat er van binnen heel wat beter uitziet dan aan de buitenkant en bovendien een goede keuken heeft (tel. [0961] 25051, fax 61562; 26 kamers).

Deze bladzijde dient ter introductie van de hotels Noord-Beieren en geeft u aanbevelingen voor goede hotels die hier niet uitvoerig worden besproken. De beschrijvingen van de hotels waarvoor wij de meeste waardering kunnen opbrengen, beginnen op de volgende bladzijde. Negeert u echter niet de beschrijvingen die op blz. 178 beginnen: het zijn kleine hotels waar wij graag zelf willen logeren. Het hoofdstuk over Zuid-Beieren begint op blz. 186.

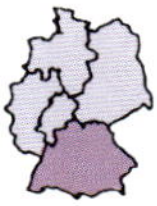

Noord-Beieren

Verbouwd klooster, Amorbach

Der Schafhof

De benedictijnen wisten beslist wat ze deden toen zij zich hier in de 15e eeuw vestigden, en de Schafhof is in even grote mate een gelegenheid om u uit de wereld terug te trekken als hun klooster moet zijn geweest. Het 18e-eeuwse gebouw van rode zandsteen biedt uitzicht op golvende, beboste heuvels, waarin nauwelijks andere gebouwen zijn te ontdekken. In de stenen bijgebouwen zijn schapen, kippen en eenden voor de tafel gehuisvest; het meer levert forel en karper. Hier krijgen we gemakkelijk het gevoel dat het leven op de Schafhof in 270 jaar nauwelijks is veranderd.

De Winklers hebben de inrichting eenvoudig gehouden, harmoniërend met de houten zolderingbalken, plavuizen vloeren en het metselwerk van het pand. De stoffering heeft zachte roze en roomkleurige tinten en de pleistermuren zijn wit. De kamers zijn knus; sommige op de zolderverdieping hebben vurehouten bedden onder honingkleurige balken, maar de kamers op de 1e verdieping zijn met antiek meubilair ingericht. Er zijn uitbreidingsplannen, maar we hopen dat de verwelkomende ambiance geen geweld wordt aangedaan.

In de buurt barokke abdijkerk, wisentreservaat (Europese bizons – 10 km).

8762 Amorbach, Schafhof 1
Tel (09373) 8088
Fax 4120
Locatie in weilanden, 3 km ten westen van Amorbach; ruime parkeergelegenheid
Eten en drinken ontbijt, lunch, diner en snacks
Prijzen Kamers DM 120-320, lunch DM 49, diner DM 108
Kamers 15 2-p (11 met bad, 3 met douche, 1 met bassin). Alle kamers met centrale verwarming, radio, TV en telefoon, haardroger op verzoek; sommige kamers met minibar
Faciliteiten eetzaal, bar, terrassen, binnenplaatsen, meer, tennisbaan, tuinschaakspel, fietsen, rijtuigjes **Credit cards** AE, DC, MC, V **Kinderen** welkom **Gehandicapten** moeilijk toegankelijk **Huisdieren** welkom in openbare ruimten **Gesloten** jan.-febr. **Talen** Engels, Frans

Noord-Beieren

Hotel in de stad, Bad Neustadt

Schwan & Post

De populariteit van de oude kern van Neustadt, met zijn aardige winkeltjes in met kasseien geplaveide straten maakt parkeerruimte schaars. Des te meer reden om gebruik te maken van het parkeerterrein van het kleine, maar drukke Hotel Schwan & Post.

Het hotel heeft een opvallende crème-grijze voorgevel, opgesmukt met twee in nissen geplaatste beelden; ervoor ligt een terrasje. Een grandioze trap van marmer en hout in de foyer komt uit op een overloop met moderne olieverfschilderijen en aquarellen; de glanzende houten vloeren zijn belegd met weelderige tapijten. De kamers hebben antieke houten deuren, maar niet in de dependance; deze kamers zijn gerieflijk, modern en eenvoudig met lichte meubelen van essehout. Hier ook vindt u een sauna, solarium en een whirpool.

De aantrekkelijke lichte eetzalen zijn in groene tinten gehouden; in een hoek staat een langwerpige bar waar we voor het eten iets kunnen drinken. Het menu is op een schoolbord geschreven. De Postillion Stube is minder officieel, met zijn Provençaalse tegelvloer en cartoons aan de muren. De gewelfde kelderbar heeft een rustiek interieur en er is een houtskoolgrill.

In de buurt kasteel Salzburg, skihellingen en wandelroutes.

8740 Bad Neustad
Hohenstraße 35
Tel (09771) 91070
Fax 910720
Locatie bij oude stadspoort; met enkele garages en parkeerplaats
Eten en drinken ontbijt, lunch, diner
Prijzen K&O DM 95-190 maaltijden DM 35-65
Kamers 15 2-p, 15 1-p, alle met bad. Alle kamers met centrale verwarming, TV, radio, telefoon en minibar
Faciliteiten eetzaal, bar, *Stube*, whirlpool, sauna, fitnesslokaal
Credit cards AE, DC, MC, V
Kinderen welkom
Gehandicapten onaangepast
Huisdieren toegelaten (DM 15 per nacht)
Gesloten nooit
Talen Engels
Eigenaars Eva-Maria en Karlheinz Göb

Noord-Beieren

Hotel in de stad, Bamberg

Weinhaus Messerschmitt

Het hart van de oude bisschopsresidentie Bamberg – een en al met kinderkopjes geplaveide straten en stegen, vakwerkhuizen, met bloemen getooide binnenplaatsen en huizen met klok- en trapgevels – ligt op een groot eiland dat de rivier de Regnitz in tweeën deelt.

Het Weinhaus opende in 1832 zijn deuren als restaurant en is sindsdien in het bezit van de familie Pschorn gebleven. Tegenwoordig runt Lydia Pschorn de keuken en beheert haar man Otto de wijnkelders. Het restaurant is vermaard om zijn streeksspecialiteiten, zoals visgerechten met plaatselijk gevangen vis (en zelfs paling, geserveerd in salie). In de *Hubertusstube* worden de hele dag door snacks en goede wijnen geserveerd. Koffie met gebak uit eigen keuken drinkt men in de groene oase van de wintertuin.

In een stad als Bamberg zal het beschilderde exterieur van het hotel weinigen tot een tweede blik verleiden, maar het interieur is geruststellend traditioneel, met tegelvloeren, glanzend hout en rustieke decoraties. De kamers zijn rustig en gerieflijk ingericht, terwijl u in de betegelde badkamers antiek sanitair aantreft.

In de buurt Gotische kathedraal, Bischofspalast en Kaiserliches Palast.

8600 Bamberg, Lange Straße 41
Tel (0951) 27866
Fax 26141
Locatie in centrum van Bamberg, vkabij het oude hart van de stad; met parkeergelegenheid voor drie auto's
Eten en drinken ontbijt, lunch, diner en snacks
Prijzen DM 63-185 met ontbijt, maaltijden vanaf DM 23
Kamers 9 2-p met bad, 5 1-p (4 met bad, 1 met douche). Alle kamers met centrale verwarming, radio, TV, telefoon en minibar
Faciliteiten eetzaal, salon (ook voor banketten), wintertuin **Credit cards** AE, DC, MC, V **Kinderen** toegestaan **Gehandicapten** ongeschikt **Huisdieren** niet toegestaan **Gesloten** nooit **Talen** Engels, Frans **Eig.** Otto en Lydia Pschorn

Noord-Beieren

Hotel in de stad, Bamberg

Barock Hotel am Dom

Eventuele ergernis over het feit dat het enige moeite kost dit hotel te vinden verdwijnt zodra u de hartelijke ontvangst hebt ervaren. Voor Frau Goller en haar personeel is geen moeite teveel: adviezen over goede eetgelegenheden, of het verplaatsen van de lastig geparkeerde auto's van andere gasten. Omdat dit hotel in het hart van de stad ligt, waar parkeerruimte schaars is, worden de eigen parkeerplaatsen van de Am Dom intensief gebruikt.

Het in barokstijl opgetrokken pand – rijkelijk verfraaid met ornamenten, ondanks de kleine afmetingen – werd van binnen gerenoveerd tot hotel, hoewel dit ten koste ging van karakter en sfeer. Alleen de ontbijtzaal met zijn ruw gepleisterde gewelfde plafond doet iets van de ouderdom van het pand vermoeden.

De goedlachse Frau Goller zorgt voor een goed en gevarieerd ontbijt, met muesli, yoghurt, eieren, vleessoorten en kaas. Dit hotel is een ideale uitvalsbasis om de oude stad Bamberg te verkennen; in de omgeving vindt u talloze aardige *Stuben* waar u uitstekend kunt lunchen of dineren (Frau Goller dient u graag van advies).

In de buurt oude stadskern, kathedraal (Ritter von Bamberg en graftombe van Heinrich II), Bisschoppelijk Museum.

8600 Bamberg
Vordere Bach 4
Tel (0951) 54031
Fax 54021
Locatie in zijstraatje van plein bij kathedraal; enkele parkeerplaatsen
Eten en drinken ontbijt
Prijzen K&O DM 75-135
Kamers 18 2-p met douche en 1 gezinskamer met bad. Alle kamers met centrale verwarming, TV, radio, minibar en telefoon
Faciliteiten ontbijtzaal
Credit cards AE, DC, MC
Kinderen heel welkom
Gehandicapten goed toegankelijk, met lift
Huisdieren toegelaten (DM 5 per nacht)
Gesloten laatste 3 weken jan.
Talen Engels
Eigenaar Inge Goller

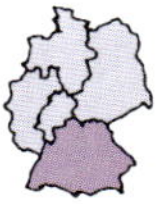

St Nepomuk

Deze aan een splitsing in de rivier de Regnitz gebouwde vroegere molen is aan alle kanten omgeven door ruisend water en alleen via een voetgangersbrug bereikbaar. Het gedeeltelijk in vakwerk opgetrokken pand ziet er oud en rustiek uit, zodat het moderne interieur een verrassing vormt: vooral de hoge eetzaal met lichtblauwe vloerbedekking, een bar en een inventief benutte galerij. De fresco's springen dadelijk in het oog en vooral de vergaderzaal is een baaierd van kleuren en muurschilderingen. En natuurlijk hebt u achter elk raam uitzicht op de rivier. De keuken doet niet onder voor het decor: modern en stijlvol. Het ontbijt is royaal en u bedient uzelf uit grote potten jam, schalen fruit en ontbijt-cereals.

De eigenaars van de St Nepomuk hebben twee belendende molens – Steinmühle en Molitorhaus – verbouwd tot dependances. De kamers in het Molitorhaus zijn in Laura Ashley-stijl ingericht; die in de Steinmühle en het St Nepomuk zijn alledaagser. De Grüners hebben ook het vermaarde Bottingerhaus van Bamberg gekocht en zijn druk bezig die aanwinst te renoveren.

In de buurt kathedraal (standbeeld van Ritter von Bamberg en graftombe van Heinrich II); kasteel Pommersfelden, oud stadhuis.

8600 Bamberg
Obere Muhlbrücke 9
Tel (0951) 25183
Fax 26651
Locatie geflankeerd door rivier in hart van oude stadskern; beperkte parkeergelegenheid
Eten en drinken ontbijt, lunch, diner
Prijzen K&O DM 110-240 (kinderen tot 6 jr. gratis); maaltijden DM 40-80
Kamers 29 2-p met douche, 3 1-p en 2 gezinskamers, alle met bad. Alle kamers met centrale verwarming, TV, radio, minibar en telefoon; sommige met haardroger
Faciliteiten eetzaal, vergaderzaal **Credit cards** DC, MC, V **Kinderen** welkom
Gehandicapten 1 aangepaste kamer op begane grond
Huisdieren toegelaten **Gesloten** nooit **Talen** Engels, Frans **Eig.** Waltraud en Peter Grüner

Noord-Beieren

Hotel in jachtslot, Bayreuth

Schloßhotel Thiergarten

Dit verrukkelijke barokke jachtslot ligt op een heuveltop in het eigen hertenpark en de weg erheen vanuit Bayreuth kronkelt zich door de landerijen van boeren. Daarom schrikken we even als we ontdekken dat de *Autobahn* aan de andere zijde van de heuvel nog net zichtbaar is, en zelfs enigszins hoorbaar. In het hotelletje zelf heerst echter serene rust: de meeste kamers en het terras liggen aan de andere zijde, zodat niets de landelijke rust verstoort.

De ruimten op de begane grond verplaatsen ons terug in de tijd, met hun goed bewaard gebleven fresco's van Domencio Caddenazi, fraaie kandelabers, door kaarsen verlichte tafels en grote olieverfschilderijen. U kunt dineren in de elegante Wilhelminasaal, of in de Venedig-Saal (genoemd naar de prachtige kroonluchter en bijpassende kandelabers). Voor kleine gezelschappen is er ook een aardige roze eetkamer met open haard; grotere recepties vinden plaats in de Barocksaal, een imposante koepelvormige ruimte.

De kamers zijn ruim en gerieflijk ingericht, nu eens met groen gelakt meubilair, dan weer met meubels van gevernist hout. Er zijn plannen voor een forse uitbreiding, dus geniet van de luxe van dit hotel zolang het nog klein is!

In de buurt Margrave Operahaus, Neuburg.

8580 Bayreuth,
Oberthiergärtner-Straße 36
Tel (09209) 1314
Fax 1829
Locatie in heuvellandschap, 6 km ten zuidwesten van Bayreuth; met tuinen, garages en ruime parkeergelegenheid
Eten en drinken ontbijt, lunch, diner, snacks
Prijzen K&O DM 110-250; maaltijden DM 75-110
Kamers 8 2-p (6 met bad, 2 met douche). Alle kamers met centrale verwarming, radio, TV, minibar, telefoon en haardroger **Faciliteiten** 2 eetzalen, bar, vergaderzaal, sauna en terras **Credit cards** AE, DC, MC, V **Kinderen** welkom **Gehandicapten** onaangepast **Huisdieren** toegelaten (DM 10 per nacht) **Gesloten** feb,; alleen restaurant (diner) op zo. en ma. (uitgezonderd Festival in juli) **Talen** Engels, Frans

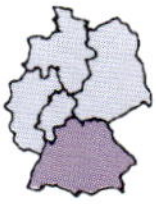

Noord-Beieren

Hotel in de stad, Dinkelsbühl

Hotel Eisenkrug

De aan de buitenzijde roze gesausde Eisenkrug bezit dan misschien niet de charme van het nabije Deutsches Haus, maar ligt wel even centraal in de goed geconserveerde oude stadskern van Dinkelsbühl. In sommige opzichten is het zelfs plezieriger hier te logeren (zoals het uitzicht op de Weinmarkt).

De voornaamste reden daartoe is echter de keuken – Frankische en Zwabische specialiteiten, naast fantasierijke eigentijdse gerechten – die ongetwijfeld in deze stad zijns gelijke niet heeft en goed genoeg was om een Michelin-ster te krijgen. Het hoofdrestaurant, Zum kleinen Obristen, is elegant en plezierig ingericht met kopieën van antieke meubelen, hoewel het geen echt 'eigen' karakter bezit. Voor meer sfeer daalt u af naar de *Weinkeller*, waar u in de avonduren minder ambitieuze gerechten onder lage, gewelfde plafonds krijgt geserveerd. Op het terrasje voor het hotel kunt u van koffie met gebak genieten.

De kamers zijn met zorg ingericht, met een mengeling van antiek en nagebootst antiek, ieder met een individuele decoratie. De beste kamers zijn opmerkelijk ruim.

In de buurt St. Georgskirche, Segringerstraße, oude bolwerken, Stadtmühle.

8804 Dinkelsbühl,
Dr Martin Luther-Straße 1
Tel (09851) 6017
Locatie in hart van stadje bij de Weinmarkt, dicht bij openbare parkeerplaatsen
Eten en drinken ontbijt, lunch, diner en snacks
Prijzen K&O DM 85-150, maaltijden DM 30-60
Kamers 9 2-p (1 met bad, 8 met douche), 2 1-p met douche en 1 gezinskamer met bad. Alle kamers met centrale verwarming, TV, telefoon, minibar en kluisje
Faciliteiten eetzaal, bar, kelder-bodega
Credit cards AE, DC, MC, V
Kinderen welkom
Gehandicapten rolstoel aanwezig
Huisdieren toegelaten (DM 10 per nacht)
Gesloten nooit
Talen Engels, Frans
Eig. Martin Schaeff

Noord-Beieren

Dorpshotel, Erlangen-Frauenaurach

Schwarzer Adler

Op gepaste afstand van de industriestad Erlangen ligt het dorpje Frauenaurach, waar deze aardige oude *Weinstube* vertrouwelijk tegen de dorpskerk aanleunt.

Al aan het vakwerkpand valt het rustieke karakter af te lezen, zodat de smaakvolle eenvoud van het interieur geen verrassing is. Een gedraaide eikehouten trap leidt via een overloop – waar u een oud hobbelpaard en een oud staand horloge tegenkomt – naar de over twee etages verdeelde kamers, genoemd naar op de deuren geschilderde vogels. Ook achter die deuren getuigt alles van goede smaak: zo heeft de Storkzimmer een antieke linnenkast en witte vakwerkmuren. De kamers doen wat sober aan, maar zijn toch van alle moderne gemakken voorzien.

Het ontbijt wordt genuttigd onder het 'genot' van blaasmuziek, zoals het Aziatische kamermeisje onze inspecteur uitlegde. 's Avonds zijn in de met geweien en houtsnijwerk verfraaide *Weinstube* snacks verkrijgbaar, die ofwel in de gelagkamer zelf, of op het terras worden geserveerd.

In de buurt Erlangen (10 km) – kunstgalerij, kasteeltuin.

8420 Erlangen-Frauenaurach
Herdegenplatz 1
Tel (09131) 992051
Locatie aan dorpspleintje, 2 km van de E45 ten zuidwesten van Erlangen; met ruime openbare parkeergelegenheid
Eten en drinken ontbijt en snacks
Prijzen K&O DM 90-190
Kamers 4 2-p en 1 1-p, alle met douche. Alle kamers met centrale verwarming, TV, minibar, telefoon en haardroger
Faciliteiten *Stube*, terras
Credit cards DC, V
Kinderen welkom
Gehandicapten 1 kamer op begane grond
Huisdieren toegelaten
Gesloten half mei-juni, en half aug.-sept.
Talen mondje Engels
Eigenaar Christine Müller-Kinsel

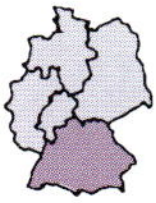

Noord-Beieren

Hotel in de stad, Feuchtwangen

Hotel Greifen-Post

Dit degelijke oude hotel – aan de buitenkant roze en onopvallend, maar van binnen verleidelijk intiem en karaktervol – 'restaureert' de inwendige mens al sinds 1369. De recente renovatie heeft de oude ambience gelukkig niet aangetast. De eetzaal heeft kleurrijke fresco's aan de muren, maar de keuken serveert eigentijdse combinaties als lamsbout met een saus van zwarte olijven. In de gemoedelijke Poststube worden op een open houtvuur gegrilde vleesgerechten geserveerd. (De gast kan uit nog vier andere *Stuben* kiezen, ieder met hun eigen karakter.)

Ook de kamers in Hotel Greifen-Post hebben ieder hun eigen stijl, zoals die van de alomtegenwoordige Laura Ashley, de op grandeur afgestemde Biedermeier-stijl, of de rustieke inrichting met hemelbed. Alles is met zorg en aandacht voor comfort gedaan. Het belendende pand, het 16e-eeuwse Neumeisterhaus, is verbonden met het hotel, zodat de familie Lorentz over vier extra appartementen (met eigen zitkamer) kan beschikken. Het zwembad, waarop de Lorentzen heel trots zijn, is ondergebracht in een voormalig stallencomplex.

In de buurt Romaans klooster, museum; Dinkelsbühl (10 km), Rothenburg ob der Tauber (25 km).

8805 Feuchtwangen
Marktplatz 8
Tel (09852) 2003
Fax 4841
Locatie aan marktplein van oude stad, 25 km ten zuidwesten van Ansbach; met ruime openbare parkeergelegenheid
Eten en drinken ontbijt, lunch, diner
Prijzen K&O DM 135-210 (kinderen tot 10 jr. half geld); maaltijden DM 45-80
Kamers 32 2-p (19 met bad, 13 met douche), 6 1-p met douche. Alle met centrale verwarming, TV, radio, telefoon, haardroger en minibar
Faciliteiten eetzalen, bar, ontbijtzalen, bibliotheek, rijwielen **Credit cards** AE, DC, MC, V **Kinderen** welkom **Gehandicapten** enkele kamers op begane grond
Huisdieren toegelaten **Gesloten** nooit **Talen** Engels, Frans

Noord-Beieren

Landelijke hotelletje, Hammelburg

Halbritters Landgasthaus

Het Halbritter-kapitaal is afkomstig uit de lompenhandel, zo horen we. Er moet een fors deel van dat geld in dit uitzonderlijke landelijke hotelletje zijn geïnvesteerd: het is nieuwbouw, maar dan in de traditionele stijl, ingericht door een binnenhuisarchitect en gemeubileerd in een chique stijl.

Overal in dit hotel is de hand van de binnenhuisarchitect zichtbaar – de aandacht voor het detail is allesomvattend of zelfs benauwend. De resultaten zijn echter onmiskenbaar indrukwekkend. Traditionele versieringen – pronkerige draperieën om de vensters in de openbare ruimten, chique wandlampen en versierde deurknoppen – dat alles gaat hand in hand met stoelen van een eigentijdse, strakke lijn. De rijke kleurschema's zijn gevarieerd genoeg om iedere comfortabele kamer een eigen karakter te verlenen.

De gerechten die in de elegante, wat koele eetzaal worden opgediend, zijn produkten van een kookkunst die al even modern is als de badkamers. In de eenvoudiger *Grill-Stube* worden robuustere streekgerechten geserveerd; in dit decor bent u omringd door fresco's die levensgenieters-in-actie uitbeelden.

In de buurt Burg Saaleck; Veitshocheim (40 km) – rococo-tuinen.

8783 Hammelburg
Hauptstraße 4, Wartmannsroth
Tel (09737) 890
Fax 8940
Locatie in dorp, 10 km ten noordwesten van Hammelburg; met tuin en ruime parkeergelegenheid
Eten en drinken ontbijt, lunch, diner
Prijzen DM 140-200 met ontbijt; maaltijden vanaf DM 35
Kamers 11 2-p met bad. Alle kamers met centrale verwarming, telefoon, radio, TV, minibar en haardroger
Faciliteiten eetzaal, pianobar, foyer, *Stube*, terras, rijwielen **Creditcards** AE, MC, V **Kinderen** welkom
Gehandicapten onaangepast
Huisdieren niet toegestaan
Gesloten 2 weken in jan., 2 weken in aug.; di. **Talen** Engels **Eig.** Jörg Halbritter

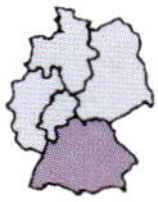

Noord-Beieren

Landelijke hotelletje, Hohenau

Die Bierhütte

Hoewel dit hotelletje nogal afgelegen ligt, diep in het Beierse landschap nabij de grens met Tsjechoslowakije, mag het zich in grote populariteit verheugen: toen wij er in de zomer tegen lunchtijd arriveerden, waren de eetzalen vol gasten, die zich tegoed deden aan allerlei gerechten, van gevulde kool tot gemarineerde zalm. Vooral de puddingen zijn warm aanbevolen. De wijnkaart is uitgebreid en goed. De drukte in de Bierhütte moet deels ook worden toegeschreven aan de ambience: het terras biedt uitzicht op de eigen visvijver van het hotel en de Wappenstube binnen heeft een fraai beschilderd plafond en een marmeren vloer.

De kamers zijn over drie verschillende panden verdeeld: boven de eetzaal in de aardige, knap gerenoveerde brouwerij die de oorsprong van het hotel is, maar ook in een chaletachtig gebouw met veel hout, en in de nieuwste uitbreiding, een tweede chalet, met moderne verlichting en leren leunstoelen.

Ludwig Störzer leidt zijn gemoedelijke hotel efficiënt en heeft vriendelijk personeel. Het hotel domineert het dorpje Hohenau, dat ook boerderijen omvat.

In de buurt wintersportaccomodatie, staatsbossen.

8351 Hohenau, Bierhütte 10
Tel (08558) 315
Fax 2387
Locatie in dorpje, 4 km ten noorden van Freyung; met tuinen en ruime parkeerplaats
Eten en drinken ontbijt, lunch, diner, snacks
Prijzen K&O DM 79-178; maaltijden DM 35-75
Kamers 40 2-p (16 met bad, 16 met douche), 3 1-p met douche. Alle met centrale verwarming, radio en TV, telefoon en minibar; in sommige kamers haardroger
Faciliteiten 2 eetzalen, *Stube*, ontbijtzaal, terras, kinderspeelplaats
Credit cards AE, DC, MC, V **Kinderen** welkom **Gehandicapten** onaangepast
Huisdieren welkom (DM 10 per nacht) **Gesloten** nooit
Talen Engels, Frans, Spaans, Italiaans **Eigenaar** Ludwig Störzer

Noord-Beieren

Hotel in de stad, Miltenberg

Hotel zum Riesen

Zum Riesen, *'das älteste Gasthaus Deutschlands'*, ligt in het aardige stadje Miltenberg, en – met het oog op het verkeerslawaai – bijna ideaal. De ingang is een zijdeur, want de *Stube* op de begane grond is een zelfstandig etablissement. Wie echter boven uit de lift stapt, betreedt een andere wereld.

Werner Jöst is terecht trots op de luxueuze atmosfeer die hij in zijn hotel heeft gecreëerd. De kamers zijn naar aristocratische gasten uit het verleden genoemd, en als ex-architect heeft Herr Jöst het oude karakter van het pand ontzien. In sommige kamers is het vakwerk nog zichtbaar, in andere de zandstenen muren. Iedere kamer is in een andere stijl ingericht: zo heeft de Kaiser Friedrichzimmer een fraai, in geel en wit afgewerkt interieur, met zwartwitte zolderingbalken; de Kaiserin Mariazimmer is heel licht ingericht en met kristallen ornamenten verfraaid; bovendien heeft deze kamer een dakterras. In sommige kamers vindt u mooi antiek.

Cilly Jösts royale ontbijt wordt opgediend in een met ruw pleisterwerk afgewerkte zolderruimte, met aardige illustraties aan de muren. Lunchen en dineren kunt u in de *Stube*, waar Jürgen Lange ook individuele maaltijden zonder zout, peper of paprika serveert.

In de buurt Schnatterloch ('Babbelplein'), fontein.

8760 Miltenberg, Hauptstraße 97
Tel (09371) 3644
Locatie halverwege hoofdstraat (voetgangerszone, bewoners inrijden toegestaan), zonder eigen parkeerplaats
Eten en drinken alleen ontbijt
Prijzen K&O DM 68-200
Kamers 14 2-p, alle met bad of douche. Alle met centrale verwarming; in de meeste kamers telefoon
Faciliteiten ontbijtzaal
Credit cards DC, MC, V
Kinderen welkom
Gehandicapten lift aanwezig **Huisdieren** alleen rustige honden
Gesloten dec.-eind maart
Talen Engels, Italiaans
Eigenaars Cilly en Werner Jöst

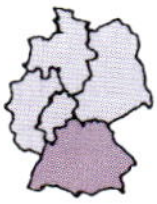

Noord-Beieren

Hotel-restaurant, Muggendorf

Hotel Feiler

In een knus in het groene Wiesenttal verscholen dorp is dit gedeeltelijk uit vakwerk opgetrokken hotel, dat een schoolvoorbeeld van de rustieke stijl mag worden genoemd, sinds 1890 in handen van de familie Feiler. Het is een verrukking om op het heerlijke terras naar het gekwinkeleer van vogels te luisteren en intussen te smullen van de door Horst Feiler zelf verzamelde en bereide zomertruffels. Alleen al het doornemen van de spijskaart is een genoegen: terwijl een *amuse* wordt geserveerd, verdiept de gast zich in heerlijkheden als tongfilet met rivierkreeft, overgoten met een sausje van wilde paddestoelen, of lamsfilet in mosterdsaus, opgediend in een pasteikorst met amandelsmaak. De spaniels van de Feiler zoeken tussen de benen van de gasten naar gevallen kruimels (het hoort bij het karakter van dit hotel). De 13 kamers zijn niet voornaam; wel ruim, en gestoffeerd met Laura Ashley-dessins; de meeste bieden uitzicht op de bloemrijke binnenhof achter het hotel. De aandacht voor details manifesteert zich overal: klokken van Dresdener porcelein en fraaie lampen in de eetzalen, en in de wintereetzaal een bijzonder mooie glas-in-looduitbeelding van de Vier Seizoenen.

In de buurt Ebermannstadt (5 km) – gotische kerk, 17e-eeuws waterrad; Gößweinstein (10 km) – 11e-eeuwse burcht.

8551 Muggendorf, Oberer Markt 4
Tel (09196) 322
Fax 362
Locatie in dorpje in het Wiesenttal; met tuin en ruime parkeerplaats
Eten en drinken ontbijt, lunch, diner
Prijzen K&O DM 110-300; maaltijden DM 70-120
Kamers 8 2-p (3 met bad, 5 met douche) 1 1-p met douche, 4 appartementen met bad. Alle kamers met centrale verwarming, TV en telefoon
Faciliteiten eetzaal, tuinterras, sauna
Credit cards niet
Kinderen welkom
Gehandicapten ongeschikt
Huisdieren toegelaten (DM 10 per nacht) **Gesloten** jan.; alleen restaurant nov.-mei op ma.; geen lunch mei-okt. **Talen** mondje Engels **Eig.** Horst Feiler

Noord-Beieren

Verbouwd kasteel, Riedenburg

Schloß Eggersberg

Deze massieve burcht uit de 15e eeuw werd meer dan 250 jaar lang door de familie Von Baus als jachtslot gebruikt. Het park eromheen hoort nog altijd tot het slot en u kunt er wandelen en fietsen (120 km fietspaden), tennissen, zwemmen, roeien en vissen. Ook kunt u er uw rijpaard stallen en gebruik maken van de vele trainingshindernissen op de rijpaden. In de winter vindt de beginnende skiër hier zachtglooiende afdalingen, compleet met sleeplift, en de voetpaden lenen zich uitstekend voor langlaufen.

Niet alleen de sportieven onder ons zullen van Schloß Eggersberg genieten: het is een knusse, verwelkomende gelegenheid in een fraai landschap, op ruime afstand van de grote wegen. De keuken is internationaal en staat op een behoorlijk peil. Voor cultuurminnaars is de graanschuur omgebouwd tot een klein theater. De kamers zijn ruim, en fraai ingericht met antieke meubelen uit verschillende stijlperioden. Op de glanzende parketvloeren liggen kleurrijke Perzische tapijten, aan de witte structuurmuren hangen schilderijen, en de fraaie badkamers zijn modern.

In de buurt Altmühltal, Eichstät (35 km) – 14e-eeuwse kathedraal, Residenz Platz (rococopaleizen).

8422 Riedenburg
Tel (09442) 1498
Fax (09442) 2845
Locatie in landschapspark tussen Obereggersberg en Georgenbuch; 4 km ten westen van Riedenburg; parkeerplaats
Eten en drinken ontbijt, lunch, diner, snacks
Prijzen K&O DM 65-195 (kinderen beneden de 4 jr. gratis); maaltijden DM 19-36
Kamers 10 2-p, 4 1-p met bad. Alle kamers met centrale verwarming, radio
Faciliteiten eetzaal, televisiezaal, theater, tennis, watersport, fietsen, paardrijden
Credit cards DC, MC, V
Kinderen welkom
Gehandicapten moeilijk toegankelijk
Huisdieren worden gedoogd
Gesloten alleen restaurant op ma. **Talen** Engels **Eigenaars** Kirsten en Bernhard Leidl

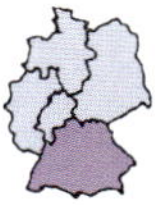

Noord-Beieren

Hotel in de stad, Rothenburg ob der Tauber

Burg-Hotel

Gabriele Berger voegt haar naam als een soort ondertitel toe aan de naam van dit elegante hotelletje, alsof ze zo het karakter ervan wil onderstrepen. Het pand staat op het terrein van een oud klooster aan de periferie van het historische stadje Rothenburg en begon zijn bestaan in de 15e eeuw als opslagschuur. Het exterieur straalt nog steeds de soberheid van het klooster uit, maar in de inrichting is de hand van een vrouw duidelijk te bespeuren.

Het uitzicht is schitterend, en u kunt er vooral van genieten door 's morgens op het terras, gelegen op de middeleeuwse stadswallen, te ontbijten. Voor regenachtige dagen is er de charmante, in roze gehouden ontbijtzaal met zijn klassieke essehouten meubels met gedraaide poten, naast de gezellig ingerichte salon. De kamers zijn even elegant ingericht, met rustige, op elkaar afgestemde kleurschema's en degelijk meubilair. Sommige kamers zijn uitgesproken ruim. Vraag om een kamer met uitzicht op de rivier de Tauber, hoewel de ramen niet bepaald een panoramisch uitzicht bieden. Als wij het voor het kiezen hadden, zou onze keus voor Rothenburg op dit hotel vallen.

In de buurt gemeentehuis, Plönlein Ecke, 14e-eeuws altaarstuk in St.-Jakob-Kirche, Herrngaße, Topplerschlösschenturm.

8803 Rothenburg ob der Tauber,
Klostergasse 3
Tel (09861) 5037
Fax 1487
Locatie binnen de stadswallen van de oude stad, met uitzicht op het Tauberdal; met kloostertuin en parkeerplaats
Eten en drinken alleen ontbijt
Prijzen K&O DM 135-270
Kamers 14 2-p met bad. Alle kamers met centrale verwarming, TV, radio, telefoon, minibar en haardroger; in sommige kamers een kluisje
Faciliteiten zitgelegenheid, ontbijtzaal, terras
Credit cards AE, DC, MC, V **Kinderen** niet **Gehandicapten** 1 aangepaste kamer op begane grond **Huisdieren** toegestaan **Gesloten** nooit **Talen** Engels, Frans **Eig.** Gabriele Berger

Noord-Beieren

Hotel in de stad, Rothenburg ob der Tauber

Markusturm

Het in 1264 als douanekantoor gebouwde Markusturm leunt knus tegen de oude toren aan (die vroeger deel uitmaakte van de stadswallen) waaraan het hotel zijn naam ontleent, net aan de periferie van de voetgangerszone in het romantische centrum van Rothenburg. Het steile puntdak, de geelgesausde buitengevels en de blauwe luiken van het hotel maken een pittoreske indruk.

Al in 1488 werd het pand als herberg in gebruik genomen, maar tegenwoordig wordt het terecht een hotel genoemd. De inrichting van de kamers loopt uiteen: veel kamers zijn met gerieflijke antieke meubelen ingericht en sommige hebben zelfs balkenplafonds, maar andere kamers ademen een moderne stijl. Ze zijn echter allemaal ingetogen en smaakvol gedecoreerd, en de beste kamers zijn opvallend ruim. De begane grond is nogal druk gedecoreerd, met een verzameling poppen, hangplanten en droogbloemen.

De keuken is traditioneel en serveert goed bereide plaatselijke gerechten, zoals vis uit de eigen kweekvijver, en in het seizoen wildschotels. Van augustus tot oktober verzamelen de chefkok en zijn broer graag wilde paddestoelen in de omgeving. Roken is in dit hotel niet toegestaan.

In de buurt gemeentehuis, Plönlein Ecke, Burggarten.

8803 Rothenburg ob der Tauber,
Rodergasse 1
Tel (09861) 2098
Fax 2692
Locatie in het centrum van de stad, naast de Markusturm en bij het marktplein; met garages en parkeerplaats
Eten en drinken ontbijt, lunch, diner
Prijzen K&O DM 130-300; maaltijden DM 20-45
Kamers 22 2-p (13 met bad, 9 met douche) 3 1-p (1 met bad); 3 gezinskamers met bad. Alle met centrale verwarming, TV, radio, telefoon, haardroger.
Faciliteiten eetzalen, TV-kamer, sauna en solarium
Credit cards AE, V
Kinderen welkom
Gehandicapten ongeschikt
Huisdieren toegestaan
Gesloten januari
Talen Engels, Frans, Italiaans
Eigenaar Marianne Berger

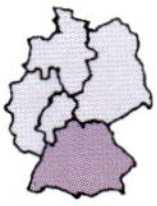

Hotel in de stad, Rothenburg ob der Tauber

Kloster Stüble

In een kleine zijstraat die uitkomt op de Markt, ontsnapt deze kleine, van buiten geelgesausde herberg uit 1540 min of meer aan de toeristenstroom van Rothenburg. Als u er binnenstapt, belandt u in een vredige, schemerdonkere hal met muurschilderingen.

Deze serene rust heerst ook in de kamers boven, die in 1987 zijn gerenoveerd en leuk werden ingericht met passend vurehouten meubilair, gerieflijke zitbanken en frisse kantvitrage. In sommige kamers is de ruimte wat krap, maar toch is er in een van de kamers een hemelbed geplaatst: binnen de met hout afgewerkte wanden geeft dat eerder een knus effect dan de indruk van ruimtegebrek te wekken. Vanuit de kamers aan de achterzijde hebt u een mooi uitzicht over het beboste dal van de Tauber.

De *Stube* beneden is eenvoudig, met droogbloemen en rustieke gebruiksvoorwerpen aan de muren; een muur is verfraaid met een fresco met een olijk drinktafereel. De eetzaal erachter is in roze gehouden; de openslaande deuren komen uit op het zijterras. Rudolf Hammel, de eigenaar, kookt zelf, en hij brengt eenvoudige gerechten op tafel, tegen redelijke prijzen.

In de buurt oude stadskern, gemeentehuis, Plönlein Ecke, bolwerk, stadsmuseum, Burggarten.

8803 Rothenburg ob der Tauber, Heringsbronnengasse 5
Tel (09861) 6774
Fax 6474
Locatie in het centrum van de stad, bij de Markt; overdag voetgangerszone, maar openbare parkeerplaatsen dichtbij.
Eten en drinken ontbijt, lunch, diner
Prijzen K&O DM 66-136; maaltijden DM 25-50
Kamers 13 2-p met douche, 2 1-p met douche, 5 gezinskamers (1 met bad, 4 met douche). Alle met centrale verwarming en TV, in sommige kamers minibar
Faciliteiten eetzaal, *Stube*, terrassen
Credit cards DC, MC, V
Kinderen welkom;
Gehandicapten ongeschikt
Huisdieren toegestaan
Gesloten alleen restaurant: jan.-feb. **Talen** Engels

Noord-Beieren

Hotel in de stad, Volkach

Zur Schwane

Volkach, een stadje dat omringd wordt door golvende wijnbergen, ligt aan de oevers van de machtige Main-rivier. In een van de aardigste panden van het stadje is Zur Schwane gevestigd, een oude herberg uit 1404, die een van de oudste logiesgelegenheden van de streek is. Via een oude boogpoort rijdt u de met kasseien geplaveide binnenplaats op – in de zomer een knus plekje om te lunchen, vooral als het zonlicht door de wijnranken boven het terras wordt gefilterd. Wijn is belangrijk voor de familie Pfaff, die over eigen wijngaarden beschikt en haar veelvuldig bekroonde wijnen in Zur Schwane serveert.

De keuken doet niet onder voor de wijnkelders: goede, gezonde gerechten waarin de invloed van de streek tot uiting komt. De gezellige oude *Stüberl* heeft met lambrizeringen afgewerkte muren en een fraai beschilderd plafond; de eetzaal is wat formeler ingericht, maar licht en plezierig, met wit gepleisterde steunberen, oude olieverfportretten en elegante zilveren kandelaars.

De kamers worden momenteel gemoderniseerd: de 'oude' stijl is wat alledaags, maar beslist gerieflijk, en de vernieuwde kamers zijn stijlvol ingericht; mooie moderne badkamers.

In de buurt wandelroutes, boottochten en wijnproeflokalen.

8712 Volkach
Hauptstraße 12
Tel (09381) 515
Fax 4415
Locatie aan hoofdstraat van het stadje, 35 km ten oosten van Würzburg; met openbare parkeergelegenheid
Eten en drinken ontbijt, lunch, diner
Prijzen K&O DM 75-180; maaltijden DM 39-102
Kamers 21 2-p (1 met bad, 20 met douche), 10 1-p met douche. Alle met centrale verwarming, telefoon en TV; de meeste met radio, sommige kamers haardroger en minibar
Faciliteiten 2 eetzalen, *Stube*
Credit cards AE, DC, MC, V
Kinderen welkom
Gehandicapten onaangepast
Huisdieren alleen kleine honden toegelaten
Gesloten 20 dec.-20 jan.
Talen Engels

Noord-Beieren

Hotel aan de rivier, Wartmannsroth

Hotel Neumühle

Dit oude molencomplex is schitterend gelegen – direct aan de oever van de rivier de Saale en omgeven door golvende heuvels en weiden. Met zijn draaiende waterrad ziet het er aan de buitenkant uit als een in uitstekende staat verkerende watermolen, maar de gebouwen zijn in werkelijkheid met authentieke bouwmaterialen nieuw opgetrokken. In het interieur is overvloedig gebruik gemaakt van antieke decoraties en ornamenten.

Het hotel bestaat uit een aantal rustieke gebouwen rondom een binnenhof. De meeste kamers zijn in feite apartementen met een zitkamer en soms een wenteltrap naar de als slaapkamer ingerichte entresol; in andere kamers is het slaapgedeelte een alkoof in de hoofdruimte. Van binnen is iedere kamer anders: sommige hebben een ouderwets hemelbed, maar alle kamers zijn smaakvol met fraai antiek ingericht. De eetzaal is een immense, gezellig ingerichte ruimte met een met houtsnijwerk verfraaide zoldering. Helaas kijkt de gast uit op de tennisbaan, in plaats van op de rivier.

Het is allemaal heel indrukwekkend, maar tijdens ons bezoek stelden we een groot gemis vast – er waren bijna geen gasten.

In de buurt kasteel Saaleck.

8781 Wartmannsroth, Neumühle 54
Tel (09732) 8030
Fax 80379
Locatie in open landschap aan rivier, nabij Diebach; met tuin en ruime parkeerplaats
Eten en drinken ontbijt, lunch, diner, snacks
Prijzen DM 140-260; ontbijt DM 20; maaltijden DM 40-60
Kamers 16 2-p en 8 1-p, 5 appartementen, alle met bad of douche. Alle met centrale verwarming, TV, radio, telefoon en minibar **Faciliteiten** zitgelegenheid, eetzaal, vergaderzaal, sauna, solarium, overdekt zwembad, tennisbaan, rijwielen, boten **Credit cards** niet **Kinderen** welkom **Gehandicapten** onaangepast **Huisdieren** niet in eetzaal **Gesloten** jan. **Talen** Engels, Frans, Italiaans

Noord-Beieren

Oude pleisterplaats voor postkoetsen, Wirsberg

Posthotel

Ooit was er een beroemde Ritter von Wirsberg, die vanuit zijn hoog boven het dorp gelegen kasteel zijn arme onderdanen regeerde. Zijn burcht is verdwenen; alleen de kasteeltuin is er nog, tot vreugde van de gasten van deze voormalige uitspanning voor postkoetsen. Het door bossen omgeven Wirsberg is nu een populair kuuroord. Het Posthotel ligt centraal aan de Markt. Geen verkeerslawaai, en zonder de vrij luide blaasmuziek in de foyer zou dit een bijzonder plezierige, gerieflijke logiesgelegenheid zijn: de slaapkamers voldoen aan hoge maatstaven, met hun in Ashley-stijl gehouden stoffering en goede kopieën van antieke meubelen. In enkele kamers aan de achterzijde zijn de geluiden van de rivier door de open ramen te horen.

De grote eetzaal heeft witte muren om het gemis aan ramen te compenseren, en de gedraaide steunberen geven de gast iets om naar te kijken als de onevenwichtige bediening haar dag niet heeft. Het ontbijt wordt opgediend in een aardige lichte ruimte met fraaie Indiase tapijten. Een van de trekpleisters van het hotel is het fraaie overdekte zwembad, dat aan de Romeinse thermen doet denken.

In de buurt middeleeuws marktplein, stoommachinemuseum, Kulmbach (10 km) – biercentrum; kasteel Plassenburg.

8655 Wirsberg, Marktplatz 11
Tel (09227) 861
Fax 5860
Locatie aan marktplein van het dorp; 21 km N van Bayreuth; met ruime openbare parkeerplaats
Eten en drinken ontbijt, lunch, diner, snacks
Prijzen K&O DM 118-298; maaltijden DM 18-98
Kamers 24 2-p, 7 1-p, 5 appartementen en 10 suites, alle met bad. Alle kamers met centrale verwarming, TV, radio, telefoon, haardroger en minibar; de meeste kamers air-conditioned
Faciliteiten zitkamer, bar, eetzaal, vergaderzaal, sauna en overdekt zwembad
Credit cards AE, DC, MC, V **Kinderen** welkom **Gehandicapten** onaangepast
Huisdieren toegestaan **Gesloten** nooit **Talen** Engels, Frans, Italiaans

Noord-Beieren

Dorpshotel, Altenkunstadt

Hotel Gondel

Achter de keurig onderhouden traditionele, witte vakwerkgevel van het Gondel gaat een knus interieur schuil. De vlakke structuurmuren zijn wit geschilderd en de kamers zijn functioneel.
■ 8621 Altenkunstadt Marktplatz 7 **Tel** (09572) 661 **Fax** 4596 **Eten en drinken** ontbijt, lunch, diner **Prijzen** DM 50-165 met ontbijt; maaltijden DM 18-40 **Kamers** 38, alle met bad of douche. Alle kamers met centrale verwarming TV en telefoon **Creditcards** niet geaccepteerd **Gesloten** 1 week begin jan.; alleen restaurant vrij. **Talen** Engels, Italiaans

Hotelletje in de stad, Ansbach

Hotel Bürger-Palais

Een voornaam herenhuis dat voor veel geld is gerenoveerd, in stijl met het schitterende barokke exterieur. Tal van kroonluchters van Beiers kristal en veel zijde en damast in de kamers en ruwhouten wanden in de *Stube*. Een aardige tuin met een dito terras.
■ 8800 Ansbach Neustadt 48 **Tel** (0981) 95131 **Fax** 95600 **Eten en drinken** ontbijt, lunch, diner **Prijzen** DM 140-260 met ontbijt; maaltijden vanaf DM 26 **Kamers** 12, alle met bad. Alle kamers met centrale verwarming, TV en telefoon **Creditcards** AE, DC, MC, V **Gesloten** nooit **Talen** Engels, Frans

Hotel in de stad, Bad Kissingen

Laudensacks Parkhotel

Dit pand van rond de eeuwwisseling is omgeven door grote tuinen en werd ingrijpend gerenoveerd om er een *Kurhotel* van te maken. Stoffering en houtsoorten zijn gecombineerd met art deco-verlichting.
■ 8730 Bad Kissingen, Kurhausstraße 28 **Tel** (0971) 1224 **Fax** 99013 **Eten en drinken** ontbijt, lunch, diner, snacks **Prijzen** DM 97-210 met ontbijt **Kamers** 19, alle met bad, centrale verwarming, telefoon, haardroger, radio, TV, en minibar **Creditcards** AE, DC, MC, V **Gesloten** half dec.-eind jan.; alleen restaurant: op do. **Talen** Engels

Hotel in de stad, Bayreuth

Hotel Königshof

Het sobere exterieur verbergt een elegant ingericht hotel. Kamers zijn er in alle soorten en maten (met overeenkomstige prijzen), en Uwe Werner heeft ze met gevoel voor stijl ingericht.
■ 8580 Bayreuth Bahnhofstraße 23 **Tel** (0921) 24094 **Fax** 12264 **Eten en drinken** ontbijt, lunch, diner **Prijzen** DM 85-340 met ontbijt; maaltijden DM 27-130 **Kamers** 35, alle met bad of douche. Alle kamers met C.V., TV, telefoon en minibar **Creditcards** AE, DC, MC, V **Gesloten** nooit **Talen** Engels

Noord-Beieren

Landelijk pension in de stad, Bayreuth

Gaststätte in Park der Eremitage

Een juweeltje dat we te laat ontdekten om er nog een uitvoerige beschrijving van te kunnen opnemen: vredige, enigszins elegant-streng ingerichte kamers in romantische siertuinen.

■ 8580 Bayreuth Schloßallee **Tel** (0921) 99287 **Eten en drinken** ontbijt, lunch, diner **Prijzen** DM 70-110 met ontbijt; maaltijden vanaf DM 15 **Kamers** 10, alle met bad of douche. Alle kamers met centrale verwarming; sommige met telefoon en TV **Creditcards** niet geaccepteerd **Gesloten** 15 sept.-1 mrt; di. in laagseizoen **Talen** Engels

Verbouwd kasteel, Colmberg

Burg Colmberg

Een machtige Beierse burcht die de gast duizend jaar terugvoert naar het verleden. Enkele fantastische kamers en een golfbaan, een speelplaats voor kinderen en een dierenpark.

■ 8801 Colmberg An der Burgenstraße **Tel** (09803) 615 **Fax** 262 **Eten en drinken** ontbijt, lunch, diner **Prijzen** DM 75-150 **Kamers** 27, alle met bad of douche. Alle kamers met centrale verwarming, telefoon; sommige met haardroger **Creditcards** MC **Gesloten** feb.; di. **Talen** Engels

Hotelletje in de stad, Dinkelsbühl

Gasthof zum Goldenen Anker

Iets van de drukke hoofdstraten verwijderd ligt dit aardige hotelletje, met op de begane grond ruimten met lambrizeringen en boven ruime, zij het wat alledaagse en vrij moderne kamers.

■ 8804 Dinkelsbühl, Untere Schmiedgasse 22 **Tel** (09851) 822 **Fax** 6722 **Maaltijden** ontbijt, lunch, diner, snacks **Prijzen** kamers DM 72,50-130 **Kamers** 16, alle met bad of douche, centrale verwarming, telefoon, radio, TV en minibar **Creditcards** AE, DC, MC, V **Gesloten** laatste 2 weken jan.

Hotel in de stad, Dinkelsbühl

Deutsches Haus

Alles in en aan dit oude hotel ademt historie: beschilderde muren en antiek meubilair. Hier en daar wat lawaaierig of sleets, maar toch gerieflijk. Frau Kellerbauer is altijd de charmante gastvrouw.

■ 8804 Dinkelsbühl, Weinmarkt 3 **Tel** (09851) 2346 **Fax** 7911 **Maaltijden** ontbijt, lunch, diner, snacks **Prijzen** kamers DM 70-200 **Kamers** 15, alle met bad of douche, centrale verwarming, radio, TV en minibar **Creditcards** AE, DC, MC, V **Gesloten** 24 dec.-10 jan. **Talen** Engels

Noord-Beieren

Landelijk hotelletje, Eschau-Hobbach

Gasthof Engel

Zelfs hier – in een 200 jaar oude herberg, verborgen in het stille Elsavatal – vinden we vergaderzalen. De *Stuben* met hun balkenplafonds zijn uitnodigend en de kamers zijn gerieflijk.
■ 8751 Eschau-Hobbach, Bayernstraße 47 **Tel** (09374) 388 **Eten en drinken** ontbijt, lunch, diner **Prijzen** DM 50-90 met ontbijt; maaltijden vanaf DM 22 **Kamers** 24, alle met bad of douche. Alle kamers met centrale verwarming, telefoon en balkon **Creditcards** MC **Gesloten** ma.; 2 weken jul.-aug. **Talen** mondje Engels

Verbouwde wijnboerderij, Frickenhausen

Hotel Meintzinger

Eigenlijk is dit meer een uitbreiding van, dan een verbouwde wijnboerderij, want de aloude firma Meintzinger floreert nog altijd naast deze nieuwe onderneming. De kamers zijn ruim, maar niet bepaald stijlvol; de ontbijtzaal is licht en vrolijk.
■ 8701 Frickenhausen **Tel** (09331) 3077 **Eten en drinken** ontbijt, snacks **Prijzen** DM 120-200 **Kamers** 21, alle met bad of douche. Alle kamers met centrale verwarming, radio, TV en telefoon **Creditcards** AE, MC, V **Gesloten** nooit **Talen** Engels

Verbouwd kasteel, Fürsteneck

Schloß Fürsteneck

Pension zonder pretenties in een 12e-eeuws slot dat een klein Beiers dorp domineert. De kamers zijn eenvoudig in landelijke stijl ingericht. Ook de eetzalen zijn rustiek, net als de keuken. Een goede uitvalsbasis voor verkenning van de fraaie omgeving.
■ 8391 Fürsteneck, Schloßweg 5 **Tel** (08505) 1473 **Maaltijden** ontbijt, lunch, diner **Prijzen** K&O DM 30-120; maaltijden DM 10-40 **Kamers** 12, alle met centrale verwarming **Creditcards** MC **Gesloten** jan.; woe. **Talen** Engels

Chalethotel, Grafenau

Säumerhof

Kijk niet naar het alledaagse uiterlijk, dan wacht u niet alleen een vriendelijk welkom in dit moderne chalet, maar ook vindt u er in de kamers en het restaurant stijlvol comfort. Voorts verdient Gebhard Endls eenvoudige kookkunst de hoogste lof.
■ 8352 Grafenau, Steinberg 32 **Tel** (08552) 2401 **Maaltijden** ontbijt, diner **Prijzen** K&O DM 80-160 **Kamers** 11, alle met douche, centrale verwarming, telefoon, radio en TV en haardroger **Creditcards** niet **Gesloten** nooit **Talen** Engels

Noord-Beieren

Hotelletje in de stad, Gunzenhausen

Hotel zur Post

Bij de renovatie van dit degelijke oude posthotel tot een gerieflijk modern hotel is niet op geld gekeken. De keuken mag er zijn en de gerechten worden zeer fraai opgediend.

■ 8820 Gunzenhausen, Bahnhofstraße 7 **Tel** (09831) 7061 **Fax** 9285 **Eten en drinken** ontbijt, diner **Prijzen** DM 80-200 met ontbijt; maaltijden vanaf DM 30 **Kamers** 26, alle met douche. Alle kamers met centrale verwarming, TV, telefoon, minibar en haardroger **Creditcards** AE, DC, MC, V **Gesloten** 23 dec.-6 jan.; alleen restaurant zo. en ma. **Talen** Engels

Dorpshotel, Keinsbach bei Hersbruck

Kainsbacher Mühle

Het molenrad – of een kopie ervan – draait nog steeds, maar aan dit moderne hotel valt verder weinig antieks te ontdekken. De kamers zijn vrij alledaags. Aardige tuin, overdekt zwembad.

■ 8569 Kainsbach bei Hersbruck **Tel** (09151) 4017 **Fax** 4010 **Eten en drinken** ontbijt, lunch, diner, snacks **Prijzen** DM 120-200 met ontbijt; maaltijden DM 20-50 **Kamers** 34, alle met bad of douche. Alle kamers met centrale verwarming, radio, TV, telefoon en minibar **Creditcards** DC, MC, V **Gesloten** di. **Talen** Engels

Boerderijhotel, Kötzting

Landsitz Gut Ulmenhof

Eenvoudige boerderijaccommodatie voor het hele gezin. Ouders kunnen hun kinderen rustig laten genieten van het omringende parklandschap waar pony's en herten grazen. Mogelijkheden voor vissen. Midgetgolf. Overdekt zwembad.

■ 8493 Kötzing, Bonried 31 **Tel** (09945) 632 **Eten en drinken** ontbijt, diner **Prijzen** K&O DM 50-100; diner vanaf DM 22 **Kamers** 18, alle met bad of douche, CV, radio **Creditcards** niet geaccepteerd **Gesloten** nooit **Talen** alleen Duits

Landelijk hotelletje, Lohr am Main-Land

Buchenmühle

Een charmant huis van gele baksteen op een vredige boslocatie, met een groot en zonnig terras. Binnen uitnodigende, rustieke eetzalen, die meer met geestdrift dan met smaak zijn gedecoreerd, en kamers die het niet aan gerief ontbreekt.

■ 8771 Lohr am Main, Buchentalstraße 23 **Tel** (09352) 3424 **Eten en drinken** ontbijt, lunch, diner **Prijzen** DM 65-120 met ontbijt; maaltijden vanaf DM 35 **Kamers** 15, alle met bad of douche. Alle kamers met centrale verwarming, TV en telefoon, **Creditcards** MC **Gesloten** feb.; ma. **Talen** Engels, Frans

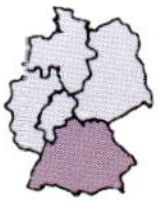

Hotel in de stad, Marktbreit

Hotel Löwen

De ontvangst is hier misschien wat koeltjes, maar het gebouw is schitterend. Binnen koele gangen, een *Stube* met donkere lambrizering en een rustieke eetzaal met een opmerkelijk hoog plafond.

■ 8713 Marktbreit, Markstraße 8 **Tel** (09332) 3085 **Fax** 9438 **Eten en drinken** ontbijt, lunch, diner **Prijzen** DM 60-100 met ontbijt; maaltijden vanaf DM 20 **Kamers** 25, alle met douche. Alle kamers met centrale verwarming, en telefoon; sommige met TV **Creditcards** AE, DC, MC, V **Gesloten** 4 weken in jan. **Talen** Engels

Hotelletje in de stad, Marktheidenfeld

Anker

Een florerend modern hotel, dat het meer van comfort en service dan van een stijlvol interieur moet hebben. Het wordt enthousiast gerund door de 12e generatie van de familie Deppisch, die haar werk als een roeping ziet. U kunt vanaf zeven uur ontbijten.

■ 8772 Marktheidenfeld, Obertorenstraße 6-8 **Tel** (09391) 60040, **Fax** 600477 **Maaltijden** ontbijt, lunch, diner, snacks **Prijzen** K&O DM 100-190 **Kamers** 38, alle met bad, centrale verwarming, telefoon en radio en TV, minibar en haardroger **Creditcards** AE, MC **Gesloten** nooit **Talen** Duits

Hotel in de stad, Miltenberg

Jagd Hotel Rose

Een met blauweregen begroeid hotel met rood-wit gestreepte luiken dat er aanlokkelijk uitziet en gezellig is ingericht – luchtig, met lichte eetzalen, terracotta-plavuizen en hout.

■ 8760 Miltenberg, Hauptstraße 280 **Tel** (09371) 40060 **Fax** 400617 **Eten en drinken** ontbijt, lunch, diner **Prijzen** DM 98-149, ontbijt DM 15, maaltijden DM 40-79 **Kamers** 23, alle met douche, centrale verwarming, telefoon, haardroger, radio, TV en minibar **Creditcards** AE, DC, MC, V **Gesloten** zo. (diner) **Talen** Engels, Frans, Zweeds

Landelijk hotelletje, Neurenberg

Hotel Zirbelstube

'Klein en charmant' – ziedaar het motto van dit bescheiden hotelletje aan een kanaal, en het voldoet er in alle opzichten aan. Ander pluspunt: idyllische locatie aan het Ludwigkanaal.

■ 8500 Nürnberg-Worzeldorf 60, Friedrich-Overbeck-Straße 1 **Tel** (0911) 88155 **Eten en drinken** ontbijt, diner **Prijzen** DM 120-190 met ontbijt; maaltijden DM 103 **Kamers** 8, alle met douche. Alle kamers met centrale verwarming, TV, telefoon, minibar en radio **Creditcards** AE, MC **Gesloten** 2 weken jan.-feb., 3 weken jul.-aug.; ma. **Talen** Engels, Frans

Noord-Beieren

Landelijk hotel, Ochsenfuhrt

Polisina

Aan de naam is de toevoeging 'Wald- un Sporthotel' verbonden (4 tennisbanen, een fraai overdekt zwembad met belendende foyer). De warme ambiance van dit pand is een extra trekpleister.
■ 8703 Ochsenfuhrt, Marktbreiter Straße 265 **Tel** (09331) 3081 **Fax** 7603 **Eten en drinken** ontbijt, lunch, diner **Prijzen** DM 80-220 met ontbijt; maaltijden vanaf DM 40 **Kamers** 33, alle met bad of douche. Alle kamers met radio, TV, telefoon, minibar en haardroger; sommige met centrale verwarming **Creditcards** AE, DC, MC, V **Gesloten** nooit **Talen** Engels, Frans

Hotel in de stad, Passau

Hotel Wilder Mann

De afgelopen 150 jaar hebben drommen aristocraten gebruik gemaakt van dit hotel in rococostijl. De kamers hebben hun voorname ambiance behouden.
■ 8390 Passau, Am Rathausplatz **Tel** (0851) 35071 **Fax** 31712 **Eten en drinken** ontbijt, lunch, diner **Prijzen** DM 60-100 met ontbijt; maaltijden vanaf DM 60 **Kamers** 49, alle met bad of douche. Alle kamers met centrale verwarming, TV, telefoon en radio; sommige met minibar **Creditcards** AE, DC, MC, V **Gesloten** nooit **Talen** Engels, Frans, Italiaans

Luxe hotel, Pegnitz

Pflaums Posthotel

De twee gebroeders Pflaum hebben gevoel voor theater, zowel op het gebied van de architectuur als in de keuken. De voorgevel is een en al oude charme, en in de inrichting is dit element gecombineerd met futuristische luxe. Ambitieuze keuken, enorm ontbijt.
■ 8570 Pegnitz, Nürnberger Straße 12-16 **Tel** (09241) 7250 **Fax** 404 **Maaltijden** ontbijt, lunch, diner **Prijzen** K&O DM 185-590 **Kamers** 50, alle met bad, centrale verwarming, telefoon en TV **Creditcards** AE, DC, MC, V **Gesloten** nooit

Chaletpension, Regen

Burggasthof Weißenstein

Dit eenvoudige kleine chalet ligt schilderachtig onder de ruïne van een oude burcht en biedt vanaf een breed terras uitzicht over de beboste heuvels van Beieren. De kamers smetteloos schoon.
■ 8370 Regen, Weißenstein 32 **Tel** (09221) 2259 **Maaltijden** ontbijt, lunch, diner **Prijzen** K&O DM 40-78; maaltijden DM 12-25 **Kamers** 15, alle met bad of douche en centrale verwarming **Creditcards** niet **Gesloten** nov.-half dec. **Talen** alleen Duits

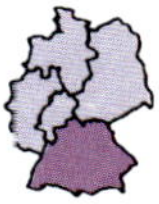

Noord-Beieren

Verbouwd bisschopspaleis, Regensburg

Bischofshof am Dom

Een groot en druk hotel waarvan het formaat onze normen te boven gaat, maar heel aantrekkelijk omdat de historische sfeer bewaard is gebleven, ondanks alle moderne gemakken. De kamers zijn voornaam en degelijk ingericht.

■ 8400 Regensburg, Krauterermarkt 3 **Tel** (0941) 59086 **Maaltijden** ontbijt, lunch, diner **Prijzen** K&O DM 105-210 **Kamers** 60, alle met bad of douche, centrale verwarming, telefoon, radio **Creditcards** AE, DC, MC, V **Gesloten** 23-25 dec.

Hotel in de stad, Rothenburg ob der Tauber

Hotel Meistertrunk

Hotel Meistertrunk onderscheidt zich door zijn ruime kamers en vooral de knusse, traditionele ontbijtzaal met lambrizeringen.

■ 8803 Rothenburg ob der Tauber, Herrngasse 26 **Tel** (09861) 6077 **Fax** 86871 **Maaltijden** ontbijt **Prijzen** K&O DM 75-220 **Kamers** 15, alle met bad of douche, centrale verwarming, telefoon en radio **Creditcards** AE, DC, MC, V **Gesloten** jan.-feb. en nov. **Talen** Engels

Hotel in de stad, Rothenburg ob der Tauber

Hotel Reichs-Küchenmeister

Dit centraal gelegen hotelletje werd na de Tweede Wereldoorlog grotendeels herbouwd in 14e-eeuwse stijl, maar de inrichting is niet overdreven rustiek. Enkele verrukkelijke kamers.

■ 8803 Rothenburg ob der Tauber, Kirchplatz 8-10 **Tel** (09861) 2046 **Fax** 86965 **Maaltijden** ontbijt, lunch, diner, snacks **Prijzen** K&O DM 85-120 **Kamers** 32, alle met bad, centrale verwarming, telefoon, radio en TV **Creditcards** AE, DC, MC, V **Gesloten** nooit **Talen** alleen Duits

Hotel in de stad, Rothenburg ob der Tauber

Hotel Bären

In een stad waarin het wemelt van de hotels, hebben de Müllers veel geld uitgegeven om de concurrentie in de schaduw te stellen: het resultaat is een weelderige inrichting. Extra voordelen zijn de moderne kookkunst van Fritz Müller en de rustige ligging.

■ 8803 Rothenburg ob der Tauber Hofbrunnengasse 9 **Tel** (09861) 6033 **Fax** 4875 **Eten en drinken** ontbijt, diner (lunch vrij-zon.) **Prijzen** DM 180-320 met ontbijt, maaltijden DM 35-135 **Kamers** 35, alle met bad, centrale verwarming, telefoon en TV **Creditcards** MC, V **Gesloten** nov.; jan.-mrt. **Talen** Engels

Noord-Beieren

Landelijk hotel, Wirsberg

Reiterhof

Een mooi luxe-hotel in een rustige omgeving, waar veel skiërs, ruiters en tennissers komen. Enigszins gekunsteld: palmbomen naast het zwembad. De keuken is even gevarieerd als de gasten.

■ 8655 Wirsberg, Sessenreuther Straße 50 **Tel** (09272) 888 **Fax** 7058 **Maaltijden** ontbijt, lunch, diner **Prijzen** K&O DM 110-220; maaltijden à la carte vanaf DM 45 **Kamers** 51, alle met bad of douche, centrale verwarming, telefoon, haardroger, radio en TV en minibar **Creditcards** AE, DC, MC, V **Gesloten** nooit **Talen** Engels, Frans

Hotel in de stad, Würzburg

Zur Stadt Mainz

De donkere eetzaal bewaart een historische sfeer die teruggaat tot 1430. De aardige kamers zijn 'bloemrijk' ingericht, maar u kunt last hebben van het lawaai op straat.

■ 8700 Würzburg, Semmelstraße 39 **Tel** (0931) 53155 **Fax** 58510 **Eten en drinken** ontbijt, lunch, diner **Prijzen** DM 120-180 met ontbijt **Kamers** 15, alle met douche, centrale verwarming, telefoon, radio en TV **Creditcards** niet geaccepteerd **Gesloten** 20 dec.-20 jan.

Zuid-Beieren

Streekintroductie

Hotels in Zuid-Beieren

Deze landstreek is uitzonderlijk rijk aan natuurschoon en beziens-waardigheden: steile bergen en heldere meren, sprookjeskastelen op besneeuwde bergtoppen, en een weelde aan bloemen aan de houten balkons van de vele alpenchalets.

Het deels vlakke, deels heuvelachtige landschap in het noordelijke deel wordt doorsneden door kronkelende rivieren en is een echte wijnstreek. Augsburg, de geboortestad van Bertholt Brecht, ligt aan de Romantische Straße en biedt u Hotel Gregor met zijn restaurant *Cheval Blanc* (tel. [0821] 80050, fax 800569; 40 kamers) – dat boven de grauwe middelmaat hier uitsteekt, hoewel het wat somber ogende Fischertor gerieflijk en rustig genoeg is (tel. [0821] 156051, fax 30702; 21 kamers).

München is een bruisende, voorname stad met mooie winkels en een groot aantal uitstekende hotels. In het zuiden en oosten van de stad hebt u keus te over. Tot de goede alternatieven voor de hotels die we uitvoerig beschrijven, behoren Terrassenhotel Kolbergarten (tel. [08041] 9067, fax 9069; 16 kamers) in het aardige kuuroord Bad Tölz, en het grote, maar zeer verzorgde Zum Goldenen Pflug – een hotel voor sport- en paardrij-enthousiasten bij de Chiemsee. Bij dat meer, met de Beierse Alpen als achtergronddecor, liggen enkele belangrijke trekpleisters, zoals Schloss Herrenchiemsee, een van de kastelen van de tragische Beierse koning Ludwig II. Een alternatief voor onze uitvoerige beschrijvingen is het pittoreske Yachthotel in Prien ¼tel. [08051] 6960, fax 5171).

De stad Füssen aan de Forggensee is ook een populaire trekpleister, niet alleen vanwege het meer, maar ook omdat op korte afstand van de stad enkele andere sprookjeskastelen van Ludwig II zijn gelegen – het fantastische Neuschwanstein en – er heel dichtbij – Hohenschwangau. Zowel het Alpen-Schlößle met zijn voortreffelijke keuken (tel. [08362] 4017; 10 kamers) als het Hirsch (tel. [08362] 5080, fax 508113; 46 kamers) is een door de eigenaar en zijn familie geleid chalethotel.

Op de grens met Oostenrijk ligt Mittenwald, een juweel van een wintersportplaats die helaas 's winters overbevolkt is. Het Gästehaus Franziska (alleen ontbijt) is echter een rustige logiesaccommodatie, ondanks de centrale ligging, en is goed ingericht (tel. [08823] 5051; 20 kamers). Het kleine, hooggelegen Latscheneck serveert alleen aan overnachtende gasten uitstekende streekgerechten (tel. [08823] 1419, fax 1058; 13 kamers), terwijl ook het Wipfelder door ons wordt aanbevolen (tel. [08823] 1057; 15 kamers) – de kamers zijn wat Spartaans ingericht, maar het ontbijt is allesbehalve sober.

Deze bladzijde dient ter introductie van de hotels van de landstreek Zuid-Beieren en geeft u aanbevelingen voor goede hotels die hier niet uitvoerig worden besproken. De beschrijvingen van de hotels waarvoor wij de meeste waardering kunnen opbrengen, beginnen op de volgende bladzijde. Negeert u echter niet de beschrijvingen die op blz. 205 beginnen: het zijn stuk voor stuk kleine hotels waar wij graag zelf willen logeren.

Het hoofdstuk over Noord-Beieren begint op blz. 157.

Zuid-Beieren

Landelijke hotelletje, Altenstadt-Illereichen

Landhaus Schloßwirtschaft

Echte uitmuntendheid in een klein en persoonlijk hotel is in Duitsland een zeldzaamheid, en naar onze maatstaven gemeten is de Schloßwirtschaft in feite een juweeltje. Met minder dan 12 kamers behoort het tot de kleinere etablissementen in deze gids (er zijn maar 40 kleinere in opgenomen) en het is een van de weinige hotelletjes die een in alle opzichten geslaagde ambiance creëren, enerzijds vrij van pretentieuze elegance en anderszijds vrij van een overdaad aan ornamenten. Bovendien zijn de prijzen heel redelijk.

Althans, de prijzen voor de kamers. Volgens sommigen behoort Eberhard Apacher tot een van de beste chef-koks van heel Duitsland (hoewel Michelin zijn kookkunst slechts één ster waard vond). Zijn prijzen zijn ernaar: als u hier dineert, zal uw nota voor overnachten drie- of zelfs vier keer zo hoog uitvallen.

Het hotel zelf, geleid door de opgewekte jonge vrouw van Eberhard, Renate, is sfeervol, smaakvol en rustgevend. De eetzaal heeft een vurenhouten lambrizering, een *Kachelofen* en een balkenplafond boven strakke muren, en in de kamers vindt u aardig beschilderd meubilair.

In de buurt Memmingen (20 km) – Haus der Sieben Dacher (Huis met zeven daken).

7919 Illereichen
Kirchplatz 2
Tel (08337) 8045
Fax 460
Locatie in dorp, 20 km ten noorden van Memmingen, in doodlopende straat naast de kerk; met tuin, garages en ruime parkeergelegenheid
Eten en drinken ontbijt, lunch, diner
Prijzen DM 96-160 met ontbijt; maaltijden vanaf DM 132-150; kindermenu

Kamers 11 2-p met bad. Alle kamers met centrale verwarming, telefoon, TV, minibar en haardroger
Faciliteiten ontbijtzaal, eetzaal, bar, terras, speelplaats voor de kinderen **Creditcards** AE, DC, MC, V **Kinderen** heel welkom **Gehandicapten** 1 kamer op begane grond **Huisdieren** toegestaan (DM 15 per nacht) **Gesloten** nooit **Talen** Engels, Frans, Italiaans

Zuid-Beieren

Brouwerijherberg, Aying

Brauereigasthof Hotel Aying

Deze herberg ontleent zijn naam aan het dorp Aying, waar al meer dan 500 jaar een vermaard Beiers bier wordt gebrouwen. De moderne brouwerij en de herberg liggen naast elkaar, en uiteraard is de bierkaart uitgebreider dan de wijnkaart van sommige hotels; vooral typische 'seizoenbieren' nemen een voorname plaats in.

De klimop onttrekt de ingang en de ramen bijna aan het oog. Binnen worden onder de fraai beschilderde zoldering banketten voor max. 200 personen aangericht, maar er is ook een intieme eetzaal waar u *à la carte* kunt dineren. De keuken is Beiers-robuust, met het accent op varkensvlees, en u kunt er – behalve getapt bier – kiezen uit een redelijk uitgebreide wijnkaart. Buiten vindt u de landelijke Biergarten met rood-wit geblokte tafelkleden en groene tuinstoelen, die op zomerse dagen heel aanlokkelijk is.

Dit soort hotelletjes kan volstaan met bescheiden kamers, maar hier zijn de kamers ruim en stijlvol ingericht – sommige met kleurrijk beschilderde meubelen en hemelbedden.

In de buurt bierlokalen, skiën in de Beierse Alpen, München (30 km) en Rosenheim (30 km).

8011 Aying,
Zornedinger Straße 2
Tel (08095) 705
Fax 2053
Locatie in dorp, 26 km ten zuidoosten van München (neem op de E45 de afslag Hofolding); ruime parkeergelegenheid
Eten en drinken ontbijt, lunch, diner en snacks
Prijzen K&O DM 100-260, maaltijden DM 30-80
Kamers 20 2-p (5 met bad, 11 met douche, 1 met bassin), 3 1-p met douche en 5 gezinskamers met bad. Alle kamers met centrale verwarming, radio, TV en telefoon
Faciliteiten eetzaal, *Biergarten* **Credit cards** AE, DC
Kinderen welkom **Gehandicapten** ongeschikt **Huisdieren** niet **Gesloten** half jan.-half febr. **Talen** Engels, mondje Italiaans

Zuid-Beieren

Hotel in de stad, Bad Aibling

Hotel Lindner

Het aristocratische exterieur van Hotel Lindner – geelgesausde voorgevel met zwart-wit gestreepte luiken – verraadt dat dit een kasteel is geweest. Hoewel er inmiddels 1000 jaar is verstreken, is de historische ambiance moeiteloos bewaard gebleven. De openbare ruimten hebben gewelfde plafonds, op de overloop staan antieke tafels te pronk onder oude olieverfportretten van voorouders, en de vensters zijn omlijst met stijlvolle gordijnen in renaissance-stijl.

De kamers zijn plezierig en ruim, maar ze missen karakter. De meeste zijn gemeubileerd met antiek uit allerlei stijlperioden, en aan de muren hangen impressionistische reprodukties. In een nieuw gebouw achter het hotel, ervan gescheiden door een binnenplaats, zijn nog enkele andere kamers ondergebracht, die uitzicht bieden op de groene tuin. In de dependance is een kleine bar annex bibliotheek ingericht; drankjes worden ook in de tuin geserveerd. Erna Lindners aantrekkelijke dochter Gabi is een charmante, efficiënte gastvrouw, die het hotel – dat al 150 jaar familiebezit is – graag blijft exploiteren.

In de buurt Miesbach (10 km) – tuinen met waterlelies.

8202 Bad Aibling, Marienplatz 5
Tel (08061) 4050
Fax 30535
Locatie in hart van stadje bij de markt, met tuin en ruime parkeergelegenheid
Eten en drinken ontbijt, lunch, diner
Prijzen K&O DM 50-190, maaltijden DM 19-70
Kamers 16 2-p (5 met douche, 6 met bad, 5 met bassin), 16 1-p (2 met bad, 9 met douche en 5 met bassin). Alle kamers met centrale verwarming; sommige met TV, haardroger en telefoon
Faciliteiten eetzaal, ontbijtzaal, tuin, terras, vergaderzaal
Credit cards AE, DC, MC, V **Kinderen** heel welkom
Gehandicapten enkele kamers op de begane grond
Huisdieren toegelaten (DM 7 per nacht) **Gesloten** nooit
Talen Engels, Frans

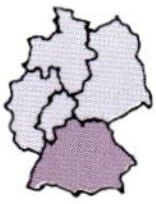

Zuid-Beieren

Hotel-restaurant, Bad Tölz

Altes Fährhaus

Op zijn weg naar de Donau slingert de Isar zich door Bad Tölz, een oud stadje dat zich omstreeks het midden van de 18e eeuw tot een kuuroord ontwikkelde. Met het oog op de gasten van de overzijde van de rivier, moest er een veerboot komen om hen over te zetten. Het veerhuis onder het oude stadje werd verbouwd tot een elegant hotel-restaurant dat wat moeilijk te vinden is, maar de locatie en het direct boven de rivier gelegen, door bomen overschaduwde terras maken het zoeken zeker de moeite waard.

Het gebouw staat op een rotsachtige, donkere heuvel en ziet er aan de buitenkant niet indrukwekkend uit, maar de beide eetzalen zijn licht en luchtig; de eerste is ingericht met art deco-lampen en afgewerkt met hout van fruitbomen; de tweede is gedecoreerd met roze vlinders en linten. De kamers hebben aan de rivierzijde een balkon en zijn gerieflijk in eigentijdse stijl gemeubileerd.

Elly Reiser is niet alleen de eigenaresse van Das Alte Fährhaus, maar tevens chefkok van de vermaarde keuken.

Alleen al het ontbijt zou ons tot een nachtje slapen verlokken: parmaham en gemarineerde zalm, naast de meer gebruikelijke eigen gebakken broodsoorten en eigengemaakte jams.

In de buurt oude stad (Marktstraße, Maria Himmelfahrtkirche).

8170 Bad Tölz
An der Isarlust 1
Tel (08041) 6030
Locatie aan Isar-oever in de noordoostelijke rand van de stad; met kleine tuin en beperkte parkeergelegenheid
Eten en drinken ontbijt, lunch, diner
Prijzen K&O DM 110-170; maaltijden DM 85-130
Kamers 5 2-p met bad. Alle met centrale verwarming, radio en TV, telefoon, en minibar
Faciliteiten 2 eetzalen, terras boven de rivier
Credit cards MC
Kinderen toegelaten
Gehandicapten ongeschikt
Huisdieren alleen in openbare ruimten **Gesloten** jan.-feb.; restaurant op ma. en di. in de lunchuren **Talen** mondje Engels **Eigenaar** Elly Reisser

Zuid-Beieren

Dorpshotel, Bayrischzell

Postgasthof Rote Wand

Dit in een (door Alpen omgeven) dal gelegen hotel richt zich vooral op skiërs en wandelaars, zoals aan de vrij alledaagse inrichting is af te zien. De kamers zijn gerieflijk, met grote badkamers en royaal warm water voor de vermoeide ledematen. Naast de locatie is de hartelijke gastvrijheid van de familie Gaukler-Pellkover de voornaamste attractie van de Rote Wand. Niet is te veel moeite en zij maken veel werk van kinderen en honden.

De eetzalen (een voor niet-rokers) zijn degelijk gemeubileerd en gedecoreerd met rustieke ornamenten, jachttrofeeën en foto's van Herr Gaukler-Pellkofer als ski-deelnemer aan de Olympische Winterspelen van 1936. Er is een mooi terras, dat deels overschaduwd is en waar de verhitte wandelaar een koel biertje kan drinken. De grote *Kachelofen* draagt 's winters bij tot het drogen van natte kleding en de charmante dochter des huizes serveert voedzame maaltijden in forse porties (de geuren ervan zijn soms buiten al te ruiken). De keuken sluit echter stipt om half negen 's avonds, hoewel op zaterdag wel eens een uitzondering wordt gemaakt.

In de buurt de Rotwand (1885 m); Wendelstein – kabelbaan.

8163 Bayrischzell
Geitau 15
Tel (08023) 661
Fax 656
Locatie in gehucht, 2 km ten noordoosten van Bayrischzell; met tuinen en parkeerplaats
Eten en drinken ontbijt, lunch, diner, snacks
Prijzen K&O DM 40-100 (kinderen half geld), maaltijden DM 10-30
Kamers 20 2-p (4 met bad, 16 met douche), 8 1-p en 1 gezinskamer met douche. Alle kamers met centrale verwarming en telefoon
Faciliteiten eetzaal, *Stube*, televisiekamer, terras
Credit cards MC
Kinderen heel welkom
Gehandicapten onaangepast
Huisdieren welkom
Gesloten alleen restaurant op di.
Talen Engels **Eigenaar** familie Gaukler-Pellkofer

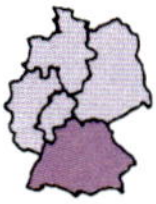

Zuid-Beieren

Landelijk chalethotel, Eisenberg

Magnushof

Aan de voet van de Beierse Alpen, nabij meren en omgeven door bos en veld, oefent de Magnushof alleen al door zijn ligging grote aantrekkingskracht uit, mede door het fascinerende interieur en een ontspannen, vriendelijke gastheer. Kortom, een vondst.

Wilfried Jokisch kocht het chalethotel in mei 1991 van Richard Raue, compleet met diens heterogene verzameling stijlmeubelen – vanaf traditioneel beschilderde hemelbedden tot en met moderne roze leren fauteuils. Dit roept misschien een bizar beeld op, maar alles is met veel smaak bijeengebracht – en het effect mag er zijn! De naar wilde vogels genoemde kamers hebben een huiselijke sfeer, met hun boeken, schilderijen en spelletjes. Het zwembad en het fitness-lokaal verlokken u om zelfs de knusse zitkamer – met zijn grote open haard, fraaie tussenwand van rood en blauw glas en een in een nis toekijkende marmeren buste – te verlaten.

Het ontbijt is royaal, met eigengemaakte jams. 's Avonds ontsluit de hoofse Herr Jokisch zijn voortreffelijke kelderbar voor een drankje vóór of na het eten (of allebei). In de omgeving ontbreekt het niet aan goede eetgelegenheden, en hij dient u graag van advies.

In de buurt Neuschwanstein en Hohenschwangau (5 km), de 'sprookjeskastelen' van koning Ludwig II.

8959 Eisenberg, Unterreuten 51
Tel (08363) 1566
Fax 5241
Locatie in gehucht aan eind van bomenlaan tussen Eisenberg en Hopferau, 10 km ten noordwesten van Füssen; met tuin en ruime parkeerplaats
Eten en drinken alleen ontbijt
Prijzen K&O DM 90-120
Kamers 5 2-p (4 met bad, 1 met douche), 1 1-p met douche. Alle kamers met centrale verwarming, radio en TV, telefoon en haardroger; sommige kamers met minibar
Faciliteiten ontbijtzaal, zitkamer, overdekt zwembad, sauna, fitness-lokaal
Credit cards niet
Kinderen alleen boven de 8 jr. **Gehandicapten** ongeschikt **Huisdieren** niet **Gesloten** nooit **Eig.** Wilfried Jokisch

Zuid-Beieren

Landelijk hotel, Ettal

Der Benediktenhof

De ligging van dit hotel is slechts een van de vele voordelen: hoewel het in een drukbezocht toeristisch gebied ligt, is dit voormalige ziekenhuis van de benedictijnen in het Ettal, aan de voet van de Beierse Alpen, omgeven door een groene gordel van weilanden en bossen. Het is dan ook een heerlijk rustige logiesgelegenheid.

Binnen maakt de serene rust plaats voor een baaierd van kleuren, maar die zijn met veel smaak toegepast. Zowel in de openbare ruimten als de kamers vindt u antieke meubelen en alle mogelijke genres schilderijen.

Geen twee kamers zijn aan elkaar gelijk, maar ze zijn allemaal ruim, gerieflijk en goed gemeubileerd – sommige met antieke beschilderde bedden, andere modern met gecapitoneerde hoofdborden en bijpassende stoffering. De meeste kamers hebben een balkon, vanwaar u een mooi uitzicht hebt op de omgeving.

De eetzalen zijn een mengeling van de rustieke en de traditionele stijl, en er wordt druk gebruik van gemaakt. De barones – met haar blonde vlecht een opvallende verschijning – helpt zelf bij het serveren van de Beierse streekgerechten.

In de buurt abdij van Ettal, Oberammergau (5 km), het sprookjesachtige slot Linderhof (van koning Ludwig; 10 km).

8101 Ettal
Zieglerstraße 1
Tel (08822) 4637
Fax 7288
Locatie in weiden, in door Alpen omsloten dal, 2 km ten westen van Ettal; met tuinen en ruime parkeergelegenheid
Eten en drinken ontbijt, lunch en diner
Prijzen DM 64-107; ontbijt DM 7, maaltijden DM 25-65
Kamers 15 2-p (9 met bad, 6 met douche) en 1 1-p met bad. Alle kamers met centrale verwarming en telefoon
Faciliteiten eetzaal, bodega, televisiekamer, terras
Credit cards niet
Kinderen welkom
Gehandicapten ongeschikt
Huisdieren toegelaten
Gesloten ma.
Talen Engels, Frans, Italiaans
Eigenaar barones Eva von Reitzenstein

Zuid-Beieren

Landelijk hotel, Frasdorf

Landgasthof Karner

Halverwege München en Salzburg, op een steenworp afstand van de *Autobahn*, ligt dit hotel, dat in de weekeinden druk wordt bezocht door jachtig levende stedelingen die er even uit willen zijn, maar vooral niet te ver weg.

Dit chalethotel is zeker niet alledaags, zoals de donkerblauwe luiken, smetteloos witte muren en deuren met fraai houtsnijwerk al meteen duidelijk maken. Ook het interieur is indrukwekkend. De eetzaal – met plavuizenvloer, voorname lambrizeringen en mooie gordijnen – is stijlvol; de kamers zijn ingericht met glanzend antiek en goede tapijten. Dat hebben we althans op gezag van de Karners aan moeten nemen: toen onze inspectrice langs kwam, hadden zij en hun personeel het veel te druk met hun bestaande clientèle om haar rond te leiden.

De keuken moest de nodige kritiek incasseren vanwege het experimenteren met enkele bizarre combinaties van ingrediënten, maar de grote massa laat zich er niet door afschrikken – vooral niet op zonnige middagen, als het mooie terras tot op de laatste plaats bezet is.

In de buurt skihellingen, deltavliegen; Wildenwart (5 km) – kasteel; Chiemsee (15 km).

8201 Frasdorf
Nußbaumstraße 6
Tel (09052) 4071
Fax 4711
Locatie in zijstraatje van dorp, 78 km ten zuidoosten van München; met tuin en parkeergelegenheid
Eten en drinken ontbijt, lunch, diner
Prijzen K&O DM 75-165, maaltijden DM 45-95
Kamers 18 2-p (9 met douche, 9 met bad), 1 1-p met douche en 3 appartementen met bad. Alle kamers met centrale verwarming, TV, radio en telefoon
Faciliteiten eetzaal, *Stube*, tuinterras, sauna
Credit cards AE, DC, MC, V
Kinderen welkom
Gehandicapten onaangepast
Huisdieren toegelaten
Gesloten nooit
Talen Engels **Eigenaar** Christel en Günter Karner

Inzenden van rapporten

Schrijf ons alstublieft over uw ervaringen met hotelletjes, hotel-restaurants en herbergen, hetzij goed of slecht en al of niet in deze gids opgenomen. Behalve in hotels in Duitsland zijn wij geïnteresseerd in hotels in Groot-Brittanië en Ierland, Italië, Frankrijk, Spanje, Portugal, Oostenrijk, Zwitserland en andere Europese landen en het oosten en westen van de V.S.

Op blz. 11 staat het adres waar u naar toe kunt schrijven. Het zou gemakkelijk zijn als u in uw rapport dezelfde bijzonderheden vermeldt als in deze gids. We nemen aan dat u er geen bezwaar tegen hebt als uw rapport gratis (hetzij integraal of bewerkt) wordt gepubliceerd. Als u geïnteresseerd bent om op professionele basis hotels te beoordelen, vermeldt dan op een apart vel papier uw C.V. en uw reis- en hotelervaring.

Zuid-Beieren

Chalet-hotel, Grainau

Alpenhof

Grainau is bijna een rustieke voorstad van Garmisch-Partenkirchen en deelt het majestueuze uitzicht op het berglandschap met dit belangrijke vakantieoord; het bergspoor naar de Zugspitze (Duitslands hoogste bergtop op de grens met Oostenrijk) loopt langs het dorp.

In een gebied met talloze, moderne chalet-hotels onderscheidt het Alpenhof – met een onopvallend exterieur – zich door de sobere, traditionele inrichting; de lambrizering in de grote eetzaal is niet dominerend en de vergulde kroonluchters zijn niet te uitbundig geornamenteerd. Een ander vertrek met een hoog plafond heeft een amusante *trompe l'oeuil* wandschildering, met de afbeelding van een fantasierijk gebouw. De ruime slaapkamers zijn strak van stijl, maar zeker niet teleurstellend (zoals in zoveel andere chalets); het namaak-antieke meubilair en moderne stoffen zijn juist voldoende om de strakke, witte wanden iets op te vrolijken.

De aandacht voor details strekt zich uit tot het overdekte zwembad, dat ongebruikelijk stijlvol is en uitzicht biedt op de weelderige tuin – met zomers een terras met vrolijke tuinmeubelen. De Falkensteins en hun personeel zijn bijzonder hartelijk.

In de buurt skiën, wandelen, alpentuinen, Zugspitze.

8104 Grainau, Alpspitzstr 22
Tel (08821) 8071
Fax 81680
Locatie midden in dorp 6 km ZW van Garmisch Partenkirchen; ruime parkeergelegenheid
Eten en drinken ontbijt, lunch, diner, snacks
Prijzen K&O DM 90-304; kinderen tot zes jaar gratis; diner vanaf DM 30
Kamers 29 2-p, 12 met bad, 17 met douche, 7 1-p met douche; alle kamers CV, tel., haardroger, TV, minibar
Faciliteiten 3 eetzalen, zitkamer, *Stube*; terras, sauna, overdekt zwembad, fietsen
Credit cards DC, MC, V
Kinderen welkom
Gehandicapten lift
Dieren niet toegestaan
Gesloten mi-nov tot mi-dec
Talen Engels
Eigenaars Albert en Margret Falkenstein

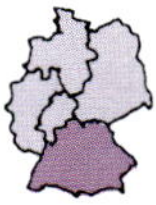

Zuid-Beieren

Verbouwd jachtslot, Grünwald

Schloß-hotel Grünwald

Met zijn kleurrijke muurschilderingen op een wit fond trekt het exterieur van dit aardige 13-eeuwse jachtslot van koning Ludwig der Stärke direct de aandacht. Het door oude kastanjes overschaduwde terras met uitzicht op het Isartal maakt het nog aantrekkelijker.

Het interieur stelt niet teleur: hotelier Florian Voight heeft de historische ambiance uitstekend bewaard en de ruimten met antiek gemeubileerd. In de gangen zien we olieverfschilderijen, beelden en statige kasten; de kamers zijn smaakvol ingericht met aardige Victoriaanse spiegels, bijpassende verlichting en Biedermeier-schrijftafels. Het formaat loopt sterk uiteen: van zeer groot tot klein (in de voormalige bediendenvleugel).

De maaltijden worden opgediend in de grote, lichte Rittersaal, of in de intiemere Bauernstüberl (met een gedeeltelijk verzonken plafond). De klassieke *haute cuisine* van het hotel is goed genoeg om aantrekkelijk te zijn voor veel plaatselijke kunstschilders en acteurs, die hier sinds jaar en dag hun bohémienachtige rendez-vous hebben.

In de buurt Grünwald Burg – prehistorisch museum, rondleiding door filmstudio's.

8022 Grünwald,
Zeilerstraße 1
Tel (089) 6417935
Fax 6414771
Locatie in voorstad van München-Zuid, 10 km via Grünwalder-Straße; met tuin en parkeergelegenheid
Eten en drinken ontbijt, lunch, diner, snacks
Prijzen K&O DM 119-270, maaltijden DM 20-64, kindermenu's DM 6,50-11,50
Kamers 7 2-p (3 met bad, 4 met douche), 6 1-p (2 met bad, 4 met douche) en 3 gezinskamers (2 met bad, 1 met douche). Alle kamers met centrale verwarming, TV, radio, en telefoon; 5 kamers met minibar **Faciliteiten** eetzaal, bar, tuinterras **Credit cards** AE, DC, MC, V **Kinderen** heel welkom **Gehandicapten** ongeschikt **Huisdieren** toegelaten (DM 5 per nacht) **Gesl.** nooit **Talen** Engels, Frans

Zuid-Beieren

Chaletpension, Hirschegg

Pension Sonnenberg

Hoewel het officieel tot Oostenrijk behoort, is het door bergen omgeven Kleinwalsertal alleen vanuit Duitsland toegankelijk. Het is een populaire trekpleister voor toeristen, met casino's, hotels en pretparken, die het niet van verfijnde smaak moeten hebben.

De Sonnenberg heeft een rustiek interieur dat met de omgeving harmonieert: gelakte meubelen en roodwit geblokte gordijnen op de kamers; houten lambrizeringen en koekoeksklokken in de aardige eetzaal. Er is geen keuze uit een menukaart: vaak zijn de gerechten afgestemd op een 'thema': bijvoorbeeld op *Elzasserabend* slakkensoep, *quiche loraine* enzovoort, of op *Hungarischer Abend* goelasjsoep, Esterhazy-ham en dergelijke.

De zitgelegenheid op de begane grond is een aangename verrassing en heeft met zijn watervalletje, groene rotanstoelen, boeken en tijdschriften en een trainingsfiets in de hoek het karakter van een serre. Ook het overdekte zwembad met zijn stenen muren en grote dubbele deuren getuigt van fantasie.

In de buurt wandelroutes, kabelbanen, wintersportaccomodatie.

8985 Hirschegg
Am Berg 26
Tel (08329) 5433
Fax 543333
Locatie op steile heuvel in bergdorpje, 20 km ten zuidwesten van Oberstdorf; met tuin en parkeergelegenheid **Eten en drinken** ontbijt, lunch, diner, snacks **Prijzen** K&O DM 88-128, HP DM 148-220 **Kamers** 16 2-p (4 met bad, 12 met douche), 1 1-p met douche en 2 gezinskamers met douche. Alle kamers met centrale verwarming, TV, radio, telefoon en haardroger **Faciliteiten** zitgelegenheid, eetzaal, *Stube*, overdekt zwembad, sauna, terras **Credit cards** niet **Kinderen** toegelaten **Gehandicapten** ongeschikt **Huisdieren** alleen kleine honden **Gesloten** 1 nov.-15 dec. en half apr.-half mei **Talen** Frans, enig Engels

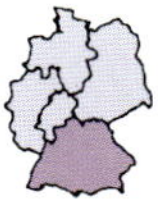

Zuid-Beieren

Hotel in de stad, Landshut

Hotel Fürstenhof

Hoewel de ligging van dit hotel in een buitenwijk niet interessant is, geldt voor het interieur het tegendeel. Hertha Sellmair heeft flair, en de openbare ruimten van haar hoge pand met fraaie gevel zijn heel smaakvol ingericht, vanaf de verwelkomende receptie tot en met de eetzalen. Alles verraadt de hand van een vrouw: bloemen – vers en gedroogd – in de hoeken, verfijnde verlichting, zachte tinten blauw en roze.

Die invloed achter de schermen komt ook tot uiting in de kamers, waar de roze muren perfect harmoniëren met donkerblauwe vloerbedekking. In juni 1991 kwam een nieuwe etage voor niet-rokers gereed, en ook de drie suites hier zijn toonbeelden van goede smaak. Elegant meubilair met een stijlvolle stoffering.

De Fürstenhof telt drie eetzalen: de Herzogstüberl, met houten lambrizeringen en rustiek meubilair; de Fürstenzimmer, met verfijnde elegance; en het lichte, aardig ingerichte Pavillion, met uitzicht op de tuinen erachter. De Duitse keuken is eigentijds en serveert van fantasie getuigende verrukkingen als met paprika gekruide *navarin* of lamsbout met *Rösti*. De Engelse gérant, Christopher Narbutas, is al even charmant als de eigenaresse.

In de buurt St. Martinuskathedraal, kasteel Trausnitz.

8300 Landshut, Stethaimer Straße 3
Tel (0871) 82025
Locatie aan hoofdweg in noordelijke buitenwijk van de stad; met tuin en ruime parkeerplaats
Eten en drinken ontbijt, lunch, diner
Prijzen K&O DM 98-225; maaltijden DM 34,50-63,50
Kamers 11 2-p (2 met bad, 9 met douche), 10 1-p met douche. Alle met centrale verwarming, TV, radio, telefoon, minibar en haardroger.
Faciliteiten 2 eetzalen, bistro in serre, zitkamer, sauna, solarium en tuinterras
Credit cards AE, DC, MC, V
Kinderen heel welkom
Gehandicapten ongeschikt
Huisdieren welkom (DM 10 per nacht) **Gesloten** alleen restaurant op zo. **Talen** Engels, Frans **Eig.** Hertha Sellmair

Zuid-Beieren

Chalethotel in de stad, München

Schrenkhof

Aan de buitenkant ziet de Schrenkhof er uit als een alledaags modern alpenchalet, maar het interieur van dit charmante hotel in de zuidelijke buitenwijken van München is verbluffend. Hoewel het hotel pas in 1988 is gebouwd, is er bij de inrichting overvloedig gebruik gemaakt van oude stijlen en materialen.

Het hotel heeft zonder twijfel de stijl van een chalet, maar aan de kamers is niets rustieks te ontdekken. Hoewel overal dezelfde fraaie stoffen en dezelfde vloerbedekking met een gedurfd streepmotief zijn gebruikt, is iedere kamer in een eigen historische stijl ingericht, nu eens met fraai houtsnijwerk, dan weer met gedetailleerde beschilderingen, waardoor iedere kamer zijn eigen charme bezit. Zelfs de discrete verlichting is een mengeling van antiek en verantwoord modern.

De ontbijtzaal (waar roken niet is toegestaan) doet niet onder voor de kamers, waarin de in renaissancestijl uitgevoerde *Kachelofen* een centrale plaats inneemt. In vergelijking daarmee lijkt het gelijknamige restaurant naast het hotel welhaast gewoontjes, hoewel ook dit stijlvol en uitnodigend is ingericht.

In de buurt De bezienswaardigheden van München, de Beierse Alpen zijn per auto snel en gemakkelijk bereikbaar.

8025 München, Leonhardsweg 6, Unterhaching
Tel (089) 6100910
Fax 61009150
Locatie in buitenwijk, 10 km ten zuiden van het stadscentrum aan de Tegernseer Landstraße en de B13, met vier ondergrondse garages en een ruime parkeergelegenheid
Eten en drinken alleen ontbijt; het aangrenzende restaurant is van dezelfde eigenaar
Prijzen kamers DM 160-250 met ontbijt
Kamers 20 2-p, 5 1-p, alle met bad. Alle kamers met centrale verwarming, radio, TV, telefoon en minibar
Faciliteiten ontbijtzaal, sauna, solarium
Credit cards AE, DC, V
Kinderen toegestaan
Gehandicapten ongeschikt
Huisdieren niet toegestaan
Gesloten 20 dec.-8 jan.

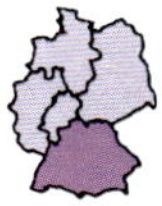

Zuid-Beieren

Pension in de stad, München

Acanthus

Vroeger was het Acanthus bekend als Hotel am Sendliner Tor, naar de nabijgelegen stadspoort van de oude stad München. Tegenwoordig ligt het op het punt waar de stadsringweg en de weg uit de Beierse Alpen samenkomen. Toen Carola Günther, ex-stewardess van de Lufthansa, en haar man Jörg het hotel in 1989 overnamen en het op bescheiden maar smaak- en stijlvolle manier renoveerden, kreeg het hotel zijn huidige naam.

Het behang en de stoffering in de zeer gerieflijk ingerichte kamers op de Alba Rose-etage zijn in 'Engelse' stijl; die van de kamers op de 'Rustikana'-etage zijn in roomkleurige tinten gehouden en met eigentijds meubilair ingericht, en hoewel ze even gerieflijk zijn, betaalt u voor deze minder aantrekkelijke kamers een lagere prijs.

Het ontbijt is een buffet met vele keuzemogelijkheden, met inbegrip van brood- en jamsoorten uit eigen keuken. Het Acanthus kent geen sluitingstijden en de bar blijft 24 uur per dag open voor hapjes en drankjes. Andere hotels nabij het centrum die deze service bieden, moet u met een lantaarntje zoeken.

In de buurt Alter Pinakotek (schilderijen), oude stad uit de 14e eeuw, gotische kerk.

8000 München,
Blumenstraße 40
Tel (089) 231880
Fax 2607364
Locatie in kleine straat in het centrum, vlakbij binnenste Ring en Sendlinger Tor, met ondergrondse garages
Eten en drinken ontbijt en snacks
Prijzen K&O DM 120-280
Kamers 24 2-p, 12 1-p met bad. Alle kamers met centrale verwarming, TV, telefoon en minibar
Faciliteiten ontbijtzaal, bar, (24 uur per dag geopend)
Credit cards AE, MC, V
Kinderen welkom
Gehandicapten onaangepast
Huisdieren toegelaten (DM 15 per nacht)
Gesloten met de Kerst
Talen Engels, Frans
Eigenaar Carola en Jörg Günther

Zuid-Beieren

Hotel in de stad, München

Hotel Palace

Met zijn ruim 70 kamers is dit hotel niet klein, zelfs niet naar Duitse normen, en bij de eerste aanblik ook lang niet charmant, met de façade van beton-met-kiezel en de chroom-met-glas entrée. Maar binnen is de grote omvang nauwelijks merkbaar; de moderne zakelijkheid maakt plaats voor luxe en elegance. Al is het meubilair 'repro', het is smaakvol en zorgvuldig gekozen (veel in Lodewijk XVI-stijl) en de inrichting is zeer geslaagd: fraai bewerkte, vergulde verlichtingselementen en schilderijlijsten in stijlvol contrast met zacht gekleurde muren, vloerkleden en stoffen.

De suites en de beste slaapkamers zijn indrukwekkend ruim, met weelderige marmeren badkamers. Ook de publieke ruimtes zijn zeer beschaafd; vooral de bar met de warme betimmering is heel gezellig. Er is een leuke gazontuin en een haast even weliggroen dakterras.

Het hotel staat in Bogenhausen, net om de hoek van het veel bescheidener Prinzregent (blz. 211) – evenals het Palace met een sterk verschil tussen buiten- en binnenzijde – vanaf het centrum aan de overkant van de Isar, maar niet ver van de rivier en de bezienswaardigheden.

In de buurt Beiers Museum, Engelse Tuin, Duits Museum.

8000 München 80, Trogerstr. 21
Tel (089) 4705091
Fax 2370 3800
Locatie ZO van centrum, bij Prinzregent Theater; met tuin en garage voor 50 auto's
Eten en drinken ontbijt, lunch, diner, snacks
Prijzen kamers DM 230-520; ontbijt DM 24, maaltijden vanaf DM 40
Kamers 50 2-p (30 litsjum.), 31 met bad, 19 met douche; 15 1-p, 1 met bad, 14 met douche; 9 suites met bad; alle met c.v., tel., haardroger, kabel TV, minibar, radio
Faciliteiten eetzaal, hal, bar; dakterras, sauna
Cr. cards AE, DC, MC, V
Kinderen welkom
Voor **gehandicapten** niet geschikt **Dieren** toegestaan **Gesloten** nooit **Talen** Engels, Frans **Eig.** Klaus Lieboldt

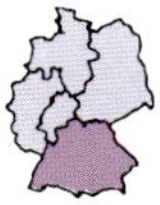

Zuid-Beieren

Hotel in de stad, München

Hotel Rafael

Het pas geopende Rafael (deel van een 'super' hotel-keten gevestigd in Londen) behoort qua omvang tot de grootste door ons opgenomen adressen. Er staat typisch hotelmeubilair en de decoratie is vrij uniform. Het is echter al snel in trek gekomen – vooral in de zakenwereld ter plaatse – door de geslaagde combinatie van discrete luxe, stijlvolle elegance en attente service. Als u van iets dergelijks houdt, zult u zich hier zeer thuis voelen.

Aan het verbouwen van dit Neo-Renaissance gebouw tot hotel is enorm veel geld een aandacht besteed. Publieke ruimtes met een zorgvuldige combinatie van traditioneel en modern (diffuus licht, glazen tafels, antieke prenten, stoelen met krulwerk). De warme tonen van het houtwerk en de wandpanelen dragen bij tot een knusse, harmonieuze sfeer. Comfortabele zitjes in de lobby bar (waar men snacks kan krijgen) en de gezellige piano-bar naast het restaurant.

Slaapkamers en suites hoogst comfortabel, zeer ruim en uitstekend ingericht. Badkamers toppunt van luxe, met extravagante baden en heel veel marmer.

In de buurt Engelse Tuin, Paleis Nymphenburg, Alte Pinakothek.

8000 München 2, Neuturmstr. 1
Tel (089) 290980
Fax 222539
Locatie middenin de stad, achter Hofbräuhaus; met eigen parking voor 40 auto's
Eten en drinken ontbijt, lunch, diner, snacks
Prijzen K&O DM 380-1.400; maaltijden vanaf DM 60
Kamers 72 2-p (5 lits-jum.), 6 suites, alle met bad; alle geklimatiseerd, met c.v., tel., haardroger, TV, minibar, radio
Faciliteiten lobby, eetzaal, bar; dakterras (met zwembad)
Cr. cards AE, DC, MC, V
Kinderen hartelijk welkom
Voor **gehandicapten** lift; rolstoel beschikbaar **Dieren** alleen toegestaan in slaapkamers **Gesloten** nooit **Talen** Engels, Frans, Italiaans, Spaans **Manager** Karl-Heinz Zimmerman

Zuid-Beieren

Kuurhotel, Oberstaufen

Hotel zum Löwen

Dit in één der mooiste panden van een chique kuuroord gevestigde kuurhotel wordt niet volledig gedomineerd door de kuuractiviteiten van de gasten. Natuurlijk, het blauwgroene binnenbad is verbluffend, de fitness-lokalen zijn ruim en modern uitgerust, en de dieetmenu's zijn strenger dan waar ook (er is een dieet bij dat volledig uit wijn en kruiden lijkt te bestaan), maar de gewone vakantieganger zal zich in dit stijlvolle hotel, met zijn bloemenfresco's op de voorgevel en in de vensters, en met zijn lichte, verwelkomende foyer beslist *senang* voelen.

De drie eetzalen zijn in verschillende stijlen ingericht: een is lichtgroen en modern, de tweede is rustiek en de derde charmant en knus. De ambitieuze keuken wordt hogelijk geprezen door Michelin en Gault-Millau – bijvoorbeeld vanwege de rollade van zalm en baars, of de met truffels gevulde duiveborst. Voor de kuurders zijn er verrukkelijke slablaadjes, maar al dat leed wordt verlicht door een uitgebreide wijnkaart.

De kamers zijn ruim, met uitstekende bedden, modern meubilair en moderne prenten, en uiteraard een luxueuze badkamer. Alle kamers hebben een balkon.

In de buurt museum, schouwburg en skihellingen.

8974 Oberstaufen, Kirchplatz 8
Tel (08386) 4940
Fax 494222
Locatie aan marktplein in het hart van de stad; met tuin en ruime parkeergelegenheid
Eten en drinken ontbijt, lunch, diner, snacks
Prijzen K&O DM 125-195; maaltijden DM 50-160
Kamers 20 2-p en 10 1-p met douche, 1 gezinsappartement met bad. Alle met centrale verwarming, kabel-TV, radio, telefoon, haardroger, minibar
Faciliteiten 3 eetzalen, café, sauna, overdekt zwembad en fitness-lokalen
Credit cards AE, DC, V
Kinderen welkom
Gehandicapten goed toegankelijk **Huisdieren** na afspraak **Gesloten** half nov.-half dec. **Talen** Engels, Frans, Italiaans, Spaans

Zuid-Beieren

Hotel aan meer, Seebruck

Malerwinkel

De naam ‘Schildershoek’ is goed gekozen: vanuit deze locatie ziet de Chiemsee er sprookjesachtig uit en het hotel doet er beslist zijn voordeel mee. Hoge dubbele deuren in de eetzaal komen uit op het terras, waar u dagen nodig hebt om u te laven aan het uitzicht op het meer en de Alpen erachter.

De eetzaal is met een scheidingswand in tweeën gedeeld: aan de ene kant de eetzaal voor de wintermaanden, met een grote, groene *Kachelofen*; aan de andere kant een ‘zomerpaviljoen’ waarvan het dak in het midden wordt geschraagd door een houten steunbeer die aan de meerpalen voor het hotel doet denken. De keukens liggen naast de eetzaal en er dringen wat geluiden uit de keuken door, maar de kookkunst is zodanig en het welkom zo vriendelijk dat we dit graag voor lief nemen. Zelfs laatkomers worden vriendelijk ontvangen, want het personeel spiegelt zich aan Frau Anni Loh en zet u zelfs na sluitingstijd nog een heerlijke maaltijd voor.

De kamers zijn smaakvol ingericht met zorgvuldig gekozen moderne meubelen en antiek; de kamers aan de achterzijde hebben wat last van verkeerslawaai, maar voor kamers met uitzicht op het meer moet meer worden betaald.

In de buurt watersport, Herninsel, Fraueninsel (eilanden).

8221 Seebruck,
Lambach 23
Tel (08667) 488
Locatie aan noordwestelijke oever van de Chiemsee, 3 km ten zuidwesten van Seebruck; met tuin en ruime parkeerplaats
Eten en drinken ontbijt, lunch, diner, snacks
Prijzen K&O DM 70-150; maaltijden DM 33-70
Kamers 13 2-p, 1 1-p en 6 gezinskamers, alle met douche. Alle met centrale verwarming, TV, radio, telefoon
Faciliteiten eetzaal, sauna en solarium, vergaderzaal, terras aan meerzijde, whirlpool
Credit cards niet
Kinderen heel welkom
Gehandicapten ongeschikt
Huisdieren toegestaan (DM 5 per nacht
Gesloten nooit
Talen Engels, Frans
Eigenaar Anni Loh

Zuid-Beieren

Chalethotel, Bayrischzell

Die Meindelei

Een kleurrijk pension met extra accommodatie in de chaletbungalows die verspreid in de rustige tuinen zijn gelegen. De Schwerdfegers zijn gastvrij en trots op hun gerieflijke, wat volle hotel.
■ 8163 Bayrischzell, Michael-Meindlstraße 13 **Tel** (08023) 318 **Maaltijden** ontbijt, diner **Prijzen** K&O DM 85-185; maaltijden DM 28-32 **Kamers** 8, alle met bad of douche, centrale verwarming, telefoon en TV; sommige kamers met haardroger **Creditcards** AE, DC, MC **Gesloten** half nov.-half dec. **Talen** Engels, Frans

Landelijk hotel, Berchtesgaden-Stanggaß

Hotel Geiger

Een verbouwde Beierse boerderij die aanzienlijk is uitgebreid en ingrijpend werd gerenoveerd. In Berchtesgaden al lang een van de populairste hotels. De foyers en eetzalen zijn knus en rustiek.
■ 8240 Berchtesgaden Berchtesgadener Straße 103-115 **Tel** (08652) 5055 **Fax** 5058 **Eten en drinken** ontbijt, lunch, diner **Prijzen** DM 95-400 met ontbijt; maaltijden vanaf DM 45 **Kamers** 51, alle met bad of douche. Alle kamers met centrale verwarming en telefoon; de meeste met minibar; sommige met haardroger en TV **Creditcards** V **Gesloten** 15 nov.-15 dec.

Chalethotel, Bernau am Chiemsee

Seiserhof

Dit aardige chalethotel is goedkoop, en bovendien vrolijk ingericht en populair onder vakantievierende gezinnen en zondagse wandelaars, mede dankzij het schitterende uitzicht waarvan u op het terras en in de eetzaal kunt genieten.
■ 8214 Bernau am Chiemsee, Reit 5 **Tel** (08051) 1639 **Maaltijden** ontbijt, lunch, diner, snacks **Prijzen** K&O DM 25-50 **Kamers** 22, alle met douche, centrale verwarming en radio **Creditcards** niet **Gesloten** 15-20 dec., 15 jan.-15 feb.; alleen restaurant, op di. en wo. **Talen** alleen Duits

Verbouwd klooster, Burghausen

Klostergasthof Raitenhaslach

Deze grote vleugel van een oud klooster is tegenwoordig bij uitstek werelds, want hier komen overdag busladingen bierdrinkers en 's avonds vrolijke tafelgasten. De eetzalen zijn immens, maar gezellig, en de kamers zijn gerieflijk.
■ 8263 Burghausen, Raitenhaslach 9 **Tel** (08677) 7062 **Fax** 63126 **Maaltijden** ontbijt, lunch, diner, snacks **Prijzen** K&O DM 80-120 **Kamers** 14, alle met bad of douche, centrale verwarming, telefoon, radio en TV **Creditcards** AE, DC, MC, V **Gesloten** alleen het restaurant, 6-18 jan. **Talen** alleen Duits

Zuid-Beieren

Landelijk hotel-restaurant, Dietmannsried/Probstried

Landhaus Haase

Wilfried Haase drijft zijn chalethotel-restaurant met verve. De beide smaakvol ingerichte restaurants (een luxueus en een rustiek) zijn populair bij de plaatselijke bevolking (reserveren aanbevolen). De ruime kamers zijn smaakvol en gerieflijk ingericht.
■ 8969 Dietmannsried/Probstried, Wohlmutser Weg 3 **Tel** (08374) 8010 **Fax** 6655 **Eten en drinken** ontbijt, lunch, diner **Prijzen** DM 85-185 met ontbijt **Kamers** 8, alle met bad of douche, centrale verwarming, telefoon, radio en TV **Creditcards** AE, DC, MC, V **Gesloten** 1-17 dec. **Talen** Engels, Frans

Hotel in de stad, Eichstät

Hotel Adler

Het fraaie barokke exterieur camoufleert een kostbaar gerenoveerde inrichting – in wezen modern en strak, maar met traditionele ornamenten als kroonluchters. Stijlmeubelen uit de fabriek.
■ 8078 Eichstätt, Marktplatz 22 **Tel** (08421) 6767 **Fax** 8283 **Eten en drinken** alleen ontbijt **Prijzen** DM 90-170 met ontbijt **Kamers** 38 met bad. Alle kamers met centrale verwarming, TV, radio, telefoon en minibar **Creditcards** AE, DC, MC, V **Gesloten** 15 dec.-15 jan. **Talen** Engels, Frans

Dorpshotel, Ettal

Zur Post

Een aardig chalet in een dorp aan de hoofdweg naar Oberammergau. Aardige eetzalen met lambrizeringen (met fluitmuziek). Sommige kamers zijn aardig ingericht, met fraaie reprodukties.
■ 8107 Ettal, Kaiser Ludwig Platz 18 **Tel** (08822) 596 **Fax** 6971 **Maaltijden** ontbijt, lunch, diner, snacks **Prijzen** K&O DM 90-100 **Kamers** 22, alle met bad of douche, centrale verwarming en TV **Creditcards** AE, DC, MC, V **Gesloten** nov.-half dec.

Landelijk hotel, Freilassing

Gasthof Moosleitner

Verrukkelijke oude herberg, geleid door de beminnelijke Traudl en Hans Niederbuchner. Ze hebben hun etablissement met veel smaak ingericht en de ambiance van 700 jaar weten te behouden.
■ 8228 Freilassing Wasserburger Straße 52 **Tel** (08654) 2081 **Fax** 62010 **Eten en drinken** ontbijt, lunch, diner **Prijzen** DM 120-180 met ontbijt; maaltijden vanaf DM 38 **Kamers** 50, alle met bad of douche. Alle kamers met centrale verwarming, TV, telefoon, minibar, haardroger en radio **Creditcards** AE, DC, MC, V **Gesloten** 2-6 jan. **Talen** Engels, Frans

Zuid-Beieren

Chalethotel, Garmisch-Partenkirchen

Gasthof Fraundorfer

Dit hotelletje heeft feestelijke muurschilderingen aan de buitenkant, en de inrichting is al even opwekkend. Af en toe worden de gasten onthaald op een *Jodel- und Schuhplattern*-avond.
■ 8100 Garmisch-Partenkirchen, Ludwigstraße 24 **Tel** (08821) 71071 **Fax** 70173 **Maaltijden** ontbijt, lunch, diner, snacks **Prijzen** K&O DM 55-160 **Kamers** 33, alle met centrale verwarming, telefoon en radio en TV **Creditcards** AE, MC, V **Gesloten** nooit **Talen** alleen Duits

Chalethotel, Garmisch-Partenkirchen

Hotel Garmischer Hof

Wat je noemt een 'vondst' in het hartje van Garmisch – een chalet dat met bijzonder veel smaak en gevoel voor stijl is ingericht. Als u in de weelderige tuin luncht, hebt een een vorstelijk uitzicht.
■ 8100 Garmisch-Partenkirchen, Bahnhofstraße 53 **Tel** (08821) 51091 **Fax** 51440 **Maaltijden** ontbijt, lunch, snacks **Prijzen** K&O DM 65-135 **Kamers** 43, alle met bad of douche, centrale verwarming, telefoon en TV **Creditcards** AE, DC, MC, V **Gesloten** nooit **Talen** alleen Duits

Chalethotel, Garmisch-Partenkirchen

Hotel Staudacherhof

De met een uivormige koepel bekroonde toren camoufleert een groot, modern chalet, waarvan het interieur een mengeling is van Spaanse bogen en Beierse hart- en bloemmotieven. Vanuit de ruime kamers hebt u een spectaculair uitzicht op de Beierse Alpen.
■ 8100 Garmisch-Partenkirchen, Höllentalstraße 48 **Tel** (08821) 55155 **Fax** 55186 **Eten en drinken** ontbijt, snacks **Prijzen** DM 80-135 met ontbijt, maaltijden DM 15 **Kamers** 39, alle met bad of douche, C.V., telefoon, radio, TV en minibar; sommige kamers met haardroger **Creditcards** MC, V **Gesloten** half nov.-half dec.; apr. **Talen** Engels en Frans

Hotelletje aan het meer, Garmisch-Partenkirchen

Riessersee

Dit lage, moderne pand in chaletstijl is zowel van binnen als van buiten charmant genoeg, hoewel een deel van de inrichting nogal alledaags is. Maar wat een ligging! Vanaf het zonnige terras hebt u over een klein meer uitzicht op de Zugspitze!
■ 8100 Garmisch-Partenkirchen, Riess 6 **Tel** (08821) 50181 **Eten en drinken** ontbijt, lunch, diner **Prijzen** DM 110-190 met ontbijt; maaltijden vanaf DM 30 **Kamers** 5, alle met bad of douche. Alle kamers met centrale verwarming, TV, telefoon, minibar en radio **Creditcards** AE, DC, MC, V **Gesloten** ma.; nov.-20 dec. **Talen** Engels

Zuid-Beieren

Chalethotel, Garmisch-Partenkirchen

Clausings Posthotel

Het posthotel van de familie Clausing is drukker en lawaaieriger dan posthotel van Partenkirchen, vooral dank zij het altijd drukbezochte terras. In en om de *Post-Hörndl*-bar vaak volksdansen.

■ 8100 Garmisch-Partenkirchen, Marienplatz 12 **Tel** (08821) 7090 **Fax** 709205 **Eten en drinken** ontbijt, lunch, diner, snacks **Prijzen** DM 110-250 met ontbijt; maaltijden vanaf DM 60 **Kamers** 31, alle met bad of douche. Alle kamers met centrale verwarming, TV, telefoon en radio **Creditcards** AE, DC, MC, V **Gesloten** nooit **Talen** Engels, Frans

Hotel in de stad, Garmisch-Partenkirchen

Posthotel Partenkirchen

Een authentieke pleisterplaats voor Beierse postkoetsen: achter de beschilderde voorgevel is het verleden zorgvuldig bewaard gebleven. Balken- en cassetteplafonds, gewelfde plafonds.

■ 8100 Garmisch-Partenkirchen, Ludwigstraße 49 **Tel** (08821) 51067 **Fax** 78568 **Eten en drinken** ontbijt, lunch, diner, snacks **Prijzen** DM 130-280; maaltijden DM 30-69 **Kamers** 60, alle met bad. Alle kamers met centrale verwarming, TV, telefoon, minibar en radio **Creditcards** AE, DC, MC, V **Gesloten** nooit **Talen** Engels, Frans

Hotel in buitenwijk, Grünwald

Alter Wirt

Dit hotel ligt gunstig naast de snelweg naar München en is aantrekkelijker dan die locatie doet vermoeden. De lichte kamers contrasteren met de openbare ruimten met balkenplafonds.

■ 8022 Grünwald, Marktplatz 1 **Tel** (089) 6417855 **Fax** 6414266 **Eten en drinken** ontbijt, lunch, diner **Prijzen** DM 120-180 met ontbijt; maaltijden DM 53 **Kamers** 49, alle met bad of douche. Alle kamers met centrale verwarming, TV, telefoon en radio **Creditcards** niet geaccepteerd **Gesloten** 24 dec. **Talen** Engels, Frans, Spaans, Italiaans

Chalethotel aan het meer, Hersching am Ammersee

Piushof

Hans Mosers kleurrijke chalethotel, aangesloten bij de Silencehotel-keten, staat zeker niet model voor dit genre. Het is kleiner en smaakvoller ingericht dan de meeste andere chalethotels.

■ 8036 Hersching am Ammersee, Schönbichlstraße 18 **Tel** (01852) 1007 **Fax** 8328 **Eten en drinken** ontbijt, lunch, diner **Prijzen** DM 145-175 met ontbijt, maaltijden DM 20-95 **Kamers** 21, alle met centrale verwarming, telefoon, radio en TV en minibar **Creditcards** AE, DC, MC, V **Gesloten** alleen restaurant: zo (diner) en ma. (lunch) **Talen** Engels

Zuid-Beieren

Landelijk hotel, Hirschegg-Kleinwalsertal

Walserhof

Een modern chalet met goede sportaccommodatie, gebouwd op een helling langs de weg, zodat u een fraai uitzicht hebt over het Kleinwalsertal. Binnen knusse rustieke vertrekken.
■ 8986 Hirschegg, Walserstraße 11 **Tel** (08329) 5684 **Fax** 5938 **Eten en drinken** ontbijt, lunch, diner, snacks **Prijzen** DM 89-188 met ontbijt; maaltijden vanaf DM 28 **Kamers** 35, alle met bad of douche. Alle kamers met centrale verwarming, TV, telefoon en radio **Creditcards** niet geaccepteerd **Gesloten** nov.-half dec. **Talen** Engels, Frans

Chalethotel, Darscheid/Vulkaneifel

Landgasthof Osterseen

De ruime terrassen met uitzicht op de vredige Ostersee lokken veel tafelgasten naar dit drukbezochte chalet, waarvan het interieur is afgewerkt met de gebruikelijke vurenhouten betimmeringen. De familie Link leidt dit hotel met veel charme.
■ 8127 Iffeldorf, Hofmark 9, **Tel** (08856) 1011 **Fax** 9606 **Eten en drinken** ontbijt, lunch, diner, snacks **Prijzen** DM 98-188 met ontbijt, maaltijden DM 25-60 **Kamers** 24, alle met bad, centrale verwarming, telefoon, TV en radio **Creditcards** AE, DC, MC, V **Gesloten** jan.; alleen rest. op ma. **Talen** Engels

Dorpshotel, Inzell

Zur Post

Op het eerste gezicht een echt Beiers posthotel: een oud pand met muurschilderingen en balkons. Binnen, achter de gewelfde gangen, vindt u echter meer elegance dan rustieke charme.
■ 8221 Inzell, Reichenhaller Straße 2 **Tel** (08665) 6011 **Fax** 7927 **Eten en drinken** ontbijt, lunch, diner **Prijzen** DM 90-170 met ontbijt; maaltijden vanaf DM 30 **Kamers** 45, alle met bad of douche. Alle kamers met centrale verwarming, radio, TV en telefoon **Creditcards** DC, MC, V **Gesloten** half-nov.-half dec. **Talen** Engels, Italiaans

Hotel in de stad, Kaufbeuren

Goldener Hirsch

Dit is het grootste hotel van Kaufbeuren: een onopvallend maar niettemin charmant huis uit de 17e eeuw, dat met smaak werd gemoderniseerd, zodat enkele oude kenmerken bewaard zijn gebleven.
■ 8950 Kaufbeuren, Kaiser-Max Straße 60 **Tel** (08341) 43030 **Fax** 18273 **Eten en drinken** ontbijt, lunch, diner **Prijzen** DM 88-240; maaltijden vanaf DM 40 **Kamers** 42, alle met bad of douche. Alle kamers met centrale verwarming, TV, telefoon, minibar en radio **Creditcards** AE, DC, MC, V **Gesloten** nooit **Talen** Engels, Italiaans

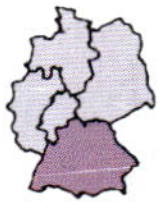

Zuid-Beieren

Landelijk hotel, Kiefering bei Altötting

Bauernsepp

Neem een pizzeria, een rustieke **Backstube**, eetzalen in oosterse en art deco-stijlen, een gewelfd restaurant en een kleine, donkere nachtclub, voeg dit samen en u heeft Bauerensepp. En dan zijn er nog de loofrijke binnenplaats en de moderne slaapkamers. . .
■ 8261 Kiefering bei Altötting **Tel** (08633) 1045 **Fax** 7994 **Eten en drinken** ontbijt, lunch, diner **Prijzen** K&O DM 60-120, diner DM 18-60 **Kamers** 40, alle met bad of douche, CV, tel., TV; sommige hebben radio **Credit cards** AE, MC **Gesloten** nooit **Talen** Engels

Hotel aan het meer, eiland Lindau

Lindauer Hof

De verrukkelijke ligging van de Lindauer Hof, met uitzicht op het haventje van Lindau aan het Meer van Constance, is de voornaamste attractie van dit hotelletje. Een in 1989 uitgevoerde renovatie verleende aan dit oude pand eigentijdse elegance.
■ 8990 Lindau/Insel, An der Seepromenade **Tel** (08382) 4064 **Fax** 24203 **Maaltijden** ontbijt, lunch, diner, snacks **Prijzen** K&O DM 100 – 160 **Kamers** 23, alle met bad, centrale verwarming, telefoon, radio en TV en minibar **Creditcards** AE, MC, V **Gesloten** half jan.-eind feb. **Talen** alleen Duits

Hotel in de stad, München

Hotel Splendid

Centraal gelegen hotel waarin de traditionele inrichting met fraai antiek de sfeer van een traditionele woning creëert. Ruime kamers; geen restaurant, maar wel een terras voor drankjes en hapjes.
■ 8000 München 22, Maximilianstraße 54 **Tel** (089) 296606 **Fax** 2913176 **Eten en drinken** ontbijt, snacks **Prijzen** DM 95-325 met ontbijt **Kamers** 40, alle verw., telefoon, radio en TV **Creditcards** AE, DC, MC, V **Gesloten** nooit

Hotel in de stad, München

Gästehaus Englischer Garten

Een verbouwde watermolen aan de periferie van de 'Englischer Garten' – een groot, in 'Engelse stijl' uitgevoerd stadspark in het hart van München. Het hotel biedt u eenvoudige, maar ruime kamers tegen redelijke prijzen, zodat u vooruit moet reserveren.
■ 8000 München 40 Liebergesellstraße 8 **Tel** (089) 392034 **Fax** 391233 **Eten en drinken** ontbijt **Prijzen** DM 120-160; ontbijt DM 6 **Kamers** 34, alle met bad of douche. Alle kamers met C.V., TV, tel.; de meeste met minibar **Creditcards** niet geaccepteerd **Gesloten** nooit **Talen** Engels, Frans, Spaans

Zuid-Beieren

Hotel in de stad, München

Hotel Preysing

Modern, maar met een club-achtige 'Pub' en een sfeervol 'Keller'-restaurant. Dit hotel ligt op korte afstand van de belangrijkste winkelstraten van München.
■ 8000 München, Preysingstraße 1 **Tel** (089) 481011 **Fax** 4470998 **Eten en drinken** ontbijt, lunch, diner **Prijzen** DM 155-249 met ontbijt; maaltijden DM 70 **Kamers** 72, alle met C.V. bad of douche. Alle kamers met C.V., air-conditioning, TV, telefoon, minibar, radio en haardroger **Creditcards** niet geaccepteerd **Gesloten** 24 dec.-6 jan. **Talen** Engels, Frans

Verbouwde watermolen, München

Insel-Mühle

Deze molen is met smaak en in een rustieke stijl verbouwd: vooral de kamers onder de kap zijn aantrekkelijk. De molen staat op een idyllisch plekje aan de rivier.
■ 8000 München 50, Von Kahr Straße 87 **Tel** (089) 81010 **Fax** 8120571 **Eten en drinken** ontbijt, lunch, diner **Prijzen** DM 200-380 met ontbijt; maaltijden vanaf DM 30 **Kamers** 37, alle met douche. Alle kamers met centrale verwarming, radio, TV en telefoon **Creditcards** AE, DC, MC, V **Gesloten** alleen restaurant: op zo. **Talen** Engels, Frans

Hotel in de stad, München

Exquisit

Het hulpvaardige personeel is zeker niet het minste pluspunt van het Exquisit. De inrichting is verzorgd. De kamers zijn gerieflijk en er is room service.
■ 8000 München, Pettenkofer Straße 67 **Tel** (089) 5519900 **Fax** 55199499 **Eten en drinken** ontbijt **Prijzen** DM 180-260 (suites DM 320) met ontbijt **Kamers** 50, alle met bad of douche. Alle kamers met C.V., TV, telefoon, haardroger en radio **Creditcards** AE, DC, MC, V **Gesl.** nooit **Talen** Engels, Frans

Hotel in de stad, München

Hotel Prinzregent

Dit hotel heeft van binnen enkele verrassingen in petto: de balkenplafonds, lambrizeringen en barokke ornamenten. Kamers hebben karakter. Zonnig ontbijtterras.
■ 8000 München 80, Ismaningerstraße 42-44 **Tel** (089) 416050 **Fax** 41605466 **Eten en drinken** ontbijt, snacks **Prijzen** DM 250-310 met ontbijt (kinderen tot 12 jr. gratis op kamer ouders) **Kamers** 66, alle met bad of douche. Alle kamers met centrale verwarming, TV, telefoon, minibar, haardroger en radio **Creditcards** AE, DC, MC, V **Gesloten** Kerst **Talen** Engels, Frans, Italiaans en Spaans

Zuid-Beieren

Restaurant met kamers, München-Langwied

Gasthof Böswirth

'Das kleine Restaurant' van Werner Böswirth raakte zo in trek, dat hij naar een ruimer pand moest verhuizen, maar gelukkig is het nog klein genoeg voor onze gids.

■ 8000 München 60-Langweid, Waidachanger 9 **Tel** (089) 8644163 **Fax** 8643857 **Eten en drinken** ontbijt, lunch, diner **Prijzen** DM 75-115 met ontbijt; maaltijden DM 75 **Kamers** 12, alle met douche en centrale verwarming **Creditcards** AE, DC, MC **Gesloten** 3 weken jan.; 2 weken Pinksteren; zo. en ma. **Talen** Engels

Chalethotel, Murnau am Staffelsee

Alpenhof Murnau

Het uitzicht over gazons en weiden op de Beierse Alpen behoort tot de voornaamste attracties van dit fraaie chalet, samen met de vrij ambitieuze keuken (bepaald niet 'Beiers') en de ingetogen traditionele inrichting.

■ 8110 Murnau am Staffelsee, Ramsachstraße 8 **Tel** (08841) 1045 **Fax** 5438 **Maaltijden** ontbijt, lunch, diner **Prijzen** K&O DM 165-340 **Kamers** 48, alle met bad, centrale verwarming, telefoon, radio **Creditcards** niet **Gesloten** jan.

Chalethotel, Oberammergau

Gasthof zur Rose

Aardig hotelletje, gedreven door de vriendelijke familie Stückl. Antiek, kleurrijke schilderijen, bloemen en fraaie stoffering zorgen voor een warme, verzorgde atmosfeer. De kamers zijn eenvoudig en de royale maaltijd wordt in een heldere ruimte geserveerd.

■ 8103 Oberammergau, Dedlerstraße 9 **Tel** (08822) 4706 **Fax** 6753 **Maaltijden** ontbijt, lunch, diner **Prijzen** K&O DM 40-80; maaltijden ca. DM 30 **Kamers** 24, alle met bad of douche, centrale verwarming; in sommige kamers TV **Creditcards** AE, DC, MC, V **Gesloten** nov. **Talen** Engels

Pension, Oberstdorf

Haus Wiese

Otto Wiese is een gepensioneerde scheepskok uit Hamburg, die zijn liefde voor die stad eigenhandig vereeuwigde in een fresco van de Deichstraße. Ook de met veel houtsnijwerk verfraaide inrichting is voor hem een bron van trots.

■ 8980 Oberstdorf, Stillachstraße 4a **Tel** (08322) 3030 **Maaltijden** ontbijt **Prijzen** K&O DM 80-200 **Kamers** 13, alle met bad of douche, centrale verwarming, telefoon en TV **Creditcards** niet **Gesloten** nooit **Talen** alleen Duits

Zuid-Beieren

Chalethotel, Pfronten

Hotel Bavaria

Een groot, maar vriendelijk hotel met een modern uiterlijk en een luxe traditioneel interieur, schitterend gelegen bij de ingang van een vredig dal. Grote open haarden.

■ 8962 Pfronten-Dorf, Kienbergstraße 62 **Tel** (08363) 5004 **Maaltijden** ontbijt, lunch, diner, snacks **Prijzen** K&O DM 108-198 **Kamers** 50, alle met bad of douche, centrale verwarming, telefoon en radio en TV **Creditcards** AE **Gesloten** alleen restaurant: nov. **Talen** alleen Duits

Pension in chalet, Seeg

Pension Heim

In het zuiden bergen, in het noorden golvend heuvelland; dit kleine chalet ligt in een vredige en mooie omgeving. Hoewel de inrichting wat alledaags aandoet, is het familiepension van de Heims een keurige, schone logiesgelegenheid.

■ 8959 Seeg, Aufmberg 8 **Tel** (08364) 258 **Maaltijden** ontbijt **Prijzen** K&O DM 60-120 **Kamers** 18, alle met bad of douche, centrale verwarming, telefoon **Creditcards** niet **Gesloten** 1 nov.-20 dec. **Talen** alleen Duits

Landelijk hotel, Wallgau

Parkhotel Wallgau

Dit gerieflijke hotel in chaletstijl, met imposante bergen op de achtergrond, is rustiek ingericht, met veel houtsnijwerk – vanaf de lambrizeringen tot en met de stoelen in de eetzaal met galerij.

■ 8109 Wallgau Barmseestraße 1 **Tel** (08825) 2011 **Fax** 366 **Eten en drinken** ontbijt, diner, snacks **Prijzen** VP DM 130-160 **Kamers** 52, alle met bad of douche. Alle kamers met centrale verwarming, TV, telefoon, minibar, haardroger en radio; sommige met air-conditioning **Creditcards** niet geaccepteerd **Gesloten** 7 weken nov.-dec. **Talen** Engels, Frans, Italiaans

Index hotelnamen

Hotels zijn opgenomen onder het belangrijkste gedeelte van hun naam; vaak worden andere gedeelten van de naam opgenomen achter het belangrijkste gedeelte, maar aanduidingen als 'Hotel', 'Gasthof' en 'Das' zijn weggelaten. Hotelnamen die met Schloß of Schloßhotel beginnen zijn opgenomen onder het woord dat erop volgt. Hotels in de introductiegedeelten van de diverse streken zijn niet opgenomen.

Index hotelnamen

Index hotelnamen

Index hotelnamen

Index plaatsnamen

In deze index zijn de hotels opgenomen onder de naam van de stad of het dorp waar ze (vlakbij) staan. Als een hotel in een heel klein plaatsje staat, kan het zijn opgenomen onder de naam van een grotere plaats in de buurt.

Index plaatsnamen

Index plaatsnamen

Index plaatsnamen

Index plaatsnamen